# 디지털 컨버전스와 방송규제

# 디지털 컨버전스와 방송규제

안 정 민

한국학술정보㈜

통신기술의 발달로 인해 디지털 커뮤니케이션과 초고속 인터넷을 통한 정보 전달이 급속하게 촉진되고 있다. 디지털 컨버전스 시대의 정보 전달은 문자나 영상의 전송에만 한정되는 것이 아니라, 실시간 동영상과 같이 기존 텔레비전으로만 볼 수 있었던 방송 프로그램과 같은 총체적인 영상물의 전송까지 포함하게 되었다. 통신기술 발전과 초고속 커뮤니케이션 시대의 도래에 따른 생활의 편리함을 즐기기에 앞서 법을 공부하는 우리들은 새로운 지적 도전에 당면하고 있다. 과연 모든 커뮤니케이션 영역을 방송, 통신, 인쇄매체 등으로 구분하여 설정된 기존의 법질서가 새로운 통신기술에 따른 자유와 편익을 충분히 보호함과 동시에 이에 수반되는 불편과 부작용들을 적절하게 규제할 수 있을 것인지, 만약 그렇지 못하다면 새 시대와 새 기술에 적실한 법체계를 다시 설정하기 위해 필요한 사항과 과제들이 무엇인지를 규명해 내는 것이 중요한 문제가 된다.

방송통신 융합시대를 선도하는 선진 각국 및 특히 새 미디어질서의 선두 주자로 나선 미국에서는 이미 기술 환경에 알맞게 사이버 법 - cyber law을 포함하는 새로운 법체계 수립이 필요하다는 입장과 기존의 법으로도 충분히 발달된 기술영역을 보호할 수 있다는 견해가 대립되어 논의가 한창 진행 중에 있다. 우리나라는 미디어기술면에서는 세계 어느 나라보다 앞서 있음에도 불구하고 이와 관련된 법적, 정치적 논의가 뒷받침되어 주지 못하고 있는 실정이다. 방송과 통신을 융합하겠다는 목표는 세워졌으나 그에 따르는 후속 절차가 법 외적인 이유로 잘 진행되지 못하고 있는 것이 현실이기도 하다.

이 책의 연구 목적은 새로운 법질서의 필요성 여부를 판정하고 찬반을 따지기에 앞서 디지털 환경 속에서 적용가능한 방송자유의 범위와 방송에 대한 제한 및 규제에 대한 법의 논리와 그 적용 범위가 무엇인지를 규명해 보는 것에 중점을 두었다. 법규범의 논리가 변화하고 있는 기술과 환경을 적절하게 고려한 적실성을 기할 수 있다면, 기존 법의 탄력적인 적용이 가능해지는 것은 물론이요, 나아가서는 이러한 규제원리에 입각하여 새로운 법의 제정에까지도 다가갈 수 있을 것이기 때문이다.

오늘날 우리나라의 방송통신관련 각 분야에서는 방송과 통신의 융합에 관련된 논의가 활발하게 진행되고 있으며, 이와 관련하여 법적 정비에 대한 준비와 논의도 잇따를 것으로 예상된다. 우리나라의 현실과 여건에 알맞은 통신 및 방송법제의 운용을 위한 법학도들의 본격적인 논의의 시작을 예상하면서, 이 책이 보다 생산적인 연구프로그램으로 나아가는데 조금이나마 기여할 수 있기를 기대해 본다. 생소한 주제에 매달려 헤매는 필자를 위해 정성으로 지도하고 이끌어 주신 연세대학교 법과대학의 홍정선 선생님과 강원대학교 신문방송학과 정윤식 교수님에게 특별한 감사를 드리며, 훗날 더 다듬어진 연구로 그 학은에 보답해드릴 수 있기를 희망한다.

시애틀에서 필자

2006년 11월

# Contents

Contents

Contents

디지털 컨버전스와 방송규제

# 1

디지털 컨버전스 시대의 방송

# 제1장
# 디지털 컨버전스 시대의 방송

　방송질서와 법제도의 근간은 오랫동안 지상파방송 중심으로 정착되어 왔다. 그러나 오늘날에는 케이블TV와 위성방송, 인터넷 그리고 최근에는 방송과 통신의 융합으로 채널의 유한희소성이 완화되는 등 기술적 조건이 급속하게 변화하고 있음을 볼 수 있다. 이에 따라서 방송매체에 요구되었던 다양성, 공정성과 같은 객관적 가치질서의 요건들이 신문매체와 마찬가지로 시장경쟁 상황 속에서도 구현될 수 있는 방안들이 가능해지고 있다.

　기술적 여건이 날로 발전하고 있음에도 불구하고 지상파방송이 가지는 대중성에 비해 뉴미디어기술의 사회적 영향력이 아직은 상대적으로 미약할 수밖에 없다. 이 때문에 뉴미디어를 기존의 지상파방송을 규제하여 왔던 수단과 같은 방식으로 똑같은 정도의 규제를 계속 가한다는 것은 형평에 맞지 않는다 할 것이다. 이와 더불어 민주주의의 정착과 시민사회의 문화성숙화 추세에 따라 방송분야에도 과도한 국가개입을 점차 배제하고 더 넓은 자유를 허용해야 한다는 요구도 증가하고 있다. 다시 말해 전통적으로 방송매체를 규율하는데 적용되어 왔던 자유와 규제라는 기본원리는 수용하되, 변화된 방송환경에 알맞도록 종래의 방송법 제도 규범을 변용하여 디지털 융합

(digital convergence)이라는 시대적 요청에 부응하도록 해야 한다는 주장이 점증하고 있다.

'방송과 통신의 융합'이란 말은 더 이상 새로운 용어가 아니다. 기존에 구별이 가능하였던 방송영역과 통신영역이 융화되어 가면서 방송은 규제대상으로, 통신은 규제영역 밖에 놓여 있다고 보던 전통적인 접근방법이 그 실효성을 잃어가고 있다. 방송과 통신의 융합현상은 인터넷과 통신망의 보급에 힘입어 VOD, DMB, IP-TV와 같은 신규서비스의 확대를 가속시키고 있기도 하다. 그러나 아직까지 이러한 신생 뉴미디어가 국가의 규제대상이 되어야 하는지, 또 규제를 가한다면 어떠한 원칙에 의해야 하는지에 대한 충분한 논의가 이루어지고 있지 않다.

지상파방송의 경우 역사적으로 국가로부터 독과점적인 지위를 부여받아 보호된 영역 안에서 지금까지 발전해 왔다. 그러나 뉴미디어방송은 다양한 매체를 통해서 제공되는 다양한 서비스 속에서 지상파방송에는 필요하지 않았던 '경쟁'을 통해 나름대로의 방송질서를 형성하게 된다. 왜냐하면, 디지털 컨버전스 시대의 방송시장구조는 뉴미디어방송주체가 시청자와 시장의 수요에 자발적으로 대응하면서 이미 구축되어 있는 지상파방송과 공존해야 하는 구조이기 때문이다. 이 때문에 디지털 컨버전스 시대의 규제는 방송의 자유와 보장 외에도 경쟁 메커니즘이 작용할 수 있는 상태를 마련해 줄 수 있는 규제이어야 한다. 선진 각국이 새로운 방송법제에 시장경쟁의 원리를 도입한 것은 이러한 맥락으로 해석될 수 있을 것이다. 방송시장에의 이러한 경쟁의 도입이 방송질서의 형성에 대한 국가의 역할을 부정하고 시장경쟁원리에만 입각하여야 한다는 것을 주장하고자 하는 것은 아니다. 미국의 Red Lion(레드 라이온) 판결에서 방송사업자의 '無 제약의 사적 검열'의 발생위험이 경고된 바와 같이 시장 메커니즘만을 통하여 이러한 위험이 배제된다는 확실한 현실적 보장이 없는 한 방송을 방송사업자의 능력과 자유경쟁에 대한 신뢰에만 위임하는 것은 예측할 수 없는 결과를 초래할 가능성이 있다. 결국 방송을 방송사업자의 자발적인 공익추구의 의지나 자유경쟁에만 위임한다는 것은 하나의 理想일 뿐이며 이를 방송정책의 원칙으로 수용하기는 어렵다 할 것이다. 따라서 디지털 컨버전스 시대의 방송규제라 하더라도 순수한 시장경쟁원리(개인적 자유의 요소)만이 아니라, 예전부터 방송에 강조되어 왔던 방송의 다양성의 확보와 같은 전통적인 요소의 중요성도 함께 고려되어야 한다.

이와 같은 경쟁 메커니즘이 작용할 수 있기 위해서는 뉴미디어에 대해서는 기존의 지상파방송을 중심으로 설정되었던 규제보다는 완화된 차등적인 규제가 요구된다. 지상파방송의 경우 한정된 주파수의 효율적인 사용을 위해 국가의 적극적인 개입이 정당화되고, 방송이 가지는 영향력에 근거하여 여러 가지 제한이 가해져 왔다. 반면, 신생 뉴미디어의 경우 국가의 소극적인 개입이 다양한 주체에 의한 다양한 프로그램의 형성을 가능하게 한다. 따라서 뉴미디어의 재원, 조직, 사업자에 대한 규제, 소유규제와 같은 기준은 지상파방송의 기준과는 다른, 완화된 기준이 적용될 필요가 있다.

물론, 뉴미디어를 통한 다양한 의견형성기능은 모든 국민이 기본적으로 제공받을 수 있는 공영방송이 그 역할을 다하는 것을 전제로 한다 할 것이다. 즉, 한쪽에서는 방송의 기본적인 임무를 수행하는 공영방송이 제공되면서 시청자의 욕구에 맞춘 다양한 매체를 통한 다양한 프로그램이 뉴미디어를 통해서 제공될 수 있는 때에 전체 방송시장의 균형이 이루어지게 된다. 따라서 공영방송의 역할은 디지털 컨버전스 시대에도 더욱더 필수적으로 요구되게 되는 것이다. 그리고 방송규제에 있어서는 새로운 미디어와 지상파방송을 구별과 같이 매체별로 구분하여 각기 다른 기준을 적용하는 한편, 같은 지상파방송의 경우에도 공영방송과 민영방송을 차별하여 규제하는 것이 옳을 것이다. 물론, 공영방송이든 민영방송이든 방송이란 예외 없이 사회적이고 공적인 테두리 안에서 그 활동이 수행되어야 한다. 그럼에도 불구하고 공영방송이 다른 민영방송과 구별되어 존재하는 근거는 그것이 이윤추구나 사적인 이익보다는 사회의 보편적 이익에 복무하고 그것을 우선시하는 데 있다.[1] 공영방송의 경우에는 광고수입에만 의존할 필요가 없어 이윤을 추구하는 민영방송보다는 사회의 보편적 이익, 즉 공공의 이익을 추구하기 수월하다. 독일의 경우 이는 여러 차례에 걸친 방송판결을 통해 공영, 민영

---

1) 강상현, "방송의 디지털화와 공영방송의 매체전략", 『한국방송학보』, 10권(1998), 17면.

방송의 차별된 기준이 확립되어 있다.

우리나라 방송법의 규제조항 중 상당부분은 국가가 소유하거나 특별법에 의해 설립된 방송사들을 예외로 규정하여 그 규제대상에 포함시키고 있지 않다. 이는 공영방송과 민영방송의 법적 성격과 보호 정도가 틀리다는 기본 전제에서 출발된 것이다. 그럼에도 불구하고 우리 방송법은 공영방송과 민영방송을 명시적으로 구분하지 않을 뿐만 아니라, '공영방송'이나 '민영방송'에 대한 어떠한 규정도 두고 있지 않다.[2] 방송법이 공영방송과 민영방송을 구분하지 않는 것은 규제의 차별을 예정하지 않았다 하더라도 방송의 공적 역할의 부재, 또는 같은 것은 같게, 다른 것은 다르게 취급해야 한다는 평등의 원칙을 위반한다는 문제를 야기한다.

새로운 방송서비스가 속속 등장하면서 방송의 질적 수준저하 방지를 위한 공영방송의 위상과 역할이 더욱더 중요한 문제로 부각되고 있다. 공영방송에게 부여되는 방송의 임무는 광고를 통해 재원을 조달하는 민영방송이나 뉴미디어에 비해 높은 수준이어야 할 것이다.[3] 기본적으로 공영방송은 제도적 보장으로서의 자유를, 민영방송은 주관적 공권으로서의 자유권을 누리기 때문에 요구되는 공익성과 공정성도 다르다. 다양성에 있어서도 공영방송은 기본공급을 위한 사전적 규제조치로서의 내적 다양성이 강력히 요구되는 데 비해, 민영방송은 외적 다양성을 확보하기 위해 최소한의 규제로서의 다양성을 요구받을 뿐이다.[4] 이러한 외적 다양성이 요구되는 것은 뉴미디어의 경우도 마찬가지이나, 공영방송국의 경우 법률에 의해 사업 목적과 범위가 정해지고 재원, 조직, 인력 운영 면에서 공적인 통제를 받기 때문에 민영방송과는 차별적으로 허가·재허가 절차와 심사내용을 적용할 필요가 있게 되는 것이다.

이에 관련하여 우리나라에서 특히 공영방송이 그 역할을 다하도록 하기 위해서는 수신료 문제가 해결되어야 한다. 영국의 BBC에서 볼 수 있듯이

---

2) 방송법 제4장 한국방송공사에서 공사의 공적 책임에 관한 규정(제44조)을 두고 있으나 공영방송이란 개념의 정의규정조차 두고 있지 않다.
3) 독일은 판례에 의해 공영방송에 대해서는 균형을 갖춘 다양성을 요구하고 민영방송에 대해서는 그보다 약한 기준을 적용하고 있다. BVerfGE 73, 118 [155]; 74, 297 [335].
4) 박선영, "방송법의 개정방향", 『헌법학연구』, 제11권 제1호(2005), 85면.

수신료는 공영방송의 정치적 독립을 보장하고 다양하고 전문화된 프로그램의 제작·편성을 재정적으로 뒷받침해 주는 기능을 가진다. KBS의 경우에는 1980년대 후반 이후 평균적으로 전체의 40%만이 수신료 수입에 불과하며, EBS는 공적 재원과 상업 재원의 비율이 3대7 정도를 유지하는 가운데 전체 예산의 10%만이 수신료 수입으로 충당되고 있다. 비정상적인 재원구조 탓에 KBS는 국가기간방송으로서의, EBS는 교육전문기간방송으로서의 사회적 책무와 역할을 수행하는 데 한계가 있다는 지적이 제기되고 있다. MBC는 공영방송이면서도 수신료 수입이 전무하기 때문에 '무늬만 공영'이라는 식의 정체성 시비에 시달려 왔다. 공영방송이 그 의무를 최대한 수행할 수 있기 위해서는 안정적인 재원확보가 필수적이며, 동시에 그 운용의 감시를 위한 제도가 함께 마련되어야 할 것이다.

디지털 컨버전스 시대의 방송규제는 앞서 살펴본 방송의 자유를 최대한으로 보장하면서 동시에 규제자의 역할을 국가에서 점차 자율규제로 옮겨가는 단계이어야 한다. 이를 위해서는 현재와 같은 획일적인 기준에 의한 규제가 아니라 매체별, 방송의 특성별로 그 규제의 내용과 정도를 달리하는 탄력적인 규제체제로 개선될 필요가 있다할 것이다.

# 2

변화하는 방송환경

# 제 2 장
# 변화하는 방송환경

　방송에 관련된 기술의 발전과 그에 따른 제반 환경의 변화로 인해 방송정책과 규제시스템에 대한 관심도 날로 높아지고 있다. 방송의 자유와 규범, 방송산업의 발전과 육성차원에서 세계방송계를 주도하고 있는 미국이 1980년대 이후로 규제완화정책을 펴나간 이래 선진제국에서도 방송의 민영화가 촉진되고 있으며, 케이블TV나 위성방송 등도 속속 도입되기 시작했다. 1990년대에 들어서는 방송에서도 아날로그방식을 대신하는 디지털이 상용화되기 시작하였다. 방송이 디지털화 되면서 나타나는 방송과 통신의 융합현상은 방송과 통신에 대한 전통적 구분을 견지하는 것을 더욱 어렵게 하고 있다.

　따라서 지금까지 논의되어 왔던 방송의 법적 개념 및 관련 법제의 유효성은 방송환경을 변화시키는 요인들을 염두에 두고 재고되어야 함이 마땅하다. 방송의 다채널화는 시청환경의 변화를 가져왔고, 쌍방향 미디어의 수용은 시청행태 변화를 가져왔다. 인터넷 사용의 급증 등 뉴미디어의 등장은 결과적으로 전통적인 텔레비전의 시청시간도 감소시켰다. 이렇게 변화하고 있는 방송환경은 방송의 자유 및 규제에 관한 기존 이론에 대한 변수로 작용하게 되고 규제모델의 재정립을 요구하고 있는 것이다.

80년대 서구의 정치적 신보수주의와 신자유주의 물결 그리고 케이블과 위성과 같은 새로운 전송로의 개발, 컴퓨터와 텔레커뮤니케이션의 융합은 디지털 컨버전스 시대를 개막하였다. 케이블과 위성은 방송과 통신의 전송로로 모두 활용가능성이 있으며 특히 컴퓨터와 통신 그리고 방송기술의 결합은 이른바 미디어 융합시대로 가는 초석이 되었다.[5]

　서구의 보수정당들은 오일 쇼크 이후 산업구조조정정책의 일환으로 민영화와 뉴미디어 정책을 추진하였다. 이에 보편적 서비스 또는 공공서비스의 일환으로 공기업 체제로 운영되어 왔던 방송과 통신 그리고 철도, 가스, 수도, 전력 등 공공독점 산업에 대해 민간의 창의와 활력 그리고 경쟁체제의 도입이 요구되었다. 이미 사양 산업으로 퇴조의 기미를 보이고 있던 신문기업에게도 민영방송의 도입은 미디어 다각경영을 추진할 수 있는 기회로 작용하였고, 대기업 또한 정보산업의 양대 축인 방송과 통신산업에 진출하게 됨으로써 새로운 사업기회를 확보하게 되었다.

　진보정당으로부터 정권교체에 성공한 유럽의 보수정당들과 미국의 레이건 행정부로서는 케이블과 위성방송의 도입을 통한 미디어 경쟁체제는 진보적 정치 색채를 띠고 있는 공공방송의 힘을 약화시키고 친보수정권인 신문기업과 대기업에게 방송시장 진입의 기회를 부여함으로써 정치적 우호세력을 형성할 수 있는 기회를 제공하게 된다. 아울러 방송과 통신산업의 민영화는 정보산업의 활성화를 추동할 수 있게 되었고 경제위기에 처해 있던 서구 유럽이나 미국경제 활성화의 견인차로 작용하였다.[6] 이와 같은 미디어의 역사적 배경을 고려할 때 케이블과 위성방송의 도입은 신문과 방송의 융합을 사업자 측면에서 유도하였으며, 기술적 측면에서는 주로 통신용으로 활용되던 위성과 케이블을 방송용으로도 활용함으로써 네트워크의 융합을 진전시켰다고 할 수 있다.

　또한 인터넷의 등장은 인터넷의 분산적 특성과 시민사회의 개방성, 국경을 초월하는 국제성 그리고 미국사회의 자유주의 정신이 맞물려 미디어 역

---

5) 정보통신정책연구원, 「미디어 융합의 동인, 전개양상, 정책과제」(정보통신정책연구원, 2005a), 36-42면.
6) 당시 케이블과 위성 등 새 전송로의 개발은 방송의 공적 규제논리였던 전파의 유한 희소성의 논리를 약화시켰다.

사상 전례가 없었던 이른바 규제의 해방구를 초래하였다.[7] 자유주의 헌법학자들은 인터넷을 헌법수정조항 제1조의 정신을 충족시키고 매스미디어에 의해 일방적으로 정보를 전달받았던 수용자들에게 정보 발신자로서의 권한을 부여할 수 있는 대안 미디어로 인식하였다. 인터넷은 제도화되고 권력화된 기성 언론기관으로부터 정보를 수신하는 것이 아니라 사상의 자유시장으로서 시민들이 자유롭게 공론의 장을 형성할 수 있는 가능성을 열어준다는 것이다. 미디어 융합적 측면에 본다면 인터넷은 음성·데이터·영상정보를 동시에 제공함으로써 서비스의 융합을 가능하게 하였다.

종래 아날로그 기술을 대체하는 디지털 기술은 모든 정보를 0과 1로 전환하여 음성·데이터·영상정보의 구분을 무의미하게 하고 모든 정보가 동일 네트워크와 단일 단말기로 유통할 수 있는 기술적 잠재력을 제공하고 있다. 또한 디지털 영상압축기술은 방송채널의 대폭적인 확대를 가능하게 한다. 디지털 기술혁명이 견인하는 미디어 융합현상은 네트워크의 융합, 단말기의 융합, 서비스의 융합, 사업자의 융합, 규제방식과 기관의 융합 등 새로운 미디어 지형의 변화를 요구하고 있는 것이다.[8] 광케이블의 광대역 네트워크에서 대량의 텔레비전방송을 송신하는가 하면, 방송의 디지털화로 지상파의 일부를 다양한 통신서비스로 이용할 수 있게 되었다(네트워크의 융합). 디지털 혁명과 정보고속도로와 같은 네트워크의 광대역화는 다양한 매체 간의 융합과 짝짓기를 가속화시키는 동인이 되고 있는데 이 중 기술적 친화성이 높은 방송과 통신의 융합이 가장 활발하고 따라서 미디어 정책적 측면에서도 특히 관심을 모으고 있는 것이다. 이와 같이 단말기, 네트워크, 서비스

---

7) 인터넷에 대해서는 허가규제, 구조규제, 내용규제나 요금규제가 없다는 점에 주목하였다.

8) 구체적으로 단말기의 융합현상을 보면 DMB 서비스가 도입되면 휴대폰 전화기로 방송서비스를 수신할 수 있으며, 원래 데이터 정보를 주로 처리했던 컴퓨터가 최근에는 음성과 영상정보도 신속하게 처리하고 데이터방송이나 T-Commerce(TV 상거래)를 실시하면 영상기기인 텔레비전수상기로 데이터 수신이 가능하게 된다. 영상/방송정보를 주로 전달했던 케이블 네트워크는 초고속 인터넷 서비스의 핵심 네트워크가 되고 있으며 케이블 전화서비스도 가능해진다. 또한 디지털 혁명은 신문/방송/통신/인터넷 매체 간의 구분을 흐리게 하고 이들 매체 간의 융합으로 이른바 "혼성매체(hybrid media)"의 등장을 야기하고 있다. 신문과 인터넷의 융합은 인터넷신문, 방송과 통신의 융합은 DMB, VOD, T-Commerce 등을, 그리고 방송과 인터넷의 융합은 인터넷방송을 탄생시키고 있다.

의 융합을 주도하는 디지털 혁명의 역할을 고려한다면 디지털 혁명의 핵심 코드는 표준화(standardization), 융합(convergence), 개방성(openness)에 있다고 한다.

미디어 융합은 통상적으로 네트워크의 융합, 단말기의 융합과 같은 기술적 융합 및 서비스의 융합과 사업자의 융합 등을 의미하지만 이 외에도 법적 융합과 지역적 융합, 사회적 융합으로 지적되기도 한다. 법적 융합은 최근 독일에서 멀티미디어법을 제정함으로써 다수의 개별 미디어법을 통합하려는 움직임이 대표적인 사례이다. 지역적 융합은 유럽의 "국경없는텔레비전 지침"과 같이 미디어 질서와 규범을 지역적 차원에서 통합하려는 움직임이다. 사회적 융합은 공공 커뮤니케이션과 사적 커뮤니케이션의 융합을 의미한다. 당초 사적 커뮤니케이션으로 발전했던 통신은 최근 컴퓨터와 결합하여 공공 커뮤니케이션으로 그 기능을 확대해 가고 있다. 아울러 공공 커뮤니케이션으로 출발했던 방송매체는 유료방송, 페이 퍼 뷰(pay per view) 형태로 발전되면서 사적 커뮤니케이션의 성격이 강해지고 있다. 이와 같은 다양한 미디어 융합현상 속에서 법적 관심은 규제기관의 융합 그리고 법적 융합 문제로 집중된다. 서비스의 융합과 사업자의 융합은 종래의 미디어 관련법의 근본이 되었던 미디어 질서를 변화시켰으며 이에 대한 새로운 미디어 질서와 규범 그리고 법제의 개편이 요청되고 있는 것이다.

# 1.
# 방송의 디지털화에 따른 방송과 통신의 융합

텔레비전은 오랫동안 아날로그 전송방식을 사용해 왔다. 아날로그방송은 영상이나 음성 등 물리적인 값이 그대로 기억되는 방식이다. 이에 반해 디지털방송은 데이터를 0과 1로 변환하여 사용하기 때문에 이것을 송출하였을 때 얻어지는 결과치가 명확하여 완전무결한 화상이미지가 얻어진다. 또 디지털 전송방식은 영상이나 음성 등의 정보를 디지털 데이터로 다루기 때문에 압축이 가능하여 한정된 주파수를 효율적으로 사용할 수 있게 하기도 한다. 디지털기법을 사용하면 하나의 주파수 대역으로 고화질방송을 할 수 있게 되며, 아날로그의 일반화질과 같은 방송은 하나 이상의 채널로 동시에 방송할 수 있게 된다. 디지털방송이 아날로그방송과 근본적으로 다른 것은 이러한 부호체계를 통한 시스템 통합(integration)과 상호운용성(interoperability)에 있다.9) 이러한 영역을 넘나드는 기술의 특징에 기인해 디지털 기술을 영역 경계를 넘어서 여러 영역을 묶어주는 간(間, inter) 기술이라고 부르기도 한다.

좁은 의미에서 보면 '방송의 디지털화'란 방송기술이 기존의 아날로그에서 디지털 방식으로 전환되는 기술적 변화를 의미한다. 그러나 보다 넓은 의미에서 보면 이는 그러한 기술상의 변화뿐 아니라 방송의 개념과 존재방식은 물론 방송서비스의 영역과 방송과 수용자의 관계, 그리고 방송산업의 구조 등에 일대 혁신을 가져오는 변화를 의미한다.10) 디지털 기술의 발전은 사회 각 영역 간의 경계를 무너뜨리고 영역 간의 관계도 새롭게 정립할 수 있는 가능성을 제공한다. 디지털은 이와 같은 시스템의 통합과 상호운용성으로 인해 컴퓨터와 네트워크를 동원한 이른바 미디어 융합(media convergence)을 가능하게 하며, 여기에 대화형 기능(interactivity)이 가미되어 일방적이고 하향적이었던 방송영역을 쌍방향으로 새롭게 바꾸는 계기가 되었다.11) 디지털로 제작된 방송프로그램은 통신이나 인터넷용으로 전환하는 것이 쉬우며, 그 전송도 수월하기 때문에 결과적으로 방송의 영역을 확대시키는 한편 새로운 서비스매체의 등장을 촉진시키고 있다. DMB 서비스가 도입되어 휴대전화기로 방송서비스를 수신할 수 있게 되었으며, 데이터방송이나 TV상거래가 실시되면 텔레비전으로 데이터의 수신이 가능하게 된다. 네트워크가 광대역화되면서 신문과 인터넷의 융합으로 인터넷신문, 방송과 통신의 융합은 이동멀티미디

---

9) http://www.kbs.co.kr/techcenter/digi_broad/outline.html (최종검색일: 2006. 4. 1)
10) 강상현(1998), 7-8면.
11) 한국방송광고공사, 「방송통신 융합과 방송정책 추진체계 개편 연구」(한국방송광고공사, 2004b), 48면.

어방송, VOD와 TV상거래(T-Commerce)를, 방송과 인터넷의 융합으로 인터넷 방송을 탄생시켰다.

디지털 기술의 파급효과로 말미암아 방송과 통신이라는 기존의 이분법적인 개념으로는 구분하기 어려운 새로운 형태의 서비스의 등장이 가속화되고 있다. 매체 간의 융합은 '혼성매체(hybrid media)'의 등장을 야기하고 있으며 이러한 현상은 기술적 친화성이 높은 방송과 통신의 융합으로 가장 활발하게 나타난다. 이러한 방송과 통신과 같은 미디어 융합의 핵심은 환경변화에 따른 기존 미디어 시장의 변형 또는 진화를 의미한다. 융합과정은 기술적 융합에서 시작하여 산업의 융합, 다른 분야로의 서비스의 제공을 거쳐 결국은 정책 및 규제제도의 변화를 초래하게 된다. 우리가 방송과 통신의 정책 및 규제기구에 관한 법적 · 제도적 개편을 모색하는 이유는 여기에 있다.

기존에 방송과 통신을 구분하는 기준은 전송의 대상과 전송의 방식을 구분하여 방송은 불특정다수를 대상으로 한 일방향 전송으로, 통신은 특정인 사이의 쌍방향 전송의 형태를 가진 것으로 보았다. 그러나 앞에서 본 바와 같이 기술의 발전은 방송망을 통해서도 통신서비스의 제공을 가능하게 하였고 통신망을 통해서도 방송 전송이 가능하게 하였다. 인터넷의 확산과 더불어 방송과 통신이 융합된 형태의 서비스의 등장으로 인해 기존의 방송을 다른 매체와 구분하여 "불특정다수를 대상으로 한 일방향 전송"이라고 개념적으로 규정했던 방식은 큰 도전을 받게 되었다.

방송의 경우 방송사업자들의 일방적인 전송방식에서 수신자가 정보를 통제할 수 있는 쌍방향 서비스로 변하고 있으며, 통신의 경우에는 방송의 속성을 지닌 동영상 서비스의 제공이 방송사가 아닌 통신회사를 통해서 가능해졌다. 현재 제공되고 있는 방송과 통신의 융합서비스만 해도 전광판방송, 데이터방송, 인터넷방송, VOD서비스, 이동멀티미디어방송(DMB), IPTV 등이 있다.[12] 방송영역이나 통신영역인지를 불문하고 최근에 등장하는 서비스일수록 쌍방향성과 동시에 수신자의 정보통제권도 높아지고 있는 실정이다.[13]

---

12) 무선관리단, 「통신 융합에 따른 디지털방송매체의 발전 및 활성화 방안」(무선관리단, 2005a), 18면.
13) 최근에 등장한 IMT-2000 서비스에 비해 초기에 등장하였던 전광판방송은 쌍방향성은 약하며 동시에 수신자의 정보통제권도 가장 약한 서비스이다. VOD도 인터넷방

한편 디지털화된 콘텐츠의 공유가 가능해지면서 방송사업자나 통신사업자는 자신들의 서비스의 효용을 극대화하기 위하여 새로운 서비스산업의 진출을 모색하기도 한다. 통신사업자는 통신망을 이용하여 위성방송서비스나 VOD 서비스를 제공하고, 방송사업자는 케이블망을 이용하여 전화와 인터넷서비스, 일반방송망을 통하여 FM무선호출14), LMDS15)서비스 등이 제공하는 등 새로운 상용화 기술을 준비하고 있다.

우리의 방송 및 통신정책은 기술의 변화에 따른 시장환경의 변화에 따라가지 못하고 있다. 또한 대체로 미디어 융합 또는 혼성미디어의 등장은 행정기관이 미리 예측하여 서비스를 도입하는 것이 아니라 사업자들이 자체적으로 기술과 서비스를 개발하여 행정기관에게 법, 제도, 규범의 제도화를 요구하는 사례도 많다.16) 일단 현행 관련법규는 방송과 통신의 규제방식의 차이로 융합서비스에 대한 법이나 근거조항을 구비하지 못한 실정이다. 이러한 방송과 통신의 규제방식의 차이는 방송에게는 희소한 전파를 다수의 복리증진을 위해 사용하는 공익적 측면을 강조하는 반면, 통신은 효율성과 시장원리를 바탕으로 한 산업적 측면이 강조되고 있는 데서 비롯된다. 또 규제의 목적이나 형태도 방송의 경우 공공의 이익의 확보를 위한 진입규제, 소유규제와 같은 구조규제 또 내용규제의 방식을 취하는 반면, 통신은 경쟁

송과 유사하지만 수신자(이용자)의 정보선택권이 강화된 서비스이다. 쌍방향성의 증가와 정보통제권의 증가는 수신자의 선택과 능동성을 증가시키며, 이러한 증가추세는 방송과 통신의 융합서비스가 수신자의 요구에 부응하는 방식으로 변해 가는 것을 보여준다고 평가되고 있다. 무선관리단(2005a), 19면 참조.

14) FM 라디오방송의 일부 주파수를 이용하여 제공하는 무선호출 서비스로 기지국 설비가 불필요하기 때문에 FM 방송사업자가 쉽게 이 서비스를 제공할 수 있다. 위치를 찾아주는 나비게이션(navigation)을 위해 사용되기도 하는데 인터넷으로 도로정보 등을 내려받아 설치하는 대신 무선호출망을 이용해 정보를 자동으로 업데이트하여 도로교통, 일기예보, 뉴스도 받아볼 수 있다.

15) LMDS(Local Multipoint Distribution Service)는 인터넷, 비디오나 디지털데이터를 전송할 수 있는 서비스로 상위 대역의 주파수를 이용하여 빠른 속도로 많은 양의 정보를 전송할 수 있게 해 주는 무선기술이다. LMDS는 기지국과 가입자 간의 통신로를 무선화하여 방송채널뿐만 아니라 쌍방향 비디오, 고속 데이터 및 전화 서비스를 제공할 수 있다. 국내에서는 이미 한국통신과 하나로통신에게 LMDS 사업자 면허가 배정된 상태이다.

16) 오마이뉴스와 프레시안과 같은 인터넷언론, 세계 최초로 도입된 위성DMB서비스, KT와 삼성전자가 도입을 적극 추진 중인 wibro서비스 등은 행정기관이 법, 제도, 정책을 마련하기도 전에 사업자주도로 그 서비스가 개발되었다.

의 조성을 통한 소비자의 편의도모에 그 중점을 두어 왔다. 이러한 이원화된 규제체계는 동일한 현상에 대한 이중규제 내지는 비효율적인 관리·감독의 문제를 발생시키고 있다. 따라서 융합현상에 따른 효율성과 경쟁력 제고를 위해 규제방식의 새로운 정립이 필요하게 되었다.

## 2.
## 소유규제완화에 따른 대형 미디어 그룹의 등장

방송과 통신의 융합은 해당 산업 분야의 소유구조에도 중대한 변화를 야기하고 있다. 미디어기업들 간의 합병, 방송사업자의 통신사업에의 진출, 동종 및 이종 업체 간의 제휴 및 협력도 활발히 진행되고 있다. 이에 맞추어 각국은 기존의 동종 영역 혹은 통신과 방송 간의 소유규제를 완화하거나 폐지하고 있다.

통신사업자의 방송사업 인수·합병의 대표적인 예로 미국 AT&T의 케이블종합유선방송사업자[17](TCI, MediaOne) 인수, AOL의 타임워너(Time Warner) 인수가 있으며, 그리고 방송사업자의 통신사업자 인수의 대표적인 예로는 최근 케이블 MSO(복수종합유선방송사업자)인 Comcast의 At&T Broadband 인수가 있다.[18] AT&T는 1998년과 1999년에 걸쳐 2개의 케이블TV 사업자를 인수함으로써 미국 최대의 케이블TV 사업자인 AT&T Broadband를 설립하였고 이를 다시 케이블TV 사업자인 컴캐스트(Comcast)에게 매각하기도 했다. AOL(American Online)은 1985년 설립된 세계 최대 인터넷 서비스 공급업체이다. 2000년에 케이블TV 사업자인 타임워너(Time Warner)를 인수하여 온라인(online)과 오프라인(off-line)이 결합된 거대 미디어기업으로 탄생하였는데

---

17) MSO는 Multiple Sysptem Operator의 약자로 케이블TV업계에서 복수(複數)의 케이블 텔레비전 시스템을 소유하고 운영하는 회사를 말한다.
18) 정보통신정책연구원(2005a), 90면.

이는 인터넷서비스업체와 방송사업자 간의 새로운 융합형태라 할 수 있다.

영국 역시 2003년 커뮤니케이션법(The Communications Act 2003)의 제정으로 방송사 간의 인수합병이 가능해지게 되었다. 영국 2003년 커뮤니케이션법은 경쟁촉진을 표방하면서 1개의 방송사업자가 공영방송인 BBC를 제외한 나머지 방송국을 인수·합병할 수 있도록 하였으며, 외국사업자와 국내사업자의 구분도 철폐하였다. 영국의 상업방송 ITV(Ch3)는 지역방송사업자들의 연합으로 크게 카톤(Carton)과 그라나다(Granada)가 공동 경영하다가 2003년 합병하였다. 이듬해에는 영국의 이동전화, 데이터 통신업체인 Cable&Wireless가 DSL사업자인 불독 커뮤니케이션(Bulldog Communication)을 인수하여 케이블 전송망을 확충하는 등 장기적인 사업을 계획하고 있다.

이러한 초국가적 거대 미디어기업의 등장과 신규시장 개척과 같은 미디어시장의 변화는 외국에서만 일어나고 있는 현상이 아니다. 국내에서도 마찬가지 상황이 발생하고 있다. 유선방송사업자 간의 합병은 물론이고 통신사업자들의 방송시장 진입도 활발하게 준비 중이다. KT는 홈네트워크 서비스인 홈엔(HomeN)을 통해 VOD서비스를 제공하고 있는 중이며, 하나로통신과 KT는 브로드밴드(Broadband)TV라는 개념을 통해 IPTV를 준비 중이다.[19]

이렇게 1980년대 이후의 통신과 방송 분야의 소유규제완화는 동종 및 이종 미디어 간의 인수·합병을 통한 미디어 재벌을 탄생시켰다. 이러한 현상은 제작이나 배급의 면에서 규모의 경제를 실현하게 해 주기도 하지만 미디어산업의 소유집중이라는 문제도 가져온다. 초국가적인 미디어 재벌은 미디어산업 분야에서의 전 세계적 확장망을 넓히고 있으며, 새로운 미디어산업 부분에서 독점체제를 구축해 가고 있다. 초국가적인 미디어기업들은 시장에서 우월적 지위를 차지하고, 실제 엄청난 자본력으로 컨텐츠를 제작하여 전 세계적으로 제공할 수 있는 잠재력을 가진다. 물론 대형 미디어 그룹들에게는 자본력이 있기 때문에 공공성이 강한 프로그램의 제작도 가능하며 기업의 사회적 신뢰도와 권위를 유지하기 위해서라도 다양한 목소리나 견해를 보장하고 있다는 주장도 있다. 그러나 기업의 목적이 이윤추구라는 경제원리를 주축으로 보고 있다는 사실을 방송콘텐츠의 민주적 공익성과 문화선진

---

19) 무선관리단, 「통신방송 융합과 방송시장 경쟁도입에 관한 연구」(무선관리단, 2005b), 83면.

화 요건에 조응하여 생각한다면 국가의 합리적인 개입이 어느 정도는 필요하다고 할 것이다. 유럽연합이 '국경없는텔레비전 지침'을 통해 유럽 방송국에서 방송되는 프로그램의 50% 이상을 유럽 프로그램으로 방송해야 한다는 원칙[20]을 정한 것도 독점적 미디어 재벌의 근거지로부터 제작되는 미국 프로그램의 확산으로부터 문화주권을 확보하고 다양성과 공익성을 확보하려는 목적을 가진 규제정책이라고 볼 수 있다.[21]

# 3.
# 방송의 다채널화에 따른 방송시장의 변화

방송 및 통신기술의 발달은 새로운 형태의 방송서비스를 가능하게 하면서 엄청난 채널 수의 증가를 가져왔다. 기존의 몇몇 지상파방송국에 의해서 독점이나 과점식으로 전송되던 방송은 다양한 매체를 통한 다채널 간의 경쟁상태에까지 이르게 되었다. 방송의 다채널화는 기본적으로 방송매체가 제공하는 채널 수의 증가를 가져오지만 그 의미는 단순히 산술적 증가에 그치지 않는다.[22] 신규채널의 증가는 텔레비전 시청환경의 변화를 가져오고 방송프로그램의 다양성을 증가시킨다. 다양한 방송은 수신자의 선택의 폭을 확대시켜 주어 앎의 욕구를 충족시킨다. 송신자의 입장에서는 종합방송, 유료방송, 전문방송 등 사업의 영역을 다각화할 수 있는 여지를 주기도 한다.

방송의 다채널화가 위와 같은 순기능을 가지는 반면 다른 한편으로는 방송사 간의 시청률 경쟁에 따라 방송의 공적 책임이 등한시될 수 있는 소지

---

20) Television without Frontiers Directive(89 / 552 / EEC) 제4조.
21) 유럽연합의 프로그램쿼터제에 관해서는 '외국의 방송규제 방식'에서 자세히 다루기로 한다.
22) 2005년 말 방송위원회의 조사에 의하면 2002년의 유선방송의 전체 가용채널 수는 120개이나 2005년 6월로 12,999개이다.

도 있다. 방송의 주 재원이 광고수입에 의존하고 있는 현 체계에서 시청률 경쟁이 가열될수록 공공성이 강한 프로그램의 자발적인 제작을 기대하기는 어려워지기 때문이다. 또한 채널 수의 증가로 기하학적으로 늘어나는 프로그램을 모두 심의대상으로 삼는다는 것도 현실적으로 불가능해진다는 문제를 남기기도 한다.

채널의 증가와 더불어 음성과 데이터통신의 결합, 데이터통신과 방송의 결합, 방송과 유무선 통신의 결합과 같은 이종 산업 간의 융합은 국내 방송시장을 변화시키게 된다. 기존의 방송사업자들은 콘텐츠 분야로의 투자, 신규위성사업에 진출하고 있고 통신사들은 앞 다투어 방송영역에 진출하고 있다. 이러한 미디어산업의 구조적 변화는 이전에는 산업구분으로 존재하지 않던 사업자 간의 경쟁을 유발시킨다.

채널과 매체의 증가는 지상파방송의 시청률을 상대적으로 감소시키는 추세이다. 지상파방송은 케이블, 위성방송과 시청자 경쟁을 벌이고 있으며, 지상파방송사업자 간에서도 공영방송과 민영방송이 시청률과 방송 광고주 확보 경쟁을 벌이고 있는 등 사업자의 경쟁과 집중현상이 나타나고 있다. 기존의 국내 방송시장에 대한 정책이 독과점 구조 속에서 시청자와 방송사업자의 이익을 조절하는 데 그 기본을 두고 있었다면, 이제는 동종 미디어 간의 공정한 경쟁환경을 조성하고 모든 미디어산업이 고르게 발전할 수 있는 새로운 미디어정책이 요구되고 있다.

방송환경은 이 외에도 국제방송기구 및 방송관련 통상협상, 콘텐츠의 디지털화로 인한 저작권문제 등 더 많고 다양한 측면에서 변화하고 있다. 방송환경은 더욱더 빠르게 발전하면서 개별 국가의 방송정책에 영향을 미치게 된다. 이러한 변화가 전통적인 방송의 자유와 규제에 관한 철학적·이론적 틀의 변화를 요구하는 것은 아닐 것이다. 그러나 이러한 급속한 환경의 변화에 대응하기 위해서는 규제기관이나 규제방식의 수정이 요구되며 이러한 취지에서 각국의 방송관련 법제의 변천과정을 살펴보는 것은 중요한 의미를 갖게 된다.

# 3

## 방송의 의의

# 제 3 장
# 방송의 의의

　방송관련법제의 변천과정을 살펴보기에 앞서 먼저 방송이 무엇인가에 대한 개념을 설정하는 작업이 필요하다. 방송은 정치적? 기술적인 발전에 영향을 받는 유동적인 개념이기 때문에 방송제도를 법적으로 보장하고 규제함에 있어서는 우선 그 자유의 보장이나 규제의 대상이 되는 방송의 실체와 그 범위가 정해져야 하기 때문이다. 변화하는 방송환경은 입법자로 하여금 방송과 다른 미디어의 구별을 가능하게 하는 법적 개념설정을 더욱 더 중요하게 요구하고 있다.

　'방송'이라는 개념에 대한 정의의 어려움과 모호성은 법적으로 방송을 정의하는 것을 더욱 어렵게 한다. 이는 방송의 개념과 범위가 사회환경과 기술의 발달에 맞추어 계속적으로 변화해 왔기 때문이기도 하다. 방송은 신문과 함께 '제4의 권력'으로 불릴 만큼 민주주의사회의 기본이 되는 여론형성의 기제이다. 따라서 방송은 국가권력으로부터 자유로울 것이 요구되며, 다른 한편에서는 변화하는 사회환경과 정치적 필요에 부응할 수 있도록 규제대상으로 간주되기도 한다. 선진 제국에서는 방송의 독립성을 보장하기 위하여 각종 법규를 만들고 제도를 세운다. 그러면서도 실질적으로는 방송위원의 대통령임명권이나 예산지원과 같이 정부의 영향력을 행사할 수 있는 방안을 모색하기도 한다. 이러한 것들은 방송이 이상적으로는 국가로부터의 독립을 추구한다고 하나, 현실적으로는 정치적 상황으로부터 자유롭기 어렵다는 것을 의미한다. 그렇기 때문에 각 나라의 방송정책이나 방송산업의 흥망여부는 방송기술의 발전에만 달려 있지 아니하고, 그 나라의 방송법제가 민주적 법제의 통제를 받으며 동시에 정치권력으로부터 자유로워질 수 있는가에 달려 있게 된다.

방송은 생성과정에서부터 시대적 상황이나 기술발전, 사회적 변화의 수용가능성, 지원을 통한 제도적 뒷받침이나 국가권력으로부터의 규제와 밀접한 관련을 가지면서 변화 발전해 왔다. 20세기 미국의 방송은 대공황과 뉴딜정책, 그리고 2차 세계대전을 겪으면서 서구 민주주의와 자본주의 모델을 배경으로 하여 크게 성숙·발전하였다. 미국이 자유주의와 시장경제를 앞세운 방송정책을 지향한다면, 독일은 나치정권의 선전도구로 사용된 방송역사를 되풀이 하지 않기 위해 방송에 대한 연방의 개입을 철저하게 배제하고 국가로부터 독립된 방송을 현대적 출발점으로 삼는다. 우리나라 방송정책 역시 한국 현대사의 정치, 경제, 사회문화현상과 밀접하게 관련되어 있다. 특히 역대 정권의 정치적 의도가 강하게 투영되었고 정치사회의 변화와 방송사업자 간의 타협의 산물로 우리 방송체제는 현재에 이르게 되었다.

또한 근자에는 방송과 통신의 융합이라는 말을 자주 접하게 된다. 이는 소위 전화로 대표되던 통신이 인터넷으로 대체되어 가면서 인터넷망을 통한 영상의 전달이 자유로워짐에 따라 방송과 통신의 영역적 구분이 어려워지고 있기 때문에 생기는 현상이다. 즉, 이제까지는 방송을 라디오방송, 텔레비전방송 등과 같은 의미로 사용하였으나, 최근에는 방송과 유사하지만 방송과는 다른 여러 전달매체들이 등장하고 있다.

* * *

방송(broadcasting)의 어원은 '씨를 뿌리는 것'을 의미하는 농업적 표현에서 비롯되었다. 본래 방송의 '흘다' '뿌리다'라는 의미는 프로그램을 전파한다는 의미로 쓰이기 시작하였다. 방송에 해당하는 독일어가 둥글다는 뜻의 'rund'와 무선이라는 'Funk'의 합성어인 'Rundfunk'라는 것을 감안한다면 방송이란 공간에 제한되지 않고 어떤 메시지가 전파되는 것이라는 의미를 가지고 있다.

방송은 라디오와 텔레비전을 포함하는 개념으로 20세기에 들어서면서 신문과 함께 '공적 의사형성(öffentliche Meinungsbuildung)[23]'의 중요한 요소로 등장한 전자매체로 정의되었다. 이처럼 전통적인 의미의 방송은 다른 매체와는 구별되는 방송만의 고유한 특성을 가지고 있는데 '전파를 이용하여 불특정다수의 수신자를 대상으로 무선 또는 유선을 통해 정보를 전송하는 일방적인 전송'을 말한다. '불특정다수의 수신자'를 대상으로 한다는 것과 '일방적인 전송'이라는 점은 통신과 방송을 구별짓는 중요한 요소로 간주되어 있다. 전통적으로 통신이란 특정인 간의 쌍방향적인 송신과 수신을 의미하였다. 통신은 개인과 개인 간에 이루어지는 의사의 교환으로 보았기 때문에 자유로운 정보교환과 프라이버시 보호라는 관점에서 내용상 비밀이 보장되고 규제의 사각지대에 위치했다. 반면에 방송은 제한된 주파수를 사용하여 불특정다수에게 전달되기 때문에 그 출발부터 일정한 규제대상이 되어 왔던 것이다.

그러나 기술의 발달과 함께 방송은 한정된 지상파에만 의존하지 않고 위성이나 케이블과 같이 많은 채널을 통한 다양한 정보의 송신이 가능해졌다. 또 통신은 기존의 음성정보뿐만이 아니고 영상, 데이터까지 통신망을 통해 불특정다수에게 송·수신할 수 있는 소위 '인터넷방송' 시대를 열어가고 있다. 인터넷방송(웹캐스팅: webcasting)이란 '영상, 음향, 동영상 등을 멀티미디어 컨텐츠로 가공, 압축하여 인터넷을 통해 불특정다수 이용자의 요구가 있을 때마다 실시간으로 전송하는 쌍방향(interactive) 서비스를 지칭하는 것'으로 정의된다.[24] 현재 인터넷방송의 경우 그 규제의 가능성이나 실효성에 대한 접근이 용이하지 않아 자율적인 정화기능에 의존하고 있을 뿐 규제는

---

23) 공공의 의사형성이란 개념은 독일연방헌법재판소 방송판결에서 도입된 개념으로 방송의 주요 기능은 사회구성원 의사의 다양성과 다원성에 있다는 것이다.
24) 권헌영 "웹캐스팅 규제에 관한 법제적 쟁점", 『정보화 정책』 제12권 제4호(2005), 153면.

이루어지지 않고 있다.[25] 인터넷방송은 인터넷과 방송의 복합개념으로 이러한 상호융합 또는 수렴(convergence)현상은 유사한 정보의 송신현상을 두고 방송과 통신 각각의 규제영역 내에서 다른 원칙으로 다루어지게 되는 결과를 가져오게 된다. 실제로 현재 우리 방송법은 인터넷방송 중의 일부 지상파방송사에서 운영하는 방송만을 방송위원회에서 규제하고 있다.

방송의 범위를 어디까지 포함시켜야 하는가는 인터넷방송 문제에만 그치지 않는다. 지금 시행되거나 준비 중인 VOD[26], DMB[27], IP-TV[28]와 같은

---

25) 현행법하에서 인터넷은 통신서비스의 일환으로 이해되고 있고, 통신에 대한 법적 규제는 전기통신기본법과 전기통신사업법에 의하여 규율되고 있다. 이에 따라 인터넷방송사업은 전기통신법상 부가통신사업자 또는 전기통신사업법 제21조에 의한 부가통신사업자 중 경미한 사업을 영위하는 자에 해당하기 때문에 정보통신부 장관에게 신고만 하도록 되어 있다. 이러한 사업자의 인터넷방송행위는 방송법의 적용이 배제되고 대부분은 전기통신사업법 제53조의 2 제4항에 의하여 정보통신위원회가 정책 및 그 규제를 담당하고 있다. 그러나 인터넷방송 중에서도 방송법 제2조 3호의 사업자가 행하는 인터넷방송은 방송법의 적용을 받게 된다. 방송법의 적용을 받는 인터넷방송이란 지상파방송사나 뉴미디어방송사가 자체 프로그램을 녹화하여 방송하는 것을 말한다. 방송법의 적용을 받는 인터넷방송에 대한 심의는 방송위원회가, 그 외의 나머지 인터넷방송은 전기통신사업법 제53조의 2호 제4항에 의하여 정보통신부산하 정보통신윤리위원회가 그 심의기관이 된다. 이러한 융합형 서비스는 현행법으로 그 규제를 위한 구분이 명확하지 못하다. 인터넷방송의 경우 위에서 본 것과 같이 지상파방송사가 제공하는 경우에는 방송위원회가 심의하고 기타의 사업자가 제공하는 경우 정보통신윤리위원회가 심의한다. 데이터방송의 경우 방송위원회의 등록 또는 승인 후 7일 이내에 전기통신사업법 제21조에 의해 부가통신사업자 신고를 하여야 한다. 따라서 방송법과 전기통신사업법에 이중적으로 사업자로 규정된다. VOD 서비스의 경우 방송서비스인지 통신서비스인지가 아직 규명되고 있지 않다. 방송사업자의 VOD 서비스는 채널사용사업자의 규정을 준용받고 있다. 즉, 인터넷방송에 관한 규제체계는 형식규제에 있어서는 정보통신부 장관에 대한 임의적 신고가 규제의 전부라 할 수 있고, 내용규제는 정보통신부 및 정보통신윤리위원회에 의한 불법·유해정보심의 기능을 원칙으로 하는 체계에서 방송법상 방송사업자의 인터넷방송에 대해서는 방송내용규제를 담당하는 방송위원회에 의하도록 되어 있다; 권헌영(2005), 155면.

26) 방송통신 융합서비스의 대표격인 VOD는 video on demand의 머리글자를 딴 것으로 주문형 비디오라고도 한다. 영상압축기술을 이용하여 영화 등 각종 비디오 프로그램을 사업자가 데이터베이스화한 다음에 가입자가 요구하는 프로그램을 가입자 선로를 통해 연결함으로써 수신을 가능하게 한다. VOD 시스템을 갖추려면 영상의 방대한 데이터베이스와 광대역, 고속의 전송망이 필요한데 현재 VOD 서비스가 통신망을 기반으로 제공되는 경우에는 부가통신사업으로 정보통신부에 신고하고, 방송망을 기반으로 제공되는 경우에는 방송채널사용사업으로 방송위원회에 등록을 하고 있으며 콘텐츠에 대한 내용규제도 각각 정보통신윤리위원회와 방송위원회가 담당하고 있다.

27) DMB는 영어 디지털멀티미디어 브로드캐스팅(Digital Multimedia Broadcasting)의 머리글자를 딴 것이다. 방송과 통신이 결합된 새로운 개념의 이동멀티미디어방송서비스로, 전송방

서비스는 당장 방송개념의 재설정을 필요로 하고 있다. 방송이 무엇이며, 어떤 현상이 방송인가에 대한 정의여하에 따라서 각종 관련 매체의 지원이나 규제의 대상과 범위도 달라질 수밖에 없다.

이처럼 기존의 개념정의만으로는 그 범위가 한정될 수 없는 방송유사영역의 확장은 여러 나라의 방송관련 규제체계에 직접적인 영향을 미치게 되었고 이에 따라서 방송개념 정립의 중요성은 다시 한 번 부각되었다. 이와 같은 방송환경의 변화에 대응하기 위해 미국은 '1996년 통신법(Telecommunications Act of

식과 네트워크 구성에 따라 지상파 DMB와 위성 DMB로 구분된다.

지상파 DMB는 유럽 디지털 라디오방송(DAB)의 기술표준인 유레카-147을 기본 규격으로 사용한다. 2004년 현재 비어 있는 VHF 12번 채널을 이용해 이동수신용 멀티미디어방송을 하는데, 1개 채널을 쪼개면 3개의 블록이 생기고, 블록 1개당 몇 개의 비디오·오디오 채널이 생긴다. 주파수는 174~216㎒이고, 압축방식은 MPEG4 기술을 이용한다. 전파는 장거리에 알맞도록 회절 특성을 가지고 있다. 주로 차량에서 이용할 목적으로 KBS·MBC·SBS·YTN·CBS 등이 방송서비스를 추진하고 있다. 시청자에게 무료로 서비스하는 대신 광고요금으로 방송료를 충당한다.

반면 위성 DMB는 지상파 DMB와 달리 위성체를 이용해 방송을 서비스한다. 따라서 수신율이 낮은 도심 지역은 갭필러(gap filler)라는 중계기를 이용해 방송을 수신한다. 주파수는 2.605㎓ 이상이고, 압축방식은 지상파와 같다. 채널 수는 비디오 20개 안팎, 오디오 50개 안팎이다. 방송법에서 DMB는 이동멀티미디어방송으로 분류된다.

28) 인터넷 프로토콜 텔레비전(Internet Protocol Television)의 약자이다. 초고속 인터넷을 이용하여 정보서비스, 동영상콘텐츠 및 방송 등을 텔레비전 수상기로 제공하는 서비스를 말한다. 인터넷과 텔레비전의 융합이라는 점에서 디지털 컨버전스의 한 유형이라고 할 수 있다. 기존의 인터넷TV와 다른 점이라면 컴퓨터 모니터 대신 텔레비전 수상기를 이용하고, 마우스 대신 리모콘을 사용한다는 점이다.

IP-TV를 이용하기 위해서는 텔레비전 수상기와 셋톱박스, 인터넷 회선만 연결되어 있으면 된다. 곧, 텔레비전에 셋톱박스(set top box)나 전용 모뎀을 덧붙이고 텔레비전을 켜듯이 전원만 넣으면 이용할 수 있다. 따라서 컴퓨터에 익숙하지 않은 사람이라도 리모콘을 이용하여 간단하게 인터넷 검색은 물론 영화 감상, 홈쇼핑, 홈뱅킹, 온라인 게임, MP3 등 인터넷이 제공하는 다양한 콘텐츠 및 부가 서비스를 제공받을 수 있다.

IP-TV는 비디오를 비롯한 방송 콘텐츠를 제공한다는 점에서는 일반 케이블TV이나 위성방송과 별다른 차이점이 없지만, 쌍방향성이 추가된다는 점이 큰 특징이다. 일반 지상파방송이나 케이블TV 또는 위성방송과는 달리 시청자가 자신이 편리한 시간에 자신이 보고 싶은 프로그램만 볼 수 있다. 따라서 TV방송의 주도권이 방송사나 중계 업자로부터 시청자에게 넘어가는 셈이 된다. 현재 미국, 영국, 프랑스, 홍콩, 이탈리아와 일본 등의 국가에서 IP-TV 서비스를 하고 있으며 전세계적으로 확산 단계라고 할 수 있다. 주로 각 국가의 통신사업자 등의 방송산업 진입목적으로 추진되고 있다. 국내의 경우, KT, 하나로통신 등 통신사업자들이 기존의 인프라를 최대한 활용하여 TPS(Triple Play Servise: 음성, 데이터, 영상을 동시에 서비스) 서비스 및 범위의 경제 효과를 누리고자 IP-TV 제공에 적극적으로 나서고 있다.

1996)'을 제정하였다. 독일은 현재 다른 법으로 규제하고 있는 방송법이나 통신법의 규율대상 외에 등장한 새로운 멀티미디어의 서비스 등의 규제를 위한 텔레커뮤니케이션법(Telekomminikationsgesetz)을 제정하였다.[29] 영국 역시 오랜 준비기간 끝에 방송통신통합법인 2003년 커뮤니케이션법(The Communications Act 2003)을 제정한 바 있다. 동법은 방송과 통신의 규제기관을 통합함과 동시에 방송과 통신의 개념도 통합시켰다. 동법의 제정목적은 경쟁의 촉진에 있다. 통신에 비해 상대적으로 경쟁이 적었던 방송의 특수성에 의한 개념 구분을 하지 않고, 이 두 개념을 모두 포함하는 커뮤니케이션(communication)이라는 개념으로 대체함으로써 그 목표를 달성하고자 한 것이다. 따라서 영국의 2003년 커뮤니케이션법은 방송(broadcasting)이라는 용어 대신에, 방송과 통신의 개념을 포함하는 "전자통신(electric communication)" 개념을 사용하고 있다.[30] 동 법에서의 전자통신망은 전기적, 자기적 또는 전자기적 에너지를 이용하거나 모든 종류의 신호를 이용수단으로 하는 전송시스템, 그리고 그와 같은 시스템을 제공하거나 관련을 갖는 개인이 신호의 전송을 위해 사용하는 장비 및 데이터를 의미한다고 규정하고 있다. 이와 같이 영국은 방송개념을 구체적으로 정의하지 않고, 융합에 대응하여 방송과 통신을 아우르는 구분 없는 개념으로 정의하고 있을 뿐이다. 본 논문은 방송과 통신의 융합 이전에 방송과 관련된 법제의 문제점이 먼저 해결되어야 하는 것을 전제로 방송과 통신의 융합에 대비하고자 하는 것이다. 장기적으로 미국의 텔레커뮤니케이션(telecommunication)이나 영국의 커

---

29) 독일의 경우 1997년 8월 1일부터 연방의 Teledienstegesetz, 주의 Rundfunkstaatsvertrag와 Mediendienste-Staatsvertrag이 여러 미디어를 규율하고 있다. Hochstein, Reiner, "Teledienste, Mediendienste und Rundfunkbegriff-Anmerkungen zur praktischen Abgrenzung multimedialer Erscheinungsformen", NJW(1997), p.2977.
30) Communications Act 2003 §32 Meaning of electronic communications networks and services
   (1) In this Act "electronic communications network" means-
      (a) a transmission system for the conveyance, by the use of electrical, magnetic or electro-magnetic energy, of signals of any description; and
      (b) such of the following as are used, by the person providing the system and in association with it, for the conveyance of the signals-
         ( i ) apparatus comprised in the system;
         ( ii ) apparatus used for the switching or routing of the signals; and
         ( iii ) software and stored data.

뮤니케이션(communication)과 같이 방송과 통신을 포괄하는 개념설정이 필요할 것이나 이를 위해 먼저 '방송'의 개념이 정립되어야 하는 것이다.

\* \* \*

우리나라 현행 방송법[31] 제2조는 "방송이라 함은 방송프로그램을 기획·편성 또는 제작하여 이를 공중(개별계약에 의한 수신자를 포함하며, 이하 "시청자"라 한다)에게 전기통신설비에 의하여 송신하는 것"으로 정의하고 있다. "정지 또는 이동하는 사물의 순간적 영상과 이에 따르는 음성·음향 등으로 이루어진 방송프로그램을 송신하는" 텔레비전방송과, "음성·음향 등으로 이루어진" 라디오방송, 문자·숫자·도형·도표·이미지 그 밖의 데이터를 위주로 이에 따르는 영상·음성·음향 및 이들의 조합으로 이루어진 방송프로그램을 송신하는 데이터방송[32] 및 "이동 중 수신을 주목적으로 다채널을 이용하여 텔레비전방송·라디오방송 및 데이터방송을 복합적으로 송신하는" 이동멀티미디어방송을 방송으로 규정하고 있다. 이는 기존의 방송법이 방송을 지상파방송, 종합유선방송과 위성방송으로만 구분했던 것을 2004년 개정법에서 데이터방송과 이동멀티미디어방송에까지 그 범위를 확장한 것이다.[33] 현행 방송법 체계는 '방송'을 定義함에 있어 열거식으로 규정하고 있기 때문에 새로운 방송서비스가 등장할 때마다 방송법을 개정해야 하는 행정상의 비효율성과 부담이 따른다.

나아가 방송법 제32조 제1항은 방송위원회에게 "放送·中繼有線放送 및 電光板放送의 내용과 기타 電氣通信回線을 통하여 공개를 목적으로 유통되는 情

---

31) 방송법 [일부개정 2005. 8. 4 법률 7655호]
32) 그러나 인터넷 등 통신망을 통하여 제공하거나 매개하는 경우는 방송으로 보지 않는다.
33) 구방송법 [일부개정 2004. 3. 12 법률 7190호]
제2조 (용어의 정의) 이 법에서 사용하는 용어의 정의는 다음과 같다.
  1. '방송'이라 함은 방송프로그램을 기획·편성 또는 제작하고 이를 공중(개별계약에 의한 수신자를 포함하며, 이하 '시청자'라 한다)에게 전기통신설비에 의하여 송신하는 것으로서 다음 각목의 것을 말한다.
    가. 지상파방송: 방송을 목적으로 하는 지상의 무선국을 이용하여 행하는 방송
    나. 종합유선방송: 전송·선로설비를 이용하여 행하는 다채널 방송
    다. 위성방송: 인공위성의 무선국을 이용하여 행하는 방송

報 중 放送과 유사한 것으로서 大統領令이 정하는 情報의 내용이 공정성과 공공성을 유지하고 있는지의 여부와 公的 責任을 준수하고 있는지의 여부를 放送 또는 유통된 후 審議 · 議決"할 수 있는 내용 심의권을 부여하고 있는데, 방송법시행령에 의하면 이것은 "방송사업자 · 중계방송사업자 및 전광판방송사업자가 전기통신회선을 통하여 '방송', 'TV' 또는 '라디오' 등의 명칭을 사용하면서 일정한 편성계획에 따라 유통시키는 정보"이다. 따라서 현행 우리나라 방송법상의 방송은 방송사업자, 중계유선방송사업자 및 전광판방송사업자가 송출하는 영상물(데이터)로 한정되어 있다.

이에 반하여 미국의 1996년 통신법(Telecommunications Act)은 통합 52개 항목의 정의규정을 두고 방송 및 통신에 관한 법적 개념을 자세하게 규정하고 있다. 동법은 제3조에서 방송을 '직접 또는 중계국의 중계를 통하여 공중에게 수신되는 것을 목적으로 하는 무선통신의 전파(dissemination of radio communications)'로 정의하고 있다.[34] 동조 52항[35])에서는 '유선'의 개념을 정의하고 있는데 이에 의하면 글, 기호, 신호, 그림과 소리의 모든 종류를 유선, 케이블 또는 그러한 전달물의 발신지와 수신지를 연결하는 모든 장비나 시설을 이용하여 전달하는 것이며, '무선'이란 그러한 선의 연결이 없이 전파되는 것을 말한다. 따라서 무선통신(radio communication)이란 글, 기호, 신호, 그림과 소리의 모든 종류의 무선을 통한 전달과 그러한 전달에 부수되는 모든 수단, 설비, 기구와 서비스 통신의 수신, 傳送이 포함되는 것으로 이해할 수 있다.[36] 이와 같은 법적 정의는 우리 방송법이 방송물이 전달되

---

34) 47 U.S.C.A. § 153 Definitions. (6) Broadcasting
   The term "broadcasting" means the dissemination of radio communications intended to be received by the public, directly or by the intermediary of relay stations.
35) 47 U.S.C.A. § 153 Definitions. (52) Wire communication
   The term "wire communication" or "communication by wire" means the transmission of writing, signs, signals, pictures, and sounds of all kinds by aid of wire, cable, or other like connection between the points of origin and reception of such transmission, including all instrumentalities, facilities, apparatus, and services (among other things, the receipt, forwarding, and delivery of communications) incidental to such transmission.
36) 47 U.S.C.A. § 153 Definitions. (33) Radio communication
   The term "radio communication" or "communication by radio" means the transmission by radio of writing, signs, signals, pictures, and sounds of all kinds, including all instrumentalities, facilities, apparatus, and services (among other things, the receipt,

는 최종 매체를 기준으로 텔레비전방송, 라디오방송 또는 이동멀티미디어방송으로 구분하는 입장과는 달리 네트워크 중심의 분류기준이라 하겠다.

독일의 방송규제는 이원적인 구조를 가진다. 독일의 경우 철저하게 통신은 연방이, 방송은 각 주에서 규율하고 있다. 독일에서 방송에 관한 논쟁과 분쟁이 많은 이유는 이와 같은 이원구조에서 발생하는 연방과 주간의 권한 분쟁에서 기인한다. 기본법(Grundgesetz: 독일헌법)에서 선언하고 있는 방송 자유권의 법적 성격, 방송과 구별되는 새로운 멀티미디어의 규제기구 등의 문제를 두고 독일 역시 방송의 개념설정을 위한 많은 논의가 있다. 그러나 독일에서의 방송개념이란 기술발전과 시대적 변화에 따른 유연성을 전제로 하고 있기 때문에 무엇이 방송인지를 단적으로 정의하려는 노력보다는 방송의 의견형성이라는 임무를 중심으로 그 관련 논의를 이끌어가는 것이 그 특징이다.[37]

연방헌법재판소의 제5차 방송판결에 의하면 기본법 제5조 1항 2문에서 사용된 방송의 개념은 확정적으로 정의될 수 있는 것이 아니다.[38] 즉, 기본법상의 방송의 내용은 기본법 제5조 제1항 2문에서 보장하는 사회영역에 실제적 변화가 발생할 경우 변화될 수 있는 것으로 보아 이미 도입된 기술에만 방송을 연계시켜서는 안 된다고 하였다. 그 이유로는 기존의 기술에만 방송의 영역을 제한하는 경우 새로운 기술수단을 동원해 방송의 임무를 수행하는 영역에 대해서는 기본권의 보장이 확대되지 못하는 사태가 발생하기 때문이다.[39]

이렇게 독일은 방송의 개념을 기술적인 혁신가능성과 의견형성의 매개체로서의 기능을 고려하여 역사적·규범적으로 결정되어야 하는 것으로 본다.[40] 따라서 방송의 자유의 규범성을 유지하기 위해서는 판결 당시의 시점까지 도입된 기술수준만을 기준으로 방송의 개념을 확정할 수 없고, 또 그렇게

---

forwarding, and delivery of communications) incidental to such transmission.

37) 방송의 의견형성기능은 독일의 방송법제의 기본을 이루고 있다.

38) "Der in Art. 5 Abs. 1 Satz 2 GG verwendete Begriff "Rundfunk" läßt sich nicht in einer ein für allemal gültigen Definition erfassen."; BVerfGE 74, 297 [350]

39) BVerfGE 74, 297 [350]

40) 김영수, 지성우, "독일 멀티미디어 관련법상의 방송·통신·멀티미디어의 개념에 관한 연구", 『성균관법학』 제14권 제2호(2002), 24면.

보아야만 방송의 자유가 보장될 수 있을 것이라고 보고 있다.[41] 그렇게 하여 방송개념은 기술적 전송과 수신방식의 변화를 반영하며 변화하게 된다.

독일연방헌법재판소의 이러한 견해에 따르면 기술이 끊임없이 발전되는 한 방송의 개념도 자동적으로 변화하고 방송의 자유나 방송법제 역시 그에 맞춰 유연하게 적용되게 된다. 이러한 접근방식은 가장 이상적인 방법임이 틀림없다. 그럼에도 불구하고 국가가 방송의 규율·감독과 같은 규제기능을 수행하기 위해서는, 또 나아가 방송산업 지원과 같은 수익적인 행정행위를 수행하기 위하여서도 방송을 법적으로 정의할 필요는 여전히 남아 있게 된다. 이와 같은 필요에 직면하여 독일은 각 주간의 방송에 관한 협약인 '방송국가조약(Rundfunkstaatsvertrag)'에서 방송의 정의를 내리게 된다.[42] 이에 의하면 방송은 '일반(Allgemeinheit)을 대상으로 무선 또는 유선을 통해 전자기적 파장(elektromagnetische Schwingungen)을 이용하여 모든 형태의 문자, 음성 및 영상 표현물(Darbietungen aller Art)을 준비하여 전파(Verbreitung)하는 것'[43]으로 정의되고 있다.[44] 이렇게 독일은 방송서비스와 통신서비스의 대상이 '일반'인지 '개인'인지에 따라 나누고, 다시 일반을 대상으로 하는 서비스 영역에 대해서는 '의사형성력'을 중심으로 방송과 방송유사 서비스인 미

---

41) BVerfGE 74, 297 [350]

42) 1974년의 방송국가조약(Rundfunkstaatsvertrag: RStV)에서 '방송'은 케이블망에서의 전송('무선 또는 유선에 의한')으로 확장되었다. 약 20년이 지나서 방송의 개념은 추가적인 디코더를 통해서만 수신되거나 실제로 시청한 프로그램에 대한 개별 수신료를 지불하는 전송방식(유료TV)으로 확대되었다. 이 정의에 따르면 현재는 미디어서비스로 분류되는 문자방송이나 텔레텍스트도 법적인 의미에서의 방송이다. 한국방송영산산업진흥원, 「세계 주요국의 미디어 융합형 서비스 현황과 규제방안－미국·영국·프랑스·독일·일본의 사례－」(한국방송영산산업진흥원, 2005a), 162면.

43) Rundfunkstaatsvertrag
   § 2 Begriffsbestimmungen
   (1) Rundfunk ist die für die Allgemeinheit bestimmte Veranstaltung und Verbreitung von Darbietungen aller Art in Wort, in Ton und in Bild unter Benutzung elektromagnetischer Schwingungen ohne Verbindungsleitung oder längs oder mittels eines Leiters. Der Begriff schließt Darbietungen ein, die verschlüsselt verbreitet werden oder gegen besonderes Entgelt empfangbar sind. Dieser Staatsvertrag gilt nicht für Mediendienste im Sinne von § 2 des Mediendienste-Staatsvertrages; § 20 Abs. 2 und § 52 Abs. 2 bis 5 dieses Staatsvertrages bleiben unberührt.

44) 방송기술의 발달에 따른 독일 방송개념의 변화에 대해서는 Hochstein(1997), p.2977 참조.

디어서비스(Mediendienst)로 구분하고 있다. 이런 독특한 방식의 영역을 설정은 뒤에 설명하겠지만 독일이 연방과 주로 권한이 분명하게 나누어져 있기 때문이다.

* * *

앞에서 살펴본 바와 같이 방송의 개념을 一義的으로 정립하기는 어렵다. 각국의 법적 정의를 토대로 본서에서는 방송을 다음과 같은 요소들을 특성으로 가진 것으로 제한하여 규정하여 보았다.

방송은 첫째, 일반을 대상으로 하는 일반대상성을 가지며, 둘째, 모든 종류의 표현물을 요소로 하며, 셋째, 그것의 전파라는 세 가지 요소를 가진다. 방송의 일반대상성이란 방송이 불특정다수에 대해 임의적 공개성을 가지고 있어야 함을 의미한다. 즉, 일반적 접근가능성(allgemeine Zugänglichkeit)이 인정되는 것에 한정한다. 따라서 방송은 처음부터 특정된 다수를 대상으로 하는 통신과 구분되게 된다. 물론 이와 같이 단순하게 서비스제공의 상대방이 특정인인가 일반 공중인가 하는 단일한 요소만으로는 정확한 구별기준이 될 수 없다. 왜냐하면 통신으로 분류되는 인터넷서비스는 언제든지 공중에게 제공되어질 수 있으며, 방송이나 통신과 같이 모두 공중에게 제공되는 서비스는 결국 상대방의 수용행위와 같은 개별적 이용여부에 달려 있기 때문이다.[45]

다음의 모든 종류의 표현물이란 글, 기호, 신호, 그림과 소리의 복합적인 결합을 포함하는 개념이다. 영상은 물론이고 정지된 그림화면 역시 표현물로 볼 수 있다. 傳播란 방송의 공급, 생산 및 방송에 불가결한 보조업무를 포함하는 방영의 전 과정을 포괄하는 개념으로 지상파, 케이블이나 위성과 같은 전파방식의 차이는 문제되지 않는다. 따라서 방영을 위해서는 전자적인 파장을 활용한 무선(Funk)기술의 이용이 전제되어야 하지만, 이 경우 연결 도선을 이용하는지의 여부는 전파의 필수요소가 아니라는 것이다.[46] 그러나 전파는 정보전달의 동시성을 요구한다. 따라서 방송의 송신과 함께 수

---

45) 한국언론재단, 『세계의 언론법제』(한국언론재단, 2005), 13-14면 참조.
46) 김영수, 지성우(2002), 25면.

신자는 송신자가 보내는 정보를 그대로 받아 보게 되는 것일 뿐 시청자의 주문에 의해 송신·제공되는 것은 방송이라 할 수 없게 된다.

현행 방송법이 정하고 있는 방송 역시 이상과 같은 요소를 가진 것으로 해석한다면, 영화나 인터넷방송을 방송법상의 방송과 구분할 수 있게 된다.[47) 영화란 비공개적인 장소에서 재생하는 것으로 전송이나 전파를 그 요소로 가지지 않는 반면에 방송은 공중을 향한 송신으로 그 수신여부는 임의의 개인이 접근 가능한 상태에 놓여져 있는 것으로 족하게 된다. 인터넷방송 역시 다수의 불특정대상을 향한 송신이기 때문에 방송개념에 포함되어야 한다고 생각할 수도 있다. 그러나 방송은 송신자의 프로그램의 수신 순서에 따라 전달받게 된다.[48) 방송법시행령에서는 이를 '편성계획'이라 표현하고 있으며 흔히 말하는 방송국의 방영순서를 생각하면 이해가 쉬울 것이다. 방송국이 이와 같이 송신과 동시에 수신되는 프로그램의 방영순서에 구속되어 있는 반면 인터넷방송은 송신자가 어느 시점에 서버에 올려놓은 프로그램을 이후에 이용자가 자신의 임의로 원하는 순간에 수신 받을 수 있도록 되어 있기 때문에 구별이 가능해지게 된다.[49)

---

47) 인터넷방송을 방송법의 방송개념에 포함시켜 동일 원리의 규제를 적용시킬 것인지 아니면 별도의 체계와 법리를 마련할 것인지에 대해서는 인터넷방송에 대한 법적·제도적 연구가 필요할 것이다. 그러나 인터넷방송과 방송의 규제원리는 구분하여 보는 것이 옳다. 왜냐하면 방송은 그 특수성으로 인해 공공의 이익을 추구할 의무와 의견형성의 기능을 갖는다. 따라서 방송은 정확한 정보의 전달이나 교육 기타 오락 프로그램의 의무적인 제공이 요구되고 있는 반면에 인터넷은 그 시작부터 초국가적인 영역간의 정보의 교환을 중심으로 자율적인 규제에 의존되어 왔기 때문이다. 다만 현행 방송법이 그 적용대상인 방송사업자, 중계유선방송사업자 및 전광판방송사업자가 방송, TV, 라디오라는 명칭을 사용하는 인터넷방송의 경우는 방송법의 적용을 받도록 하고, 그 외의 사업자가 인터넷을 통하여 행하는 소위 '유사방송행위'는 적용대상으로 보지 않는 것과 같은 일관성의 문제는 여전히 남게 된다.

48) 방송은 유무선을 통하여 전자파를 전달한다는 점에서 다른 매체와는 동일하나 신문과는 구별되고, 사실과 의견의 전달행위로 사전에 설정된 방송편성안에 의하여 프로그램의 제공한다는 점에서 다른 전파매체와 다르다고 한다. Walter Rudolf, "민주적 헌정질서하에서 방송법의 공법적 과제", 『공법연구』 제28집 제4호 제1권(2000), 194-195면 참조.

49) 현재로서는 새로이 등장하고 있는 미디어를 모두 포괄하는 개념이 통일되어 있지 않다. 외국의 예를 보더라도 미국에서는 텔레커뮤니케이션, 영국에서는 커뮤니케이션으로, 독일에서는 새로운 멀티미디어법의 제정에 따라 멀티미디어를 전통적인 방송과 통신, 그 외의 새로이 등장한 미디어를 포함하는 개념으로 사용하고 있다. 이 책에서는 새로 등장된 미디어를 모두 포괄하는 개념으로 디지털 컨버전스라는 용어를 사용하였다.

# 방송의 자유와 규제에 관한 법리

# 제4장
# 방송의 자유와 규제에 관한 법리

　방송의 자유는 헌법이 보장하는 기본권으로써 방송사업자가 국가의 규제를 받지 않고 독립적으로 방송을 행할 수 있는 자유를 향유할 수 있는 근거를 제공한다. 그 내용으로는 방송정보의 수집, 프로그램의 제작과정을 포함하여 보도와 의견전파의 자유와 같은 방송사업자의 자유와, 공정한 방송을 시청할 시청자의 권리까지 포함된다.

　그러나 한편으로 방송의 자유는 방송이 사회에 기여하는 특수한 기능 및 책무에 근거하여 방송행위를 주관하는 방송사업자의 권리를 제한하는 근거로 작용하기도 한다. 방송의 제한은 정도와 방식의 차이는 있으나 모든 국가에서 공통적으로 볼 수 있는 현상이다. 이미 방송환경은 많은 변화를 거쳐 오늘에 이르렀다. 초기의 방송과는 다른 상황에서도 전통적인 방송제한의 이론이 아직까지 방송을 규제하는 유효한 근거가 될 수 있는지, 그렇다면 여러 나라의 방송법에서는 그것을 어떻게 구체화시키고 있는지를 살펴보는 것은 방송규제를 고찰하는데 매우 중요한 의미가 있다.

# 1.
# 방송의 자유

우리가 흔히 말하는 방송의 자유란 기본권으로 인정되는 권리이다. 이러한 방송의 자유를 보장하는 방법은 나라에 따라 다르다. 즉, 독일과 같이 헌법으로 방송자유권(Rundfunkfreiheit)을 명시적으로 보장하고 있는 나라도 있지만, 우리나라를 비롯하여 미국이나 영국과 같은 나라들은 '방송의 자유'에 대한 언급을 따로 하고 있지 않다. 명시적인 표현의 여부를 불문하고 방송의 자유는 표현의 자유 또는 언론·출판의 자유로부터 도출되어 널리 각국에서 인정되고 있다. 미국의 경우 헌법수정조항 제1조[50])에서 미 의회는 '언론 또는 출판의 자유를 제한하는 법률을 제정할 수 없다'고 규정하고 있다. 비록 동 규정이 '방송'을 명시적으로 규정하고는 있지는 않으나 역사적으로 학설과 판례는 이에 방송의 자유가 포함된다고 보고 있다. 우리나라 역시 언론·출판의 자유 속에 방송의 자유를 허용하고 있다. 유럽인권법원(the European Court of Human Rights) 역시 판결을 통해[51]) 방송이 표현의 자유에 의해 보호되는 것으로 인정하고 있다.

우리 헌법 제21조는 제1항에서 "모든 국민은 언론·출판의 자유"를 가진다고 규정하고, 제2항에서는 "언론·출판에 대한 허가나 검열"은 인정되지 않는다고 하여 허가제·검열제를 금지한다. 나아가 제3항에서는 "통신·방송

---

50) U.S. Const. amend. I, Congress shall make no law respecting an establishment of religion, or prohibiting the free exercise thereof; or abridging the freedom of speech, or of the press; or the right of the people peaceably to assemble, and to petition the government for a redress of grievances(연방 의회는 국교를 정하거나 또는 자유로운 신앙 행위를 금지하는 법률을 제정할 수 없다. 또한 언론, 출판의 자유나 국민이 평화로이 집회할 수 있는 권리 및 불만 사항의 구제를 위하여 정부에게 청원할 수 있는 권리를 제한하는 법률을 제정할 수 없다).

51) Groppera Radio AG v. Switzland(1990) 12 EHRR 321; 본 판결에서 법원은 지상파나 케이블을 통해 전송되는 프로그램은 방송의 내용에 상관없이 표현의 자유에 의해 보호된다고 하였다(Both broadcasting of programmes over the air and cable retransmission of such programmes are covered by the right to freedom of expression, without there being any need to make distinctions according to the content of the programmes).

의 시설기준"을 보장하기 위하여 필요한 사항은 법률로 정한다고 하는 통신·방송의 시설기준의 법정주의를, 제4항에서 "언론·출판은 타인의 명예나 권리 또는 공중도덕이나 사회윤리를 침해하여서는 아니 된다"는 언론·출판의 자유의 내재적 한계를 정하고 있다. 우리 헌법 역시 방송의 자유를 직접적으로 명시함으로써 보장하고 있지는 않으나, 언론의 자유 영역 내에 방송의 자유를 포함시켜 인정하고 있음은 학계와 판례에서 공히 이견이 없다.[52]

헌법재판소의 판결[53]에 따르면 헌법 제21조 제1항과 제2항은 "언론·출판의 자유를 강력하게 보호할 것을 명시"하였으며, 이 언론·출판의 자유는 "현대 민주주의국가의 존립과 발전에 필수불가결한 기본권으로 헌법에서는 이를 최대한으로 보장하고 있다"고 하였다. "일반적으로 헌법상의 이 언론·출판의 자유의 내용으로서는, 의사표현·전파의 자유, 정보의 자유, 신문의 자유 및 방송·방영의 자유 등"을 들고 있다. 통상적으로 표현의 자유는 의사표현 그 자체와 의사표현의 매개체 또는 의사표현을 위한 수단을 포함한다고 전제할 때, 의사표현의 중요한 매개체인 방송은 헌법 제21조 제1항이 보장하고 있는 언론·출판의 자유의 보호대상 안에 포함된다.

판례에 의하면 "헌법상 방송의 자유란 방송주체의 존립과 활동이 국가권력의 간섭으로부터 벗어나 독립함을 의미할 뿐만 아니라 국가권력 이외의 방송의 자유를 침해하는 사회 제 세력에 대하여도 그 효력을 주장할 수" 있는 자유를 의미한다.[54] 방송의 자유는 방송정보의 수집, 프로그램의 제작과정에서부터 보도·의견의 전파의 자유까지 국가의 간섭으로부터 자유로울 것을 그 내용으로 한다.[55] 이때 이러한 자유가 임의적이고 편파적인 정보와 의견의 방송까지 무조건적으로 보장하는 것은 물론 아니다. 방송은 사회구성원에게 정확한 정보를 전달하고 각 개인이 그것을 바탕으로 자신의 의견을 자유롭게 형성할 수 있도록 하는 특별한 기능을 갖는다. 방송의 이러한

---

52) 권영설, "방송의 공정보도 기준에 관한 연구", 『방송의 공정성에 관한 연구』(방송위원회, 2000) 130면; 성낙인, 「헌법학」(법문사, 2006), 425면; 헌법재판소 2003. 12. 18, 2002헌바49; 2003. 3. 27, 2001헌마116; 2001. 8. 30, 2000헌가9; 1993. 5. 13, 91헌바17.
53) 헌법재판소 1993. 5. 13, 91헌바17.
54) 서울고법 1994. 9. 27, 94나35846.
55) Frank Fechner, 「Medienrecht」(Mohr Sieback, 2002), p.746.

사회적 공익기능을 잘 수행할 수 있도록 국가와 입법자는 이를 제도적으로 보호해 주는 의무를 진다. 이렇게 공정한 보도를 통하여 국민의 알 권리를 충족시켜야 하는 언론의 사회적 기능과 관련하여 방송언론은 사회의 공익을 위해 봉사하여야 하는 임무에 구속을 받게 된다. 방송고유의 기능이 보호되어야 한다는 방송자유의 원칙과 방송기능이 공익기준에 구속을 받는다는 이중적 성격으로 인해 방송의 자유는 단순한 '의사표현의 자유'에 더하여 규범성을 띠게 되는 것이다. 우리 판례가 방송자유를 다양성의 원칙과 공정성의 원칙 등에 제한되는 제도적 자유로 인정한 것도 방송의 이러한 객관적 규범질서로서의 성격을 강조한 것이라 볼 수 있다.

방송에 의한 자유로운 의사형성은 방송 그 자체가 자유롭고 포괄적이며 진실에 기초한 정보를 제공하는 경우에만 가능하다. 따라서 독일의 경우는 진실한 정보와 내용의 다양성을 확보하기 위해 방송사의 내부조직과 절차에 관한 사항을 입법자가 정할 것을 요구하고 있다. 독일에서는 방송의 자유가 임의적으로 행사될 수 있다면 방송의 커다란 잠재적 영향력 때문에 본질적인 법익에 대한 중대한 위험이 수반될 수 있다고 보아 방송의 자유를 개인의 특권이 아닌 기능조건적 기본권으로 간주한다고 한다. 이와 같이 방송의 자유가 방송을 통해 자유롭고 광범위한 의사형성을 보장하는 과제에 기여해야 하는 목적에 구속되기 때문에 기본권으로서의 방송의 자유를 목적구속적이라고 말하기도 한다.[56]


## (1) 방송의 자유의 주체


방송의 자유가 기본권으로 인정된다면 그 향유의 주체에 대한 문제가 남게 된다. 방송의 자유는 국가로부터의 자유와 프로그램의 제작·편성의 자유 등을 그 내용으로 하고 있으므로 방송의 자유의 주체가 되기 위해서는 프로그램 활동에 대한 일련의 과정에 관여하든가 혹은 국가로부터의 자유를

---

56) 전정환, "방송자유의 주체", 『공법연구』 제30집 제3호(2002), 230면.

주장할 수 있어야 한다.[57] 일반적으로 보면 방송자유의 주체는 방송국과 편성종사자가 주체성을 갖는 것으로 볼 수 있다. 우리 판례는 방송자유의 주체를 공영방송이건 민영방송이건 방송행위를 목적으로 설립된 방송법인으로만 보고 있다.

자연인을 전제로 출발된 기본권의 원칙적 향유자는 국민이다.[58] 원래 기본권이란 국가에 대한 방어권이기 때문에 기본권은 공법상 법인의 다른 국가기관에 대한 방어권으로 인정되지 않는다. 공법인에 대하여 기본권 주체성을 인정할 경우에는 기본권의 반전을 초래할 이유가 있어야 하기 때문이다.[59] 판례 역시 기본권 보장규정인 헌법 제2장의 제목이 "국민의 권리와 의무"이고 그 제10조 내지 제39조에서 "모든 국민은……권리를 가진다"고 규정하고 있으므로 국민(또는 국민과 유사한 지위에 있는 외국인과 사법인)만이 기본권의 주체라 본다.[60] 그러나 기본권의 성격에 따라서는 법인도 기본권의 주체가 될 수 있으며 따라서 민영방송국에게 기본권의 주체성을 인정하는 데는 문제가 없다.

우리 판례에 의하면 국가나 국가기관 또는 국가조직의 일부나 공법인은 기본권의 '수범자(Adressat)'이지 기본권의 주체로서 그 '소지자(Trager)'가 아니고 오히려 국민의 기본권을 보호 내지 실현해야 할 '책임'과 '의무'를 지니고 있는 지위에 있을 뿐이라고 하면서 원칙적으로는 공법인의 기본권 주체성을 부인하고 있다. 독일의 경우 제2차 방송판결에서 기본권의 주체성은 그 본질상 기본권이 적용될 수 있는 한도에서는 공법인에게도 효력이 미친다고 하여 공영방송의 기본권 주체성을 인정한 바 있다.[61] 즉, 공법상 단체에게는 이들이 공적 과업을 실현하는 한 원칙적으로 효력이 미치지 아니하나, 예외적으로 그 공법상 법인이 기본권으로 보호되는 생활영역에 직접 소속되는 경우라면 기본권의 효력이 미친다는 것이다.[62]

---

57) 전정환(2002), 230-203면.
58) 성낙인(2006), 251면.
59) 성낙인(2006), 256면.
60) 헌법재판소 1994. 12. 29, 93헌마120.
61) BverGE 31, 314 [321]
62) BverGE 31, 314 [322]

이렇게 국가나 국가기관 또는 아주 예외적으로 공법상의 법인에게도 기본권의 주체성이 인정될 수 있는데 그것은 특정 기본권을 실현하기 위한 경우에만 그러하다.63) 공영방송은 방송을 통해 독립적인 의견형성을 보장하여야 하기 때문에 그 한도 안에서 방송자유의 주체로 인정되는 것일 뿐이며, 그 외의 재산권과 같은 다른 기본권의 주체는 여전히 될 수 없다.64) 그럼에도 불구하고 방송사와 국가 사이에 공권력의 행사로 인한 재산상의 분쟁이 발생한 경우와 같이 방송사가 국가권력에 의해 기본권의 침해를 받는 경우에는 그 기본권 주체성은 인정되어야 할 것이다.65)

한편 시청자인 개인의 기본권 주체성에 관해, 각 개인이 국가의 간섭을 받지 않고 라디오나 방송에 출연해 자신의 의견을 개진할 수 있는 자유가 방송의 자유에 포함되는지에 대해서는 부정적이라고 봐야 할 것이다. 공적 기능의 수행이 방송의 일차적인 임무라고 보았을 때 개인의 무제한적인 의견개진은 방송의 기능에 기여하기보다는 무질서적인 불평등만을 초래할 위험이 있기 때문이다. 같은 맥락에서 개인 한 사람 한 사람에게 시청자로서 특정 프로그램의 방영을 요구할 수 있는 권리도 없다고 할 것이다. 다만 개인이 시청자 단체로서 또는 사회집단으로 의견을 개진하거나 프로그램에 대한 요구를 하는 경우 기본권 주체성은 인정될 수 있다.66)

그러나 우리 법원이 방송자유의 주체를 방송국으로만 본 것은 실제로 시청자가 방송운영이나 보도·편성에 관한 권리를 행사하기 어렵기 때문에 이와 같이 해석한 것으로 생각되며 반드시 방송자유를 방송사만의 권리라고 본 것은 아니라고 본다. 개인에게도 일반적으로 접근할 수 있는 방송을 본인의 의사에 반하여 방해받지 않고 이용할 권리가 있기 때문에67) 이러한 범

---

63) Frank Fechner(2002), p.211; 2001헌마116 반대의견.
64) Frank Fechner(2002), pp.24-25.
65) 헌법재판소 2003. 3. 27, 2001헌마116 반대의견에서 이른바 언론기관이 국가와 사회의 주요 관심사에 관한 언론을 집중적으로 담당, 주도하는 현실에서 볼 때 언론의 자유가 이들 언론기관에게도 기본권으로서 인정되어 보장되지 아니하면 언론의 자유는 국가와 사회 전체의 차원에서 본질적인 침해를 받기 때문에 방송국의 기본권을 인정해야 한다고 하였다.
66) E. M. Barendt, 「Broadcasting Law」(Clarendon Paperbacks, 1995), pp.47-49.
67) 전정환(2002), 243면.

위 내에서는 개인의 방송기본권 주체성이 인정되어야 할 것이다.[68]

우리 판례는 여러 차례에 걸쳐 방송사의 기본권 주체성을 인정한 바 있다. 아래의 두 판결은 모두 방송법인만을 방송자유의 주체로 언급하고 기타 일반 개인이나 시청자 단체가 방송자유의 주체가 되는가에 대해서는 어떠한 언급도 하고 있지 않다. 그러나 두 판례의 판결취지를 미루어 보면 판례가 방송의 자유가 보호될 필요가 있는 범위 내에서는 기본권의 주체성을 넓게 인정하려 함을 엿볼 수 있으므로, 판례가 방송사만을 방송자유의 주체로 인정한다고 좁게 해석할 것은 아니다.

\* \* \*

서울고등법원 1994. 9. 27, 92나35846

이 사건은 사회학과 교수인 원고와 한국방송공사 사이에 'KBS 21세기 강좌'라는 60분짜리 교양프로그램을 위해 원고의 강연을 녹화·제작하여 방송하는 과정에서 피고인 한국방송공사가 원고에게 고지함 없이 23분에 걸친 강좌내용을 임의로 삭제하여 방영하자 원고가 저작권의 침해와 명예훼손으로 제소한 사건이다. 피고는 방송운영 주체에게는 방송법 제3조[69]에 의한 편성권이 있으므로 정당하게 삭제할 권리가 있음을 주장하였다. 방송법 제3조에서는 방송편성의 자유는 보장되고, 누구도 방송순서의 편성, 제작이나 방송국의 운영에 대하여 간섭할 수 없다고 규정하고 있는바, 이는 이른바 헌법상 언론자유조항에 근거한 방송의 자유 중 가장 핵심적인 편성의 자유를 법률로써 구체화한 규정이다. 법원은 피고가 주장한 방송법 제3조의 편성권이 제3자의 저작권을 임의로 침해할 수 있는 근거라고 볼 수 없다고 보아 이 사건 원고의 저작인격권의 침해를 인정하였다.

---

68) 2001헌마116 반대의견은 방송의 자유를 개인의 기본권으로 인정하였다.
69) 구방송법 제3조 (방송편성의 자유 등)
　① 방송편성의 자유는 보장된다.
　② 방송순서의 편성·제작이나 방송국의 운영에 관하여 누구든지 이 법 또는 다른 법률이 정하는 바에 의하지 아니하고는 어떠한 규제나 간섭을 할 수 없다.

이 사건에서 법원은 원래 헌법상 방송의 자유란 방송의 편성 및 운영 등 방송주체의 존립과 활동이 국가권력의 간섭으로부터 벗어나 독립함을 의미하는 데 그 주안점이 있었으나, 현대에 와서는 국가권력 이외에 방송의 자유를 침해하는 사회 제 세력에 대하여도 그 효력을 주장할 수 있는 자유라고 한다. 따라서 현대적 의미에서 방송의 자유는 방송의 설립 및 조직과 운영·편성 등 방송활동 일체에 관한 여러 국면에서 방송의 운영주체 및 그 종사원 등 관계자가 국가권력으로부터 독립되는 한편 자유민주주의 헌법상 국민의사 결정의 원리에 따라 다양성 원칙과 공정성 의무에 의해 제한되는 제도적 자유로 이해하였다.

나아가 제도적 자유로 이해되는 방송의 자유의 주체는 전파법상 허가를 받고 방송을 행하는 방송국을 경영하는 방송법인(전파법 제4조, 방송법 제2조 제4호)이며, 그 권한의 행사는 방송법인을 대외적으로 대표하고 대내적으로 업무를 통괄하는 방송법인의 기관이 담당하게 된다고 보아 방송자유의 주체를 방송국으로 보았다.

* * *

헌법재판소 2003. 3. 27, 2001헌마116.

청구인은 1961년 동아방송의 설립인가를 받고 그해 4월 방송국을 개국한 방송국이었다. 1980년 전국적으로 비상계엄이 실시되면서 1980. 11. 12 신문사, 잡지사의 통합 또는 폐쇄조치와 민간방송의 공영화 및 민간상업방송의 경영권 장악 등을 내용으로 하는 이른바 '언론통폐합계획'이 수립되게 된다. 이의 구체적 집행은 국군보안사령부가 담당하게 되었다. 보안사와 그 예하부대는 같은 날 전국에 있는 각 신문사와 민간방송의 경영주, 발행인 또는 대표자들을 일제히 보안사 및 예하의 지역보안부대로 소환 또는 연행하여 그들로부터 신문 및 방송사의 경영권을 포기한다는 내용의 각서를 받게 하였다.[70] 이 사건은 언론통폐합조치의 위헌 등을 주장하며 제기된 헌법소원이다.

51

---

70) 청구인은 위 각서와 결의의 내용대로 1980. 11. 20 방송국 폐업신고서 및 무선국 폐

언론통폐합조치에 대한 헌법소원은 청구기간의 도과로 다수의견에 의해 기각되었다.71) 그러나 반대의견은 이 사안이 국가적으로 민주주의의 초석이 되는 언론의 자유와 직결되므로 헌법적 해명이 필요하다고 보아 반대의견을 제시한다.

반대의견에 의하면 방송의 자유는 물론 개인의 기본권이긴 하지만 방송을 담당하는 기업에게도 기본권으로 인정된다고 한다. 이는 방송기관을 포함하는 언론기관이 국가와 사회의 주요 관심사에 관한 언론을 집중적으로 담당, 주도하는 현실에서 볼 때 언론기관의 기본권 주체성을 인정하지 않으면 언론의 자유는 국가와 사회 전체의 차원에서 본질적인 침해를 받기 때문에 이들 언론기관에도 기본권으로 인정되어 보장되어야 하기 때문이다.

이 사건의 경우 방송국폐쇄의 근거가 된 이른바 언론통폐합계획이라는 것이 어떠한 법률이나 긴급명령에 근거하여 이루어진 것도 아니었으며, 그 집행과정 또한 적법한 권한을 가진 기관이 법률이 정하는 절차와 요건에 따라 처리한 것이 아니었다. 또 언론기관이 소유, 경영하는 중요한 매체의 하나인 방송국에 대하여 그 활동에 일부 제약을 가하거나 조직을 일부 축소시키는 정도가 아니라 방송국 자체를 송두리째 폐쇄하여 버린 것은 그 제한의 과잉 여부나 합리성 유무를 따질 것도 없이 자유와 권리의 본질을 전면적으로 침해하여 이를 박탈한 것이기 때문에 이 사건의 방송국의 폐쇄는 헌법 제37조에 의하여 정당화될 수 있는 성질의 것이 아니라고 보았다.

위의 판결에서 헌법재판소는 비록 청구기간의 도과로 위의 사건에 대한

지신고서를 관계기관에 제출하고 이어 신군부의 지시대로 한국방송공사에게 동아방송의 재산일체를 양도한 바 있다. 이후 청구인은 서울지방법원 남부지원에 대한민국과 한국방송공사를 상대로 동아방송양도무효확인등의 소(90가합23169호)를 제기하였으나 패소하였고 항소심(서울고등법원 94나28163호)에서도 패소하고 상고(대법원 98다34034호) 또한 2001. 1. 16 기각되어 패소가 확정되었다.

71) 판결에 따르면 "공권력 행사는 일종의 권력적 사실행위로서 헌법소원의 대상이 되고, 공권력 행사에 대한 헌법소원은 그 사유가 있음을 안 날로부터 60일 이내에, 그리고 그 사유가 있은 날로부터 180일 이내에 청구하여야 하나, 다만 헌법재판소법이 시행되기 전에 있었던 이 사건에서의 공권력 행사와 같은 것에 대하여는 헌법재판소가 구성된 1988. 9. 19부터 기산하여 위의 청구기간을 준수하면 될 것인데, 이 청구는 위 1988. 9. 19로부터 180일이 지난 2001. 2. 17 제기됨으로써 청구기간을 도과"하였기 때문에 청구가 부적법하다고 판시하였다.

판단을 내리지 않았으나 반대의견에 의하면 방송자유의 침해에 대해서도 법원은 기본권의 제한한계 및 원칙을 준수하고 있는 것을 볼 수 있다. 방송자유의 제한도 다른 기본권과 마찬가지로 과잉금지원칙을 따라야 할 것이다. 즉, 다양성·공정성·공익과 같은 법익에 의해 제한될 수 있으나, 제한을 함에 있어서도 그 본질적인 내용은 침해할 수 없다고 할 것이다. 나아가 이러한 본질적인 내용의 보호는 방송행위를 하는 자의 성질을 가리지 않고—방송행위자가 공법인이든 사법인이든, 개인이든 법인이든—기본권 주체성을 인정하여 보장하여야 된다.

방송자유의 주체가 되기 위해서는 국가로부터의 자유를 주장할 수 있는 권리나 법익이 있어야 한다. 민영방송은 방송을 행하는 방송주체이기 때문에 당연히 방송자유를 향유할 권리가 있다. 공영방송은 비록 공법인이나 방송을 통해 독립적인 의견형성을 보장하여야 하기 때문에 그 한도 안에서는 방송자유의 주체로 인정되게 된다. 현재로서는 시청자가 프로그램 편성이나 전송과 같은 내용에 대하여 기본권 주체성을 요구할 수 있는 길은 없다고 보아야 한다. 실제로 개인이 특정 내용의 프로그램방영 내지 방송편성의 요구와 같은 내용의 방송자유를 행사할 수 있도록 보장한다는 것은 불가능하며, 어느 나라에서도 이러한 시청자의 권리는 인정되지 않고 있다. 그렇지만 방송자유에 시청자 개인의 기본권 주체성이 완전히 배제되어 있다고 해석할 수도 없을 것이다. 결국 국가가 방송정책을 수립할 때에는 국민을 고려하여 수행하고, 제도적 나아가 입법적으로 방송사업자로 하여금 시청자의 이익을 반드시 고려하여 방송하도록 규제하고 있기 때문이다. 나라에 따라서는 시청자가 방송에 대한 감시 또는 이의를 제기할 수 있는 길을 방송행정기관을 통해 열어 두고 있기도 하다. 이와 같은 모든 조치는 비록 직접적이지는 않으나 개인의 방송자유를 보장하기 위한 수단으로 인정되고 있는 것이다.


## (2) 방송의 자유 법적 성격

기본권이란 헌법이 보장하는 국민의 기본적인 권리이다.[72] 흔히 인간이 인간으로서 갖는 당연한 권리인 인권이라고 표현되기도 하나 인권이 인간의 본성에서 나오는 生來的 自然權을 의미하는 데 반하여, 기본권이란 인간의 자연권 내지 천부인권사상에 기초하여 그것이 한 국가의 실정헌법체계에 편입되었을 때 이를 기본권이라 한다.73) 이러한 기본권을 主觀的 公權으로 본다는 것은 기본권을 개인이 자기자신을 위해 혹은 타인과의 결부를 전제로 하는 개인적 권리 또는 국가에 대해서 부작위나 작위를 요청할 수 있는 개인의 권리로 본다는 것을 의미한다. 우리 헌법에 규정된 기본권이 입법·행정·사법 등 국가권력 일반에 대해 직접적인 구속력을 가진다고 보면 기본권은 직접적 효력을 갖는 주관적 공권으로 보아야 할 것이다.74)

이러한 기본권과 결부되어 나타나는 것이 제도보장이다. 제도보장(institutionelle Garantie)이란 제도의 본질·중핵을 객관적 법규범으로서 헌법에 규정함으로써 장래에 있어 일반적인 입법에 의한 폐지나 본질의 훼손으로부터 이를 보호하려는 것을 말한다.75) 이러한 제도보장은 주관적 권리가 아닌 객관적 법규범이라는 점에서 기본권과 구별된다. 헌법에 의하여 일정한 제도가 보장되면 입법자는 그 제도를 설정하고 유지할 입법의무를 지게 된다. 그뿐만 아니라 헌법으로 보장된 제도는 법률로써 이를 폐지할 수 없고, 비록 내용을 제한하더라도 그 본질적 내용을 침해할 수 없다는 것에 학설과 판례는 일치한다.76) 따라서 기본권 보장은 '최대한 보장의 원칙'이 적용됨에 반하여, 제도보장은 그 본질적 내용을 침해하지 아니하는 범위 안에서 입법자에게 제도의 구체적 내용과 형태의 형성권을 폭넓게 인정한다는 의미에서 '최소한 보장의 원칙'이 적용된다.

방송의 자유를 놓고 보았을 때, 주관적 공권으로서의 방송자유는 개인의 절대적 자유권으로 이에 대한 규제가 부인된다. 반면 방송의 자유를 제도보장이라고 본다면 개인을 위한 자유가 아니라 여론형성을 위해 봉사하는 규범을 충족시키는 자유로 방송을 보기 때문에 규제를 필요로 한다고 본다. 이러한 입장에서 본다면 방송의 자유와 규제는 상호보완 관계에 있게 된다.

---

72) 김철수, 「헌법학개론」(박영사, 2006), 270면.
73) 성낙인(2006), 237면.
74) 김철수(2006), 263면.
75) 김철수(2006), 266면.
76) 헌재 1997. 4. 24, 95헌바48; 김철수(2006), 273면; 성낙인(2006), 2495면.

즉, 방송자유는 국가의 입법작용을 통해서 비로소 실현될 수 있으며, 방송을 규제하는 법은 표면적으로는 방송의 자유를 제한하지만 궁극적으로는 방송의 제한이 아니고 방송의 자유를 실질적으로 실현하는 것이 되는 것이다.

\* \* \*

이러한 기본권을 주관적 공권으로 볼 것인지 객관적인 제도의 보장을 위한 것으로 볼 것인지에 따라 그 보장의 내용과 정도가 달라지는데, 주관적 공권으로서 방송의 자유란 방송국의 운영이나 설립의 자유와 같은 방송자유를 인간고유의 자유와 권리로서 보장한다는 것을 말한다. 미국은 방송의 자유를 주관적인 권리로서 언론의 자유(freedom of speech)의 일부로 보아 왔다. 독일에서는 전통적으로 방송자유를 객관적 제도보장으로 보아 왔으나 최근에 와서 주관적 공권으로 보는 견해가 유력해지고 있다.[77]

주관적 공권론에 의하면 방송관련 입법은 기본권형성적 입법이 아니라 기본권 제한적인 입법이고 국가의 개인에 대한 방송행위 규제는 기본권의 침해라고 본다. 이러한 견해에 따르면 원칙적으로 모든 개인 또는 법인은 권리로써 방송시설의 설립을 청구할 수 있게 된다. 그러나 방송자유의 주관적 공권성을 주장하는 견해도 방송의 객관적 가치질서를 절대적으로 부정하는 것은 아닌 것으로 보인다. 미국 FCC가 1980년대에 다양한 내용규제를 철폐한 것은 주관적인 권리로 방송의 자유를 인정하여 방송사업자는 명예훼손이나 음란과 같은 일반적인 법률에만 제약을 받으면서 방송행위를 통해 방송의 자유를 실현시키도록 한 것이다. 그렇지만 여전히 공공의 이익(public interest)이라는 기준으로 일정한 규제를 가하고 있어 방송의 객관적 질서로서의 성격을 완전히 부정하고 있지는 않다.

우리의 경우 헌법 제21조가 언론·출판의 자유를 명백히 자유권의 규범형식으로 규정하기 때문에 방송의 자유가 주관적 공권성을 가지고 있음을 명시적으로 규정한다고 보는 견해가 있다.[78] 헌법의 명시적 규정의 유무를 떠

---

77) 최우정, "인터넷기술의 발달에 따른 방송자유권의 기본권성격에 관한 고찰 — 독일에서의 논쟁을 중심으로 —", 『공법연구』 제33집 1호(2004), 408면.

나 방송기술이 발달함에 따라 고액의 방송용 송신시설이 없이도 일반 개인이 인터넷과 같은 망을 통해 실시간으로까지 동영상을 송출시키는 것이 가능해지고 있다. 앞으로 개인이 방송이라는 매개체를 이용해 자신의 사상을 표현하는 일은 생각보다 먼 미래가 아닐 것이다. 이러한 상황은 과거의 방송산업에서 볼 수 있었던 주파수의 희소성이나 방송사업 진입의 어려움과 같은 특수한 상황이 사라지면서 일어나고 있으며 앞으로는 매개체를 통한 개인의 이러한 방송행위도 방송자유의 내용으로 포함될 것으로 보인다. 지금까지의 방송자유의 발전과정과 예상되는 방향을 감안한다면 방송의 자유의 주관적 공권성을 인정하는 방향으로 나아갈 것이라 본다.

방송자유의 객관적 가치질서로서의 성격을 강조하는 학자들은 방송의 자유를 객관적·제도적 의미에서의 기본권으로 파악하고 있다. 방송자유를 객관적 제도보장으로 보았을 때 국가는 방송의 자유의 내재적이고 본질적인 표현의 자유를 보장할 의무와, 방송의 공적 책임과 그 기능의 보호를 위한 입법자로서의 의무를 동시에 지게 된다. 따라서 ① 사적 이익보다 공익성을 우선, ② 표현의 자유 및 알 권리를 동시에 강조, ③ 방송자유권보다 평등권 보장의 중시, ④ 방송자유의 기능보장을 위한 규제조치 요구, ⑤ 국가의 적극적 역할이 강조되게 된다.[79]

이러한 견해에 의하면 방송의 자유 보장이란 국가로부터의 간섭을 받지 않는 것만으로는 충분하지 않게 된다. 방송에 대한 헌법적 보장은 방송이 국가나 그 외의 어떠한 단체에 의해서도 지배되지 않도록 법률의 제정과 같은 입법적 조치를 취할 것을 요구한다는 것이다. 또 헌법상의 방송설립권은 기본권에서 직접 도출될 수 없으며 반드시 그것을 위한 입법적 뒷받침이 필요하게 된다. 따라서 방송에 대한 諸규제는 방송의 자유에 역행하는 것이 아니라 방송의 자유를 증진시키는 적극적 입법조치로 간주되게 된다. 이러한 관점에서 보면 누가 개인적으로 방송의 자유를 행사하는가라는 문제보다 방

78) 지성우, 방송의 자유에 대한 특수한 규제의 정당성에 관한 연구-독일연방헌법재판소의 방송판결을 중심으로-, 『헌법학연구』 제9집 3호(2003b), 269면.
79) 김진웅, "독일의 방송자유 수용에 관한 연구: 연방헌법재판소 판결분석", 『한국언론학보』 제48권 4호(2004), 85면; 김진웅, "방송자유의 제도적 성격에 관한 연구", 『한국언론학보』 제45권 4호(2001), 136-143면.

디지털 컨버전스와 방송규제

송의 자유를 증진시키기 위하여 어떻게 방송기관이 조직되고 규제되도록 보
장하는 것이 더 중요해진다.[80]

방송자유의 법적 성격에 관해서는 우리나라나 독일 모두 순수한 개인의
주관적 공권이나 순수한 객관적 제도로만 보는 견해는 주장되지 않고 있다.
실제로 방송자유는 주관적 공권과 객관적 제도보장의 측면을 모두 가지고
있다.[81] 즉, 방송사업자는 방송법제를 통해서 방송의 자유를 보장받으며 형
성된 법률에 의해 주어진 범위 내에서 주관적 권리를 가지고 헌법적 보호를
받는다. 한편으로 방송의 자유는 신문의 자유와 마찬가지로 자유로운 의견
형성이나 여론형성을 위해 필수적인 기능을 행하는 객관적 규범질서로서 제
도적 보장의 성격을 지닌다.

헌법재판소 역시 방송의 자유는 주관적 공권과 객관적 제도보장의 성격을
모두 가지고 있다고 본다. 헌법재판소의 판례에 따르면 방송의 자유의 보호
영역에는 단순히 국가의 간섭을 배제함으로써 성취될 수 있는 방송프로그램
에 의한 의견 및 정보의 표현·전파하는 주관적인 자유권 영역 외에 그 자체
만으로 실현될 수 없는 객관적 규범질서의 영역이 존재한다고 한다. 그리고
그 객관적 규범질서의 영역은 방송의 자유의 실현과 행사를 위해 실체적, 조
직적, 절차적 형성 및 구체화를 위한 규율을 필요로 한다고 보았다. 이에 대
해서 입법자는 독립된 방송을 실현할 수 있도록 광범위한 입법형성재량을 갖
고 있으며 여기에는 방송체제의 선택, 방송의 설립 및 운영에 관한 조직적·
절차적 규율과 방송운영 주체의 지위 등 실체적인 규율이 포함된다.[82]

독일 제3차 방송판결에서 확립된 바에 의하면 방송의 자유란 一次的으로
는 主觀的 權利이며 二次的으로는 客觀的 法이라는 요소로 의사형성의 자
유에 기여하는 기본권이다. 즉, 방송의 자유란 그러한 자유를 통해서 자유롭
고 포괄적으로 의사가 형성될 수 있도록 보장하는 과업을 수행하는 봉사적
기본권(dienende Freiheit)이라는 것이다.[83] 독일도 우리나라와 유사하게 사회

80) 무선관리단, 「방송의 자유와 방송사업(방송국) 허가에 관한 헌법적 고찰」(무선관리단,
   2004a), 27면.
81) 독일에 관한 논의는 최우정(2004); 지성우(2003b); 헌법재판소 2003. 12. 18, 2002헌바49.
82) 헌법재판소 2003. 12. 18, 2002헌바49.

의 의사형성기능에 초점을 두어 객관적 제도보장으로서 방송의 자유를 인정하고 있다. 이제까지 방송자유의 주관적 공권성을 명시적으로 부정하는 판결은 없으며 학설도 이를 부정하고 있지는 않다. 다만 방송자유를 주관적 공권으로 보았을 때 개인이 주장할 수 있는 방송사의 설립에 관한 직접적인 청구권은 아직 인정하지 않고 있다.

* * *

방송의 주체와 마찬가지로 방송자유의 법적 성격에 관한 문제 역시 변화하는 방송환경을 고려하여 새로이 접근되어야 한다. 독일연방헌법재판소가 제1·2차 방송판결에서 방송자유권의 객관적 제도보장의 성격을 강조한 것은 방송환경의 특수성 때문이었다. 경제구조와 디지털 기술의 발달은 과거에 있었던 방송국설립의 비용상의 문제와 주파수의 희소성이라는 방송의 특수한 상황의 문제를 해소시켜 주고 있다. 이러한 환경의 변화는 앞으로는 특정 소수가 아닌 모든 사람에게 방송행위를 할 수 있는 가능성을 열어 주리라 예상된다.

물론 새롭게 등장한 소위 '뉴미디어'[84]는 당분간은 지금의 지상파방송이 차지하는 영향력을 가지지는 못할 것이다. 현재의 인터넷방송이 그러하듯이 뉴미디어에 대해서는 개인보다 공익을 우선시킬 근거도 약할 뿐만 아니라 지상파방송에 비해 상대적으로 보편화되지 않았기 때문에, 국가의 적극적 역할이 강조될 이유도 없다.[85] 비교법적으로 보았을 때도 1990년 이전까지 각국은 공익이나 방송의 공적 책임에 따른 방송의 객관적 제도보장에 중점을 두어 왔다. 그러나 디지털과 정보통신기술이 급격히 발전하고 새로운 매

---

83) BVerfGE 57, 295 [320]
84) 여기에서 뉴미디어란 지상파방송을 제외한 방송통신의 융합매체 및 다채널 방송미디어를 총칭하는 개념으로 사용되었다.
85) 방송주파수의 희소성과 방송의 사회적 영향력이 감소됨에 따라 방송질서의 형성에 대한 국가의 역할을 부정하는 견해가 있다. 그러나 시장경쟁원리에만 입각한 방송시장의 형성은 현실적 보장도, 실현가능성도 없다. 따라서 새로운 방송질서하에서의 규제 패러다임은 순수한 시장경쟁원리만을 강조할 것이 아니라 방송의 다양성과 개인적 자유라는 두 요소를 어느 정도 조화하는 방법으로 고려되어야 한다. 정윤식, "디지털 컨버전스 시대 방송의 공익", 뉴미디어방송협회 세미나 발표문(2006), 9면.

체가 등장하여 대중화된 21세기에는 국제적인 동향이 탈규제로 전환하면서 주관적 공권으로서의 자유권적 성격이 더 강조되고 있다.[86) 여기서 지상파방송과 뉴미디어를 구분하여 살펴볼 필요가 생기게 된다. 왜냐하면 뉴미디어에 대한 제한의 정당성은 방송환경의 변화와 함께 상실되어 가는 반면, 지상파방송의 경우-공영방송을 존치한다면 특히-뒤에서 보듯이 여전히 방송에 대한 규제가 유효하기 때문이다.[87)

방송의 탄생과 함께 방송의 규제근거가 되어 왔던 주파수의 희소성 이론은 주파수를 사용하지 않는 뉴미디어 서비스에는 적용되기 어렵다. 나아가 一對一 커뮤니케이션을 그 출발로 삼고 통신망을 매개로 하는 뉴미디어에 대하여 불특정다수인 공중을 대상으로 하는 지상파방송에 요구되는 정도의 높은 공익성을 요구할 수도 없다. 뉴미디어의 사회적 영향력은 지상파방송이 가지는 대중성에 비해 상대적으로 미약하다. 따라서 양자에게 같은 정도의 규제를 가한다는 것은 형평에 맞지 않다. 이 때문에 지상파방송의 경우에는 내부적(내적) 다원주의를[88) 요구하여 방송자유권의 객관적 가치질서로서의 성격을 강조하는 반면 뉴미디어의 경우에는 외부적(외적) 다원주의의 보장을 통해 다양한 채널과 프로그램에 의해 방송의 다원성이 확보될 수 있도록 해주어야 한다. 디지털 컨버전스 시대에는 누구든지 이러한 뉴미디어의 방송주체가 될 수 있는 상황이 도래해 있다는 것을 감안한다면 뉴미디어에 대해서는 지상파방송과는 달리 방송자유권도 보다 넓게 인정하여 모든 사람이

---

86) 박선영(2005), 80면.

87) 일본에서는 1988년 개정 방송법에서 방송프로그램 간의 상호간 조화의 원칙(보도, 교양, 오락프로그램의 균형)의 적용대상을 지상파방송에 국한했다고 한다. 또한 방송매체의 특성에 구분 없이 동일한 규율을 적용한다는 사고방식은 과거의 것으로 되어가고 있으며 미디어마다 희소성과 영향력이라는 규율요소의 정도에 따라서 규제정도를 달리한다는 사고방식이 방송정책상에 채용되어 오고 있다. 정윤식(2006), 8면.

88) 독일 제1·2차 방송판결에 따르면 '내부적 다원주의'란 사회적으로 중요한 모든 이익집단이 영향력을 가지고 모든 프로그램에 있어서 발언의 기회를 가질 수가 있으며 또한 전 프로그램에 있어서 내용상의 균형성, 객관성 그리고 대립하는 견해가 최소한 보장되는 것을 의미한다. 즉, 방송내용의 다양성을 조직적으로 확보하는 것으로 방송사 회장의 임명, 예산승인, 프로그램 기준준수 감시, 전체적으로 방송을 감독하는 임무를 갖는 최고의사결정기관으로서 방송위원회가 설치되어 있으면서 여기에 각종 사회단체의 대표가 위원으로서 참가하여 다원적인 의견의 표명이 이루어질 수 있도록 하는 것이다. 정윤식, "유료방송의 공익 및 공적 책임-지역성, 다양성, 경쟁원리를 중심으로-", 『사이버커뮤니케이션학보』 통권 제16호(2005b), 52면 참조.

향유할 수 있는 자유권으로 보아야 할 필요가 있다.[89]

이와 관련하여 미디어의 융합 환경에서는 다양한 재원, 조직형태, 그리고 다양한 규제형태하에 존재하는 다양한 방송주체를 허용할 수 있는 개방적 방송질서의 형성이 필요하다는 논의가 전개되어 있다. 새로운 방송질서로서의 개방적 방송질서를 구성하는 주요원리를 살펴보면 다음과 같다.[90]

첫째, 방송환경의 변화는 국가의 방송질서에 변화를 가져오면서 기존의 체제에 대한 재고찰을 요구한다. 방송자유의 법적 성격을 다시 고찰해 보는 것은 단지 법 이론적인 필요나 학문 차원의 문제에 그치는 것이 아니라, 실생활에서 일어날 수 있는 문제해결에 있어서 기본권의 법적 성격이 그 기준적인 역할을 하기 때문이다. 즉, 방송자유의 성격에 따라 방송을 규제하는 원리는 물론이고 그 규제범위도 정해지게 된다. 방송자유의 주관적 공권성이 강조된다면 방송기본권의 주체의 범위가 개인으로까지 확대되는 것은 물론이고 그 보장내용과 범위도 확대될 것이다.

# 2.
# 방송의 규제

## (1) 방송의 자유가 가지는 二重性

방송의 자유는 입법을 통해 방송의 독립성이 보장될 것과 동시에 입법을

---

89) 방송의 객관적 규범으로서의 성격을 강조할 경우 공익이라는 미명하에 개인의 방송의 자유가 심히 훼손당할 우려가 있기 때문에 구체적인 방송법의 형성에 있어서는 방송의 개인적 공권으로서의 성격을 강조해야 한다고 보는 견해도 있다. 무선관리단 (2004a), 164면.

90) 한국법제연구원, 「방송의 다양성 확보를 위한 법제개선방안연구」(한국법제연구원 1993), 25-27면; 浜田純一, 「ヌディアの法理」(日本評論社 1990), 211-220면.

통해 방송에 대한 필요한 감독과 규제가 마련되어야 한다는 원칙, 즉 '立法을 통한 自由와 規制의 二重性'을 동시에 가지게 된다. 방송은 이와 같이 입법에 의해 그 자유가 보장되기 때문에 방송에 대한 지나친 규제완화는 오히려 방송의 자유에 역행할 수도 있다. 따라서 방송의 자유를 확보하기 위해서는 지나친 규제완화나 과잉규제보다는 방송자유의 본질을 보장할 수 있는 적정한 규제수단 마련이 못지않게 중요한 문제로 부각된다.

'방송의 자유'의 개념이 어떻게 설정되든 국가로부터의 자유는 방송의 자유에서 필수불가결한 요소이다. 방송주체가 국가로부터의 자유를 보장받고 방송의 독립성을 확보하기 위한 가장 확실한 방법은 법률에 의한 보호이기 때문에 방송의 자유는 의회제정법률을 통해서 보장되는 입법 형태를 띠게 된다. 방송자유의 입법적·제도적 보장은 사회의 일반 구성원인 개인수신자의 입장에서는 공공성 및 공익성 확보를 위한 제도적인 보장으로 나타나지만, 동일한 보장행위가 방송주체에게는 방송의 자유에 대한 행정규제로 나타나게 된다.

독일 방송판결에 따르면 방송의 의무는 자유로운 사적·공적 의사형성을 위해 가능한 한 광범위한 정보를 제공하는 것이기 때문에[91] 방송의 자유는 표현의 자유를 보호하는 목적의 범위 내에서 보장된다. 다시 말하자면 방송의 자유의 행사는 언론자유의 목적인 알 권리와 다양한 견해에 입각한 활발한 토론이 전제된 민주주의를 증진시키는 한에 있어서만 언론자유로 보호될 수 있다는 것이다.[92] 이것은 단순히 방송에 대한 국가 간섭의 배제만을 의미하는 것이 아니다. 이는 입법부로 하여금 국가를 포함한 특정 단체가 방송을 지배하여 부당한 영향력을 행사하는 일이 없도록 언론과 표현의 자유를 보장하기 위한 법을 제정해야 한다는 헌법상의 임무를 지도록 한다. 이때 입법자는 방송자유 주체의 기본권 보장만을 고려대상으로 할 것이 아니라 민주주의를 구성하는 기본단위인 각 개개인을 위해 다양한 의견을 형성할 수 있는 기초를 마련해야 하는 의무와 함께 언론과 표현의 자유를 증진시킬 수 있도록-필요한 경우에는-방송기관의 구성과 조직법상의 문제를

---

91) BVerfGE 73, 118 [152]
92) 곽상진, "방송규제의 특수성에 대한 헌법적 검토", 『공법연구』 제29집 제3호(2001), 266면.

제한하는 입법장치까지도 마련해 놓아야 한다.

\* \* \*

　나라와 법제를 불문하고 방송은 인쇄매체에 비하여 통상 강력하고 다양한
형태의 규제를 받아 왔다. 이는 언론의 자유를 중심으로 방송자유의 주관적
공권성을 강조하고 있는 미국은 물론이고, 방송자유의 객관적 질서 내지는
제도의 보장을 강조해 왔던 독일도 그 예외는 아니다. 미국과 독일, 영국 모
두 방송의 자유를 표현의 자유에 준하여 보장하거나 헌법상 보장하고 있으
나 다른 언론매체에 비해서 방송에는 더 많은 규제가 행해지고 있다. 따라
서 논의의 중심은 자유의 중요성에도 불구하고 방송에 대한 규제가 정당화
되는 이유가 어디에 있는가 하는 문제에 모아지고 있다.

　보이지 않는 손에 의한 자유시장경쟁을 국가원리로 삼고 있는 미국의 경
우 방송에 대한 제한은 라디오방송의 탄생과 함께 시작되었다. 1920년대에
는 공영방송의 독점에 대한 우려로 많은 규제가 가해졌고, 독일과 마찬가지
로 방송의 특수한 상황에 근거한 여러 제한들이 법원에 의해 인정되어 왔다.
이에 따라 인쇄매체의 경우에는 당연히 위헌으로 간주될 정도의 규제도 방
송에 적용되는 경우에는 합헌으로 보아 왔다. 대표적으로 레드 라이온(Red
Lion Broadcasting Co. v. FCC(1969)) 사건에서 법원은 명시적으로 방송사업
자들의 표현의 자유(First Amendment rights)는 인쇄미디어가 향유하는 정도
에 미치지 못한다고 판시한 바 있다. 이렇게 역사적으로 미국에서 방송은
단 한번도 인쇄매체와 같은 정도의 언론의 자유를 보장받지 못했다.[93] 이러
한 상황은 미국만의 특수한 상황이 아니다. 영국의 경우도 책이나 잡지, 신
문 등은 방송과 같은 규제를 받지 않는다. 신문의 경우는 언론불만처리위원
회(Press Complaints Commissions)에 의해 자발적인 규제가 합의되고 행해지
고 있을 뿐이다.

　앞서 본 바와 같이 독일에서는 판례와 학설이 방송의 자유가 주관적 공

---

93) Gayle S. Ecabert, "The Demise of the Fairness Doctrine: A Constitutional Reevaluation
　　of Content-Based Broadcasting Regulations", 56 U. Cin. L. Rev. 999(1988), p.1.

권이면서 제도적 보장의 이중적 성격을 갖는 것은 방송이 공적 의견형성기능(Funktion der öffentlichen Meinungsbildung)을 갖기 때문이라 하고 있다. 이러한 시각에서 본다면 인쇄매체 역시 방송과 같은 의견형성의 기능을 하고 있으므로 같은 정도의 제한이 가해져야 할 것이다. 실제로 방송은 전통적으로 방송의 면허, 설립에 관한 허가규제, 조직의 구성에 관한 조직규제, 소유권 및 인수·합병과 같은 구조규제, 내용규제, 요금규제, 시청자규제 등과 같은 광범한 영역에 걸쳐서 인쇄매체보다는 더 많은 제한을 받고 있다.

우리 헌법재판소의 2003년 판결에서도 방송은 신문과 마찬가지로 여론형성에 참여하는 언론매체로서 그 기능이 유사하지만 아직까지 그 기술적, 경제적 한계가 있어서 소수의 기업이 매체를 독점하고 정보의 유통을 제어하는 정보유통 통로의 유한성이 완전히 극복되었다고 볼 수 없기 때문에 방송의 공익적 기능을 보장하기 위한 규율의 필요성은 신문 등 인쇄매체보다 높다고 판시한 바 있다.[94] 따라서 아무리 방송기술이 발달하고 방송을 대체할 수 있는 매체가 등장하고 있다고 하여도 아직까지는 방송은 규제의 대상이 되고 있음을 볼 수 있다.

그렇다면 각국에서 이와 같이 널리 시행되고 있는 방송에 대한 규제의 필요성이 어디에 있는지 살펴보아야 한다. 이는 기본권을 제한하기 위해서는 정당한 이유가 있어야 한다는 법치국가의 원리 이전에, 정당성이 뚜렷하게 제시되지 않는 행정규제 자체는 그 통일성을 상실하게 되고 그 결과로써 당연히 효율적인 규제가 불가능하게 되기 때문이다. 역사적으로 방송을 규제하게 된 가장 큰 이유는 '전파의 희소성(scarcity of spectrum)'에 기인했다. 방송이 가능한 주파수가 한정되어 있었기 때문에 국가는 면허라는 제도를 통해 유한한 자본을 효율적으로 분배하는 역할을 맡게 되고, 면허를 부여받은 자는 국가의 감독하에 자본의 효율적인 사용 의무가 부과되었다. 이러한 기술적·경제적인 필요와 함께 사회적·문화적인 필요에 의하여도 방송의 제한은 정당시되어 왔다. 그러나 앞서 말한 바와 같이 방송기술이 나날이 발전하여 변해 가고 있는 '디지털 컨버전스 시대'에도 이러한 근거들이 정당성을 갖는지를 살펴볼 필요가 있을 것이다.

---

94) 헌법재판소 2003. 12. 18, 2002헌바49.

## (2) 주파수의 희소성과 방송시설의 비용문제

주파수의 희소성과 방송시설의 고비용에 따른 한계는 방송의 제한을 위해 보편적으로 인정되어 온 논리이다. 이에 따르면 신문과 달리 방송은 제한된 주파수를 자원으로 삼고 있는 공익산업으로서의 특수성이 인정된다. 재화의 특성상 모든 사람이 방송허가를 얻거나 라디오 또는 텔레비전을 통해 의견을 전달할 수 있는 것이 아니기에 독점의 위험이 수반된다는 것이다. 따라서 방송사업을 하는 자는 국가로부터 특권을 부여받았다고 보며 혜택을 받은 자들은 국가의 규제를 받는 것이 정당하다고 본다. 초기 미국판례를 보면 주파수란 한정되어 있고 공공의 소유이기 때문에 방송면허를 취득하여 방송을 할 수 있는 권리는 특권이라 인식하고 있다. 독일 역시 제1·2차 방송판결에서 주파수의 희소성으로 인하여 인쇄매체와는 달리 방송의 자유가 제한될 수 있다고 하였다. 이러한 주파수의 희소성에 근거한 논리는 상당히 오랫동안 유효하게 유지되어 왔다. 미국의 경우 이러한 논리는 1949년 NBC v. FCC사건95)에서 채택된 후 상당히 오랫동안 유지되었고, 1969년 레드 라이온(Red Lion Broadcasting Co. v. FCC) 사건에서는 주파수의 희소성을 근거로 방송사업자들을 '공공의 신탁자(public trustees)'로 보는 신탁이론의 기초가 되기도 하였다.

방송시설의 설립과 유지에는 막대한 투자가 필요하기 때문에 소수의 기업에게만 집중될 수 있는 위험이 내포되어 있다. 소수 기업에의 방송 집중은 다양한 여론형성을 위협할 수 있다. 또 그 외에 운용비용 역시 방송시설을 설립하고 프로그램을 제작·송출하여 경제적인 이익이 창출될 때까지 계속적으로 지출된다. 이와 같은 이유로 투자를 조성하고 장기적인 방송행위를 해 나아가기 위해서는 국가의 적극적인 개입이 필요하다는 주장이 있다.

그러나 시설을 설립하고 운영함에 높은 투자가 필요한 것은 비단 방송뿐만은 아닐 것이다. 같은 언론매체인 신문사의 설립비용 역시 그것이 영향력을 가진 전국지라면 개인의 경제적 능력만으로는 투자의 어려움이 있을 것

---

95) 319 U.S. 213(1943)

이며, 방송이라 하여도 기존의 전송망을 사용할 수 있다면 초기 설립비용 등의 문제는 해결될 수 있는 것이기도 하기 때문이다. 산업을 보호하거나 육성하기 위해 규제하는 경우에도 진입비용이나 사업의 위험도를 척도로 규제를 가하는 것은 정당성을 갖지 못한다. 이러한 논리는 특히 방송과 비슷한 기능을 가지는 인쇄매체인 신문이 누리는 자유와 비교했을 때 그 형평성을 주장하기 어렵게 된다.

방송자유가 기본권인 이상 기본권에 대한 제한은 법적으로 성립된 전제하에서만 허용되어야 할 것이다. 기본권의 제한은 어느 산업에서나 발생할 수 있는 설립비용이나 운영비용과 같이 입법자의 자의적 임의성에 기초하여 가해질 수 있는 것이 아니다. 비용문제에 대해서 나라에 따라서는 오히려 방송사업 경영상의 재정문제로 인한 잦은 진입과 퇴출을 사전에 방지하기 위해 방송을 설립하고자 하는 자의 재정에 관한 기준을 두어 일정한 자산을 가지지 못하는 자에게는 방송허가를 부여하지 않고 있는 실정이다. 방송시설의 비용문제는 이렇듯 방송사업 진입허가의 척도는 될 수 있어도 방송을 규제하는 근거로 인정되기는 어려울 것이다.

또 단순히 주파수 희소성의 논리만으로는 인쇄매체와 방송을 차별하는 것에 대한 정당성을 찾는 것도 어렵다. 물론 아직까지는 완전한 디지털 전환이 이루어지지 않았고 그 결과 아날로그 텔레비전과 라디오방송이 가능한 주파수는 거의 포화상태에 이르러 주파수의 희소성을 근거로 한 제한은 유효하게 받아들여지고 있다. 주파수의 유한성에 근거한 논리는 기존의 아날로그 기술이 디지털화되어 방송과 통신이 융합되고 유선·위성방송은 물론 기존의 네트워크를 바탕으로 하는 새로운 미디어서비스 형태가 계속적으로 등장하여 방송의 핵심이 될 수 있는 장래에는 더욱더 그 설득력을 가지기 어려울 것이다. 다만 새로운 지상파방송사업의 신규선정이 어려움에도 불구하고 신규허가신청이 계속되는 현상이 지속되는 한 그 유효성을 상실하지는 않을 것으로 보인다.

\* \* \*

레드 라이온 판결(Red Lion Broadcasting Co. Inc. v. FCC)

레드 라이온 사건96)은 FCC에게 방송규제에 대한 광범위한 재량을 부여한 판결로 방송법제에 있어 획기적인 의미를 갖는 판결이다. 이 사건은 방송주체의 편성의 자유에 대한 FCC의 제한을 합헌으로 인정한 사건이다. 본 판결에서 법원은 "주파수는 특수하고 희소한 자원이기 때문에 시장의 자율조절에 맡기지 않고 대신 국가가 개입하여 누가 주파수를 무슨 용도로 사용할지를 결정할 수 있다"고 하였다. 이와 같은 판결에 대해서는 많은 반론이 제기되었을 법하나, 당시 라디오방송면허소지자(사업자)들은 1920년대 난립했던 무선국을 경험했던 자들로서 주파수에 있어 국가로부터 독점적인 지위를 부여받고 있었다는 것을 인정하고 있었기 때문에 이러한 법원의 결정에 크게 반발하지 않고 그대로 받아들였다.97) 이에 관해서는 후에 미국의 1912 Radio Act와 1927 Radio Act에서 자세히 보도록 하겠다.

1964년 미국 대통령선거 중에 빌리 하기스(Billy Hargis) 목사는 레드 라이온 회사(Red Lion Broadcasting Company) 소유의 필라델피아 라디오국 방송을 통해 프레드 쿡(Fred Cook)이 저술한 공화당후보를 비난하는 책에 대한 서평을 하면서 저자를 비방하였다. 이에 프레드 쿡(Fred Cook)은 라디오방송국에 자신에 대한 비난에 대해 항변할 수 있는 기회를 줄 것을 요구하였다. 그러나 Red Lion社은 이러한 요구를 거부하였고, 이에 프레드 쿡(Cook)은 FCC에게 구제를 요청하게 된다. FCC는 레드 라이온 라디오방송국에 항변할 기회를 줄 것을 명령하였으나 레드 라이온사는 이에 불복하여 법원에 본 사건을 제기하게 된다.

본 사건에 대해서 미국 대법원은 기존의 판결을 근거로 통신법(Commu-

---

96) 395 U.S. 367 (1969)
97) Red Lion 사건이 있은 후 1974년 대법원은 신문에 관한 Miami Herald Pub. Co. v. Tornillo 사건에서 정반대의 판결을 내린다. 당시 Florida주법에 의하면 신문이 입후보자(political candidate)의 인격을 비난하는 기사를 발행한 경우 해당 신문은 그 후보자에게 반박할 수 있는 지면을 무료로 제공해야 했었다. 이에 대한 헌법소원에서 법원은 책임 있는 신문(responsible press)은 의심의 여지없이 추구해야 할 목표임에도 불구하고 신문의 책임은 헌법에 의해 위임되지 않았으므로 입법화될 수 없다고 하였다. 따라서 신문사에게 어떠한 것을 발행하라고 하는 정부의 요구(입법)는 위헌이라고 하였다. 즉, 신문의 경우에는 주법에서 반박의 기회를 주도록 정한 것은 표현의 자유에 위반된다는 것이다. 418 U.S. 241(1974) 참조..

nication Act)하에서 면허의 조건은 표현의 자유를 침해하지 않는다는 것을 확인하였다. 나아가 법원은 주파수의 희소성의 근거로 공정성의 원칙의 합헌성을 인정한다. 공정성의 원칙이란 방송사업자에게 부과되는 의무로서 공공의 이익에 관한 중요한 문제를 공정한 방법으로 다루고, 또 그에 대한 반대 입장을 표현할 수 있는 적정한 시간과 기회를 제공하여야 한다는 것이다. 즉, 방송사업자는 자신이 서비스를 제공하는 지역의 공공의 이익에 관련해 논쟁되고 있는 중요한 문제를 공정한 방법으로 다루어야 하며, 그에 대한 문제에 반대되는 입장을 표현할 수 있는 적정한 시간과 기회(reasonable opportunity)를 제공하여야 한다는 것이다. 화이트(Justice White) 판사는 "일반적으로 사람들은 방송에서 개인적인 표현의 자유를 가질 수 있고 헌법수정조항 제1조의 목적에 일치하도록 기능하는 매체를 가질 집합적인 권리를 가지고 있다. 가장 핵심적인 것은 시청자의 권리이지 방송사의 권리가 아니다"고 하였다. 이 주장을 FCC가 공정성의 원칙(Fairness Doctrine), 특히 방송국이 공격받은 대상자에게 자유로운 발론권을 주어야 한다는 원칙을 통해 방송사에게 부과된 규제를 정당화하고 있다. 이러한 규제가 시청자의 이해를 보호한다는 것이다.98)

공정성의 원칙은 1948년 FCC가 공식적으로 '공정성의 원칙'에 관한 정책을 발표99)하기 전에 이미 1934년법에 명문화하려 하였을 만큼 어느 정도 확립이 되어 있었고 의회와 법원도 인정한 바 있던 원칙이다.100) 동 원칙은 방송매체에게 다음과 같은 기본적인 의무를 부과함을 내용으로 한다. 먼저

---

98) "It is the right of the viewers and listeners, not the right of the broadcasters, which is paramount." 395 U.S. 367, 390 (1974); 김대호, 『세계의 방송법』(한울아카데미, 1998), 74면.

99) "Broadcast licensees have an affirmative duty generally to encourage and implement the broadcast of all sides of controversial public issues over their facilities, over and beyond their obligation to make available on demand opportunities for the expression of opposing views. It is clear that any approximation of fairness in the presentation of any controversy will be difficult if not impossible of achievement unless the licensee plays a conscious and positive role in bringing about balanced presentation of the opposing viewpoints." Editorializing by Broadcast Licensees, 13 F.C.C. 1246, 1251(1949).

100) 1929년 FRC의 Great Lakes Broadcasting 재심사에서 인정되었고 (FRC Docket 4900, 3 F.R.C.Ann.Rep. 32(1929), 법원도 Red Lion판결에서 국회가 section 315를 제정함으로써 공정성의 원칙을 인정하였다고 하면서 희소성의 원칙을 근거로 하여 공정성의 원칙을 합헌이라 하였다. Id. at. 381(1974).

방송업자는 자신이 서비스를 제공하는 지역의 공공의 이익에 관련해 논쟁되고 있는 중요한 문제를 공정한 방법으로 다루어야 한다. 다음으로는 그에 대한 문제에 반대되는 입장을 表現할 수 있는 적정한 시간과 기회(reasonable opportunity)를 제공하여야 한다는 것을 내용으로 한다.101) 그 이후에는 인신공격에 관한 원칙, 정치적 사건에 관한 방송, 동일한 시간과 기회의 원칙 등의 구체적인 내용들이 더해지게 된다.102)

인신공격원칙이란 방송업자가 특정 개인이나 단체의 양심, 성격과 같은 인신공격을 하는 경우 해당 당사자에게 통지를 하고 그 내용의 대본이나 테이프를 제공할 것, 방송기구를 통해 대응할 적절한 기회를 제공하여야 한다는 것이다. 정치적 사설이나 사건에 관한 방송, 공직 선거에 출마하는 자에게 방송시간을 허용하는 경우에는 다른 출마자에게도 공평한 기회를 주어야 한다. 동일한 시간과 기회의 원칙이란 방송국으로 하여금 법적으로 공직후보자의 지위를 갖춘 사람에게 그 방송시설을 이용하도록 허락한다면, 다른 모든 공직후보자에 대하여도 동등한 기회를 주어야 하며, 방송의 내용을 삭제하거나 검열하지 못하도록 하는 것이다.

그러나 사실상 공익을 위해 도입한 공정성의 원칙은 방송업자가 자신의 예산으로 반대의견을 송출해야 하는 부담과 이에 관련된 분쟁의 소지 때문에 오히려 중요한 지역문제를 다루지 않는 '냉각효과(chilling effect)'를 가져오게 되었다. 이러한 이유와 함께 50년간 FCC가 헌법수정조항 제1조(First amendment) 원칙을 강화시킴과 동시에 지역사회에 관한 문제의 토론을 촉진시키려 도입하였던 공정성의 원칙은 헌법수정조항 제1조가 보호하는 방송업자의 권리를 위헌적으로 제한한다는 이유로 1987년 FCC에 의해 폐지되었다.103) 인신공격의 원칙과 정치적 사건에 관한 원칙도 2000년 라디오 텔레비

101) 47 C.F.R § 73.1910 Fairness Doctrine.
     The Fairness Doctrine is contained in section 315(a) of the Communications Act of 1934, as amended, which provides that broadcasters have certain obligations to afford reasonable opportunity for the discussion of conflicting views on issues of public importance. See FCC public notice "Fairness Doctrine and the Public Interest Standards", 39 FR 26372. Copies may be obtained from the FCC upon request.
102) Gayle S. Ecabert(1988); Rex s. Heinke & Heather L. Wayland, "Lessons from the Demise of the FCC Fairness Doctrine", 3-SPG NEXUS 3(1998) 참조.

전 뉴스감독협회(Radio Television News Directors Association v. FCC)[104] 사건에 의해 완전히 폐지되게 되었다.

이 사건에서 제시된 법원에 논리는 라디오방송국은 통신법에 의해 면허를 부여받았고 같은 법에 의해 보호된다는 특혜를 받고 있는 것이다. 유한한 전파자원을 국가로부터 부여받은 라디오방송 면허자는 공공의 대리인 내지는 신탁자(proxy or fiduciary)로 볼 수 있으며 이들에게 국가는 공공의 이익을 위해 봉사하라는 의무를 부과할 수 있게 된다. 이 사건에서 FCC가 요구한 것은 부과된 의무의 수행일 뿐이며 면허자들의 표현의 자유의 침해로 볼 수 없다는 것이 법원의 입장이었다. 이러한 법원의 판결은 이후의 법원의 태도에 지대한 영향을 미치게 된다.

* * *

텔레비전방송판결(BVerfGE 12, 205)

제1차 방송판결(1. Rundfunkentscheidung)에서 연방헌법재판소는 방송국설립에 있어서의 과다한 재정문제와 주파수의 희소성이라는 방송의 특수한 상황(Sondersituation des Rundfunks)을 명시적인 제한의 근거로 인정한다.[105] 제2차 세계대전이 끝난 뒤 서방 점령군은 방송에 대한 국가의 영향력을 차단하기 위해 각 주의 법률로 공영방송사(Rundfunkanstalten des öffentlichen Rechts)가 설립된

---

103) Syracuse Peace Council, 2 FCC Rec 5043. 법원도 Syracuse Peace Council v. FCC, 867 F.2d 654 (D.C. Cir. 1989), cert. denied, 493 U.S. 1019(1990)를 통해 FCC의 결정을 지지하였다. Syracuse Peace Council v. FCC의 발단이 된 사건은 Meredith Corp. v. FCC(809 F.2d 863)이다. 본 사건은 뉴욕 소재 Meredith Corporation ("Meredith") 방송국이 반대견해를 표명함이 없이 원자력발전소에 투자를 조장하는 광고를 방영한 것이 공정성의 원칙을 위반하였다는 FCC의 결정에 대해 Meredith가 FCC가 임의적으로 공정성의 원칙을 적용했음과 공정성의 원칙이 헌법수정조항 제1조를 위반한다는 소송을 제기하게 된다. 여기서 법원은 공정성의 원칙은 의회에 의해 위임된 것이 아니므로 FCC는 더이상 집행할 수 없다는 결정을 내리게 된다.

104) 229 F.3d 269; 본 판결은 FCC가 법원의 권고대로 인신공격의 원칙과 정치적 사견에 관한 원칙을 무효로 하는 행위를 행하지 않아 방송사업자연합이 동 원칙을 무효화할 것을 명하는 직무집행영장(mandamus)을 구한 소이다.

105) BVerfGE 12, 205 [261]

다. 이 공영방송사들은 다시 '독일연방공화국 공영방송연합체(Arbeitsgemeinschaft der öffentlich-rechtlichen Rundfunkanstalten der Bundesrepublik Deutschland: ARD)' 로 합병하여 존속하고 있었다. 아데나우어(Konrad Adenauer) 수상은 공영방송 국이 좌파성향을 띠자, 보수세력을 보호하는 방안의 하나로 연방정부 차원에서 1953년부터 전국적인 방송사업을 준비하게 된다. 이 사건은 1960년 7월 25일 연방정부가 독일연방공화국과 연방장관으로 대표되는 독일텔레비전유한회사(Deutschland-Fernsehen-GmbH)를 설립함으로써 문제된다.

설립 이전부터 연방의 이러한 전국적인 방송사업을 하는 것에 대해 반대해 온 함부르크 주, 헤센 주, 니더작센 주와 브레멘 주는 연방과 주 간의 의견조정 중에 본 사건의 회사가 설립된 것에 대해 독일연방의 독일텔레비전유한회사 설립행위는 기본법 제5조, 그리고 제8장과 관련된 제30조, 그리고 연방친화적으로 행위해야 할 의무를 위반하였다[106]는 이유로 헌법소원을 제기한다.

독일 기본법 제5조는 제1항에서 "누구든지 말, 글 그리고 그림으로써 자유로이 의사를 표현하고 전파하며 일반적으로 접근할 수 있는 정보원으로부터 방해를 받지 않고 정보를 얻을 권리를 갖는다. 신문의 자유와 방송 및 필름을 통한 보도의 자유를 보장된다. 검열은 행하여지지 아니한다"[107]고 규정하고 있고 제30조는 "국가적 기능의 행사와 국가적 임무의 수행은 이 기본법이 다른 규정을 두지 아니하거나 허용하지 않은 한 州의 사항이다"[108]라

---

106) 연방친화적 행위의 원칙에 대해서는 연방과 각 주가 연방친화적으로 행위해야 한다는 의무는 불문의 헌법상 기본원칙이며, 연방의 각 주는 각각 하나의 국가이며 동일한 헌법적 지위를 보유하기 때문에 이들이 연방과 거래할 때에는 평등한 처우를 요구할 권리가 있다고 보았다. 따라서 연방이 독일텔레비전유한회사를 설립하면서 각 주와 협상하지 아니하고 몇몇의 위원과 협상하였다는 것은 절차에 위헌성이 있으며 연방친화적 행위원칙을 위반한다고 판결하였다.

107) GG Artikel 5 [Meinungs-, Informations-, Pressefreiheit; Kunst und Wissenschaft] (1) Jeder hat das Recht, seine Meinung in Wort, Schrift und Bild frei zu äußern und zu verbreiten und sich aus allgemein zugänglichen Quellen ungehindert zu unterrichten. Die Pressefreiheit und die Freiheit der Berichterstattung durch Rundfunk und Film werden gewährleistet. Eine Zensur findet nicht statt.

108) GG Artikel 30 [Kompetenzverteilung zwischen Bund und Ländern] Die Ausübung der staatlichen Befugnisse und die Erfüllung der staatlichen Aufgaben ist Sache der Länder, soweit dieses Grundgesetz keine andere Regelung trifft oder zuläßt.

고 규정하고 있다.

이에 대해 법원은 방송물의 송출은 독일법의 발전상황에 비추어 보면 공공의 과업이며 국가가 이 과업을 구현할 경우 이는 국가의 과업이 되어 버린다고 보았다. 기본법 제30조에 의하면 기본법에 다른 규정이 있거나 허용한 경우가 아닌 한 각 주의 임무사항으로 본 것인데 기본법이 방송물의 송출에 관하여 연방에 대해 다른 규정을 정하거나 허용한 바가 없기 때문에 연방은 제30조를 위반했다고 판시하였다. 즉, 연방과 주는 기본법에 따라 기본권을 보전하는 의무를 갖는데 방송자유의 보장은 주의관할사항이라는 것이다.

이 판결에 따라서 방송의 문화적 영역은 각 주에서 관할하고, 기술적 영역은 연방이 관할하는 것으로 구분되었다. 나아가 법원은 방송을 의견형성의 중요한 수단으로 보아 기본법은 이를 특정집단에 맡기지 않을 것을 요구한다고 하였다. 이렇게 연방헌법재판소가 방송을 주의 권한으로만 본 것은 방송의 중앙집권화를 방지하여 여론형성과정에 연방의 개입을 막고 지역적인 문화의 다양성을 부여하려는 것으로 해석되고 있다.[109]


## (3) 방송이 가지는 영향력

방송은 다른 어떤 미디어보다 용이한 침투력을 가지기 때문에 의견의 다양성을 보장하기 위해서 그에 대한 규제가 필요하다고 보는 견해도 있다. 미국의 경우에는 퍼시피아(FCC v. Pacifica)[110] 사건에서 방송이 상대적으로 쉽게 가정으로 침투된다는 것을 법적으로 인정하여 제한의 근거로 삼은 바 있다. 시청자로서는 방송을 보기 전에는 그 내용에 관해 사전에 알 수 있는

---

109) Albrecht Hesse, 『Rundfunkrecht』(Franz Vahlen München, 2003), pp.16-17 참조.
110) F.C.C. v. Pacifica Foundation, 438 US 726 (1978); 동 판결은 그 사건내용에 있어서는 음란에 관한 판결이다. Pacifica Foundation 라디오방송국이 오후시간대에 "방송되지 못할 언어"를 반복적으로 사용하자 FCC가 이를 법에서 금지하고 있는 음란방송으로 본 것에 대해, 순회법원에서는 검열이 금지되어 있음과 FCC의 의견이 너무 포괄적이어서 법에 위반된다고 보았으나 대법원에서 파기환송되었다.

방법이 없는데 일단 방송을 보고 듣고 난 후에는 텔레비전의 전원을 끄는 외의 별다른 구제수단이 없기 때문에 국가의 개입이 필요하다는 것이다. 판결에 의하면 가정이란 개인의 사생활이 방송사업자의 표현의 자유보다 중요한 곳이라고 한다. 이러한 가정에는 텔레비전에 의한 침해로부터 보호할 수 있는 다른 구제수단이 없기 때문에 국가는 이를 예방하기 위한 규제를 할 수 있다는 것이다. 특히 방송은 글을 읽지 못하는 아이들에게도 접근이 용이하다는 특수성이 있기 때문에 더욱더 그 규제가 요구된다는 것이 판결의 취지였다.111)

우리나라도 방송의 침투성이 인쇄매체보다 높기 때문에 규제가 필요하다고 인정한 판례가 있다. 본 판례에 의하면 방송은 누구나 쉽게 접근할 수 있고 음성과 영상을 통하여 동시에 직접적으로 전파되기 때문에 강한 호소력을 가진다. 또 방송은 경우에 따라서는 대중조작이 가능하기 때문에 규율의 필요성이 신문 등의 인쇄매체보다 높다고 하였다.112) 이와 같은 방송의 영향력을 염려하여 규제의 근거로 보는 것은 독일의 경우도 마찬가지이다. 독일에서도 방송의 사회적 영향력과 관련하여 방송의 암시성, 집중력 그리고 남용의 위험성은 일반적인 제한의 이유로 인정되고 있다. 제2차 방송판결에서도 언급되었지만 방송은 다른 언론매체보다 그 사회적 중요성이 크고 이러한 방송의 특별한 영향력과 그에 따른 남용가능성 때문에 신문과 같은 인쇄매체에 비하여 국가의 적극적인 개입이 필요하다는 논리이다.113) 신문의 경우에는 이미 상당히 많은 수가 존재하여 각 신문사 간에 독립적인 경향이나 정치적 성향 등 기본태도에 있어 특별한 제한이 없이도 외부적 다원주의(Außenpluralismus)가 실현될 수 있다. 그러나 방송의 경우 기술적인 한계와 재정적인 비용의 한계가 있기 때문에 소수에 의한 일방적인 의견형성을 막기 위해 국가가 일정한 외부조건을 법적으로 형성해 주어야 한다고 보았다. 연방재판소가 제시한 외부조건이란 방송을 감독하는 기관들을 설치·운영할 것과 그 구성에 있어 각 집단대표를 참여시킬 것, 프로그램 내용의

---

111) 438 US 749 (1978)참조.
112) 헌법재판소 2003. 12. 18, 2002헌바49 참조.
113) BVerfGE 31, 314

다양성·객관성·공정성 확보와 내용평가에 관한 최저기준 유지를 위한 원칙의 정립 등이다.114)

그러나 이러한 방송의 영향력에 근거한 규제에 대해서는 이미 많은 비판이 제기되어 있다. 방송의 영향력이나 신문의 영향력은 별다른 차이가 없으며 대중매체의 영향력은 결국에는 개인의 수용력에 따라 결정된다는 견해가 있다. 그 외에 다양성이란 결국 개인이 그것을 얻기 위해 경제적인 지출을 감수한다면 – 잡지를 사서 구독하는 것과 같이 – 정부의 인위적인 규제가 없는 상태에서 정보를 구하거나 받을 때에 얻어지는 것이라는 견해도 있다.115) 방송의 특별한 영향력이 경험적·이론적으로 완벽하게 증명될 수 없는 불확실한 상황에서는 특정 자유권의 특별한 위험성을 근거로 다른 자유권에 비하여 헌법적으로 특별히 제한하는 것은 정당화될 수 없다.116) 기본권이론상의 비판론에 의하면 기본권은 당해 기본권을 통하여 보호하고자 하는 기본권의 보호목적, 보호범위 및 기본권의 특성에 따라 모두 특별한 위험성이 내재되어 있다. 따라서 이와 같은 근거로 기본권을 제한 할 수 있다면 결국에는 모든 기본권에 대한 국가의 개입이 정당화되어야 한다.117)

이상과 같은 비판에도 불구하고 방송이 자연스럽게 우리 생활의 일부를 차지하고 있는 현재 방송이 신문과는 다른 영향력을 가진다는 것은 막연하기는 하나 완전히 부정하기 어렵다. 그러나 이런 영향력의 차이가 인쇄매체와 방송의 기본권 보장의 차이를 가져오는 근거가 될 수 있는가는 별개의 문제이다. 나아가 방송의 영향력을 근거로 방송에 대한 규제가 정당화된다면 라디오와 텔레비전이 과연 같은 정도의 영향력을 가지는지, 라디오와 텔레비전에 대한 동일한 정도의 규제가 과연 그 정당성을 가지는가에 대한 의문도 제기될 수 있다.118) 방송을 규제하여야 하는 이유로 방송이 사회적으로 미치는 영향력만을 내세우기에는 그 근거가 미약할 수는 있으나 방송의

---

114) BverfGE 12, 261; 지성우(2003b), 269면 참조.
115) Thomas Krattenmaker & L. A. Powe, Jr., "Converging First Amendment Principles for Converging Communications Media", 104 Yale L. J.(1995), p.1731.
116) 지성우(2003b), 278면.
117) 이에 대한 비판적 논거에 관하여는 지성우(2003b), 275-279면 참조.
118) E. M. Barendt(1995), p.6.

영향력을 신문이나 다른 미디어매체와 동일시하기에는 현대생활에서 방송의 의존도가 아직은 더 높기 때문에 공익을 위해 규제가 필요한 경우 방송이 사회에 미치는 영향력에 기초한 규제는 정당하다고 보아야 할 것이다.

## (4) 방송이 가지는 공익성

방송매체에 대한 규제의 필요성과 그 규제의 정당성을 논의함에 있어서 방송사업자의 자유와 권리뿐만 아니라 시청자의 이익과 권리도 고려되어야 하는 것은 방송이 가지는 공적 책임 때문이다.[119] 전통적으로 인쇄매체와는 달리 방송에게는 공공의 이익 내지는 공적 책임과 같은 불특정다수에 대한 봉사적 기능이 주어져 왔기 때문에 대부분의 국가는 다른 언론매체에 비해서 방송에 더 많은 규제를 가하고 있다.

방송의 공적 책임 내지 공공의 이익이란 개념들은 모두 그 의미나 내용을 확정할 수 없는 불확정 개념이다. 그럼에도 불구하고 그것은 그 개념정립의 어려움을 이유로 포기될 수 없는 중요한 사회적 가치를 가진다. 공공의 이익이 궁극적으로 추구하고자 하는 목표가 무엇인지를 해석함에 있어서는 방송 자체뿐만이 아니라 동시대 사회전반의 諸상황이 고려되어야 한다. 그렇기 때문에 그 구현방식도 국가 또는 사회체계가 추구하는 공익의 성격, 시대적 상황, 발전단계 등에 따라 다르게 나타나게 된다. 예를 들어 상업방송체제를 중심으로 발전한 미국은 상업방송이 수행하기 어려운 공공서비스를 제공하기 위해 공영방송이 발전하였다. 영국은 여론과 국민생활에 커다란 영향을 미치는 방송이 상업적으로 방치되어서는 안 되지만 정부가 직접 규제하는 것도 바람직하지 않다는 입장에서 공영방송 중심의 방송구조를 발전시켜 왔다. 우리나라의 경우 방송이 정치권력에 의해 억압되어 왔던 역사적 경험으로 인해 방송의 자유와 독립성 그리고 공정성 및 공익성 등이 중요한 가치로 부각되어 왔다.[120] 이를 위한 내용은 방송법에 구체적으로 명

119) 헌법재판소 2001. 5. 31, 2000헌바43.
120) 송종길(2005), "방송·통신 융합시대의 방송규제", 한국 방송학회 주최 <방송통신

시되어 있다.

우리 방송법 제5조는 명시적으로 방송의 공적 책임을 방송사업자에게 부여하고 있다. 제1항에서는 방송이 '인간의 존엄과 가치 및 민주적 基本秩序를 존중'하여야 할 것을, 제2항에서는 '國民의 화합과 조화로운 國家의 발전 및 민주적 與論形性에 이바지하여야 하며 지역 간·세대 간·계층 간·성별 간의 갈등을 조장하여서는 아니 된다'고 규정하고 있다. 이하 제3항 내지 제5항은 타인의 명예의 훼손이나 권리를 침해하지 않을 것, 범죄 및 부도덕한 행위나 사행심을 조장하지 않을 것과 건전한 가정생활과 아동 및 청소년의 선도에 나쁜 영향을 끼치는 음란·퇴폐 또는 폭력을 조장하지 않을 것을 규정하고 있다. 이러한 공적 책임으로부터 방송의 내용은 공정성과 공공성을 유지할 것이 요구되게 되는데 이러한 방송의 공적 책임·공정성·공공성·공익성의 개념 역시 명확한 기준으로 구분되는 것은 아니다.

## 공익의 개념

역사적으로 신문이 표현의 자유를 최대한 보장하기 위해 규제의 최소화를 지향한 것에 반하여 방송은 공익의 실현을 위하여 여러 가지 규제가 가해져 왔다. 이러한 방송규제는 그 실현방식에 있어 과잉규제에서 규제완화, 최소 규제로 변천되어 오고 있지만 그 기준으로서의 공익은 변함이 없음을 볼 수 있다.[121] '공익' 개념의 이해는 입법, 판례의 용어법에서 쉽사리 결정되어지지 않는다. 공익과 사익의 구분은 어떠한 이익이 공공성을 가지고 있는가의 여부에 따라 이루어지는 것이 보통이다. 그러나 '공공성'이라는 개념도 국가목적이나 이익 혹은 일반 공중과의 관련성을 의미하는 경우뿐만이 아니라 개인적인 사안이라 할지라도 그것이 객관적 사회질서에 영향을 미칠 때에는 공공성이 있는 것으로 취급되기도 한다. 이와 같이 공공성의 개념이 다양한 수준에서 언급되고 있는 것은 사회의 분화나 발전에 따라 공공의 개념도 다양화되고 또한 그 내용도 동태적으로 결정되어져 가는 것을 의미한다고 한다.[122][123]

---

용합에 대비한 관련 법제 정비방안 세미나> 발제문 참조.
121) 무선관리단(2004a), 71면.
122) 최송화, 「법치행정과 공익」(박영사, 2002), 182면.
123) 다른 분야의 정책 목표를 볼 경우 비록 초기에는 외연이 넓은 용어가 사용되지만

공공의 이익이 이렇게 상대적인 관점에서 이해되어야 하기 때문에 각 나라에서 의미하는 공공의 이익개념 역시 동일할 수 없다. 공익의 의미는 각 나라의 상황에 맞는 입법을 통해서, 그리고 판결을 통해서 또는 행정의 판단 여지나 재량행사에 의해서 구체화되게 된다.[124) 우리 판례는 방송이 다양한 정보와 견해의 교환을 가능하게 함으로써 민주주의의 존립·발전을 위한 기초가 되는 언론의 자유에 실질적으로 보장한다는 특성을 방송의 공적 기능 내지는 책임으로 보고 있다.[125) 이는 방송법에서 명시된 방송의 공적 책임과도 일맥상통되는 것으로 방송법 제5조에 의하면 방송으로 하여금 인간의 존엄과 가치 및 민주적 기본질서를 존중할 것과 지역간·세대간·계층간·성별간의 갈등을 조장하지 않는 방송을 할 것, 타인의 명예 등 권리를 침해하지 않을 것, 부도덕한 행위 등의 비윤리적인 방송, 건전한 가정생활과 아동 및 청소년에게 나쁜 영향을 끼치는 방송을 하지 않을 것들이 열거되어 있다.[126)

---

시간이 지나면서 뚜렷한 용어로 재구성되는 것이 일반적인 반면에 방송의 경우는 그렇지 않은 것에 대한 이유를 공익성 개념이 가지는 '기능'에서 찾는 견해도 있다. 공익 개념이 제대로 기능하기 위해서는, 즉 공익이 다양한 규제의 이유로 활용되기 위해서는 또는 방송사업자의 이해를 우회적으로 주장하기 위해서는, 명확한 공익개념보다는 오히려 모호한 상태로 남아 있는 공익개념이 유용했기 때문이라고 한다. 조은기(2005), "방송통신 융합의 정책이념-방송의 공익성 개념 재정립을 위한 Note-", 한국뉴미디어방송협회 <방송·통신 융합의 정책이념과 실제> 발표문, 한국뉴미디어방송학회, 4-5면.

124) 최송화, 「공익론」(서울대학교 출판부, 2002), 215면; 최송화 교수에 의하면 공익의 판단에 있어 국회와 재판기구의 역할의 증대가 필요하다고 한다. 국회가 스스로 공익개념의 의미내용을 명확히 정할 수 없다 하더라도 공익판단에 대한 재판통제가 가능할 정도의 공익판단의 嚮導를 시도하여야 하며, 법원과 헌법재판소에게는 공익판단을 법외적인 판단으로 치부할 것이 아니라 공익판단의 과장에 대한 재판 통제의 기법을 개발할 것과 법원이 공익판단의 타당성을 판단할 수 있는 영역과 공익판단과정의 합리성이나 근거의 명확성만을 심사할 수 있는 영역을 구분할 것이 요구된다고 한다. 같은 책 13면.

125) 헌법재판소 2001. 5. 31, 2000헌바43.

126) 제5조 (방송의 공적 책임)
　　① 방송은 인간의 존엄과 가치 및 민주적 기본질서를 존중하여야 한다.
　　② 방송은 국민의 화합과 조화로운 국가의 발전 및 민주적 여론형성에 이바지하여야 하며 지역 간·세대 간·계층 간·성별 간의 갈등을 조장하여서는 아니 된다.
　　③ 방송은 타인의 명예를 훼손하거나 권리를 침해하여서는 아니 된다.
　　④ 방송은 범죄 및 부도덕한 행위나 사행심을 조장하여서는 아니 된다.
　　⑤ 방송은 건전한 가정생활과 아동 및 청소년의 선도에 나쁜 영향을 끼치는 음

방송심의에관한규정 제7조[127])는 더욱 구체적으로 방송의 공적 책임을 제시하고 있다. 방송법에서 말하는 공적 책임이나 공공의 이익이란 방송국에게 자율적으로 상업적 이윤만을 추구하도록 내버려 둔다면 제작하거나 방영하지 않을 프로그램의 방영의 의무라고도 표현될 수 있을 것이다. 이와 같은 방송의 공적 책임이나 공공의 이익은 사회의 변화에 따라 같이 변화하는 개념이며 당시의 시장상태나 사회가 반영하게 되므로 법에 열거된 것에만 한정되는 것은 아니다.[128]) 여기에는 방송사업자의 성격이나 시대의 상황에

---

란·퇴폐 또는 폭력을 조장하여서는 아니 된다.

127) 방송심의에 관한규정(개정 2004. 10. 25 방송위원회규칙 제74호)
   제7조(방송의 공적 책임)
   ① 방송은 국민이 필요로 하고 관심을 갖는 내용을 다룸으로써 공적 매체로서의 본분을 다하여야 한다.
   ② 방송은 국민의 윤리의식과 건전한 정서를 해치지 않도록 하여야 한다.
   ③ 방송은 인간의 존엄과 가치를 존중하고 자유민주주의의 신장 및 민주적 기본질서를 유지하는 데 이바지하여야 한다.
   ④ 방송은 국민의 화합과 민주적 여론형성에 이바지하여야 한다.
   ⑤ 방송은 민족의 주체성을 함양하고 민족문화의 창조와 계승, 발전에 이바지하여야 한다.
   ⑥ 방송은 인류보편적 가치와 인류문화의 다양성을 존중하여야 하며, 국제친선과 이해의 증진에 이바지하여야 한다.
   ⑦ 방송은 조화로운 국가의 발전 및 지역사회의 균형 있는 발전에 이바지하여야 한다.
   ⑧ 방송은 상대적으로 소수이거나 이익추구의 실현에 불리한 집단이나 계층의 이익을 충실하게 반영하여야 한다.
   ⑨ 방송은 사회적으로 유익한 정보를 제공하고 국민문화생활의 질을 높이는 데 이바지하여야 한다.
   ⑩ 방송은 다양한 의견과 사상을 적극적으로 다루어 사회의 다원화에 기여하여야 한다.
   ⑪ 방송은 국민의 알 권리와 표현의 자유를 존중하여야 한다.
   ⑫ 방송은 환경보호에 힘써야 하고 자연보호의식을 고취하여야 한다.
   ⑬ 방송은 노동의 가치와 직업의 존귀함을 존중하여야 한다.
   ⑭ 방송은 재해 또는 재난에 관한 사실을 신속하고 정확하며 객관적인 방법으로 다루어 국민의 생명과 재산을 보호하는 데 이바지하여야 한다.<신설 2004. 10. 25>
   ⑮ 방송은 남북한 통일과 문화교류에 이바지하여야 한다.<신설 2004. 10. 25>

128) 한편 공익 개념이 제대로 기능하기 위해서는(즉 그것이 다양한 규제의 이유로서, 광범위한 합의의 조건으로서, 혹은 정책의 정당성을 뒷받침하는 근거로서 활용되기 위해서는) 명확한 공익 개념보다는 오히려 모호한 상태로 남아 있는 공익 개념이 훨씬 유용하다는 설명도 있다. 그 근거로는 정책 과정에서 이해관계를 달리하는 각 참여자들은 자신들에게 유리한 방향으로 정책을 이끌기 위해서 상호작용하게 되는데, 이 과정에서 '공익' 개념은 이들 각각의 다른 이해관계, 다른 정책대안을 합리

따라 유동적인 법해석과 적용이 요구된다 할 것이다. 우리 방송법의 경우 유선방송보다 더 일반화된 지상파방송에게는 사회통합 실현에 기여할 것과 국민에게 보편적 접근권을 허용하고 보편적 서비스를 제공할 것 등과 같은 내용의 책임을 가중시키고 있다.

종합하자면 방송이 공공의 이익을 추구하여야 한다는 것은 정부나 자본, 그리고 여타의 외적 압력으로부터 독립적이어야 하고(독립성, 중립성), 상충적이고 대립적인 주장이 있는 문제는 공정하고 객관적인 관점에서 다뤄야 하며(형평성, 객관성), 사회구성원들은 계층이나 성별, 나이, 지역에 관계없이 방송서비스에 접근할 수 있어야 하며(접근성), 이를 위해서는 방송이 다양한 집단의 의견을 균형 있게 반영하여야 한다(다양성)는 것을 말한다.[129] 그러나 개념의 모호성으로 인해 공공의 이익이란 이와 같이 방송이 가야 할 방향을 제시해 줄 수 있을 뿐이며 특정될 수 있는 기준은 아니라 할 것이다.

\* \* \*

미국의 FCC는 '공공의 이익'을 '지역성(localism)', '다양성(diversity)', '경쟁(competition)'으로 정의하고 있으며 기술혁신(innovation)과 같은 개념을 첨가시키고 있다. 영국에서는 우리나라나 미국에서 '공공의 이익' 개념이 가지는 역할을 '공공에 대한 서비스 의무'라는 개념이 대체하고 있다.

미국에서는 1927년 라디오법(1927 Radio Act) Section 9와 Section 11에서 최초로 법의 설립목적과 방송·통신체계의 규제근거로 '공공의 이익, 편의, 필요(public interest, convenience, necessity)'를 규정하였다. 사실상 '공공의 편의'나 '필요'의 개념은 지금 별 의미를 가지지 못하여 사문화되었다. 그럼에도 불구하고 공공의 이익이라는 개념은 아직도 헌법수정조항 제1조와 함께 미국의 방송통신정책, 규제, 법제, 질서를 규율하는 대원칙이라 할 수 있다.

---

화하는 기제로 이용된다는 데에 있다. 따라서 공익 개념 자체의 모호성, 추상성 이외에도 실질적인 유용성으로 인해서 공익에 대한 개념 정의가 부재하다는 주장이다. 유대선, 「한국의 방송정책 결정과정」(한국학술정보, 2005), 36면.

129) 조은기(2005), 12면.

현재 미국의 FCC가 규정하고 있는 공익의 하위개념으로는 '경쟁(compe-tition)', '다양성(diversity)', '지역성(localism)'을 들 수 있다.[130] 무엇이 공공의 이익인가를 판단함에 있어 FCC는 광범위한 재량을 가지고 있다. 이러한 관행은 기존의 공공의 이익, 편의, 필요에 관한 그 구체적인 해석을 FCC에게 맡겨 왔던 판결에 따른 관행에서 비롯된다.

미국정부가 방송에 있어서의 공공의 이익개념을 도입한 것은 1922년부터이다. 당시 1925년까지 모두 4회에 걸쳐 개최된 연방의회의 자문기관인 전국무선회의(National Radio Conference)에서는 새로운 규제형태를 검토하고 있었다. 제4차 회의에 와서는 전파가 공공의 수단(public benefit)이라는 인식을 바탕으로 방송사업자 외에 수신자를 염두에 두어 방송행정의 역할을 공공의 이익의 실현에 두게 된다. 그리하여 공공의 이익의 기준이 명문화된 것이 1927년 라디오법(1927 Radio Act)이다.

동법에 의하면 면허를 부여하는 기관은 면허의 부여가 공공의 이익, 편의, 또는 필요에 부합하는지를 심사하여야 되었다.[131] 이러한 공익기준(public interest standard)은 미국 방송행정의 중심적인 위치를 차지하고 있었음에도 불구하고 무엇이 공공의 이익, 편의, 필요인지는 법이나 다른 입법기록 어디에도 규정하고 있지 않기 때문에 이에 대한 해석은 전적으로 FCC에게 맡겨졌다. 이에 대해서는 법원도 구체적인 해석을 통해 FCC에게 공공의 이익에 대한 특정의 의미를 부여하는 것을 자제해 왔다. 따라서 미국에서 공공의 이익의 의미와 구체적인 실행여부에 대해서는 방송행정기관의 재량에 의해 해석되고 있다.

미국의 FCC의 규제권한의 범위를 중심으로 하여 공공의 이익기준, 스펙트럼의 희소성 등을 광범위하게 다룬 사건으로 National Broadcasting 사

---

130) 정윤식(2005b), 4-9면.
131) Radio Act of 1927 Sec. 9. The licensing authority, if public conveniences, interest, or necessity will be served thereby, subject to the limitations of this Act, shall grant······station license provided for by this Act.
Sec. 11. If upon examination of any application for a station license the licensing authority shall determine that public interest, convenience, or necessity would be served by the granting······

건132)을 들 수 있다. 이 판결을 통해서 통신법에 정의되어 있지 않은 공공의 이익에 대한 법적 해석은 FCC의 권한으로 규정되어 FCC의 규제권한은 더욱더 확장되게 된다.

1930년대 후반에 들어서면서 미국에 많은 무선국이 생기기 시작했다. 1938년 전체 660국의 상업무선국 중에 341국이 전국방송사인 NBC 또는 CBS와 연계하여 전국적으로 밤 시간대의 85%의 방송권을 가지게 되자 FCC는 이를 조절하려는 목적으로 체인방송규칙(Chain Broadcasting Regulations)라는 새로운 규제를 마련했다. 체인방송규칙은 각 지역의 무선국들이 NBC나 CBS와 같은 전국방송국과 계약을 함에 있어 지역 무선국이 자신의 네트워크 프로그램의 지배력을 잃을 수 있는 결과의 계약을 체결하는 경우 면허를 취소한다는 것을 내용으로 하였다. 이에 NBC와 다른 전국방송국들이 FCC가 위임된 권한의 범위를 넘었음을 이유로 제기한 사건이다. 원고는 ① 통신법(Communication Act)하에서 FCC의 권한은 신호의 교란을 방지하는 것에 한정되며, ② 만일 FCC가 신호의 교란을 방지하는 것보다 더 많은 권한을 갖는다면 이는 공공의 이익, 편의와 필요성이라는 기준의 지배를 받는데 이는 그 개념이 불확정하여 위헌이며, ③ 그러한 규제는 방송 면허자들의 헌법수정조항 제1조가 보호하는 권리를 침해한다고 주장하였다.

먼저 법원은 1934년 통신법(Communication Act of 1934)이 FCC에게 라디오의 기술적이고 기계적인 부분만을 규제하도록 그 권한을 제한한 것이 아니고 그 내용의 구성까지 결정하라는 의무를 부과한 것임을 확인하였다. 이때 FCC가 기준으로 삼는 '공공의 이익'은 복잡하고 다양한 무선송수신의 성질, 서비스의 범위, 특성과 질을 고려하여 해석할 때 기술될 수 있는 최대한 분명하게 정의되었다고 보았다. 나아가 헌법수정조항 제1조의 표현의 자유에 무선송신기구를 면허 없이 사용할 수 있는 권리가 포함된 것은 아니며, 그 면허의 신청을 공공의 이익, 편의, 필요성의 이유로 거부하였다고 표현의 자유가 침해되었다고 볼 수 없다고 하였다.

주파수가 한정되어 있기 때문에 그를 사용할 수 있는 면허권자도 라디오가 미치는 지역에 가장 최상의 서비스를 제공할 수 있는 자이어야 한다는 것이

---

132) National Broadcasting Co., Inc., et al. v. United States et al., 319 U.S. 190 (1943).

다. 이러한 논리에 따라서 만일 면허권자가 전국적인 방송국과 자신에게 주어진 면허의 최상의 사용을 제한하는 계약을 체결하게 된다면 그는 공중의 이익을 위해 봉사하지 않는 것이 된다는 논리로 FCC의 손을 들어주었다.

본 사건은 공공의 이익이라는 기준을 적용함에 있어 FCC가 고려하여야 할 사항을 제시해 줌과 동시에 FCC에게 공공의 이익에 관한 내용판단 권한이 있음을 인정한 판결이다. 본 사건은 방송 면허자의 표현의 자유가 제한될 수 있음을 확인하였고 주파수의 희소성 논리에 근거하여 방송 면허자들에게 공중의 이익을 위해 봉사할 의무가 있음을 인정하였다는 점에서 큰 의의를 가진다. FCC의 공공의 이익에 관한 해석권한은 이후 FCC v. WNCN Listeners Guild[133] 사건에서 다시 한번 확인된 바 있는데, 본 사건에서 법원은 변화하는 환경에 적용할 수 있는 유연성을 주면서 공공의 이익이 구체적으로 어떻게 확보되는가에 대한 FCC의 판단은 사법적 신뢰(judicial deference)를 받는다고 함으로써 기존의 입장을 재확인하게 된다.

미국의 경우에도 초기에는 공공의 이익이란 '방송국이 공공의 소유인 것과 같이 운영'될 것을 요구하는 것으로 해석되었을 뿐 더 구체적으로는 정의되지 못하였다.[134] FCC는 1946년에 이르러 소위 'Blue Book'이라는 방송 면허자들의 공공서비스 책임에 관한 보고서를 발행하여 공공의 이익을 정의하고자 시도하였다. 동 보고서는 방송국에게 지역, 국가와 국제적인 공공의 관심사를 '충분히' 방영할 것, 또 상업적인 외부지원을 받지 않고 자체 제작한 '적당한' 편수의 지속적인 프로그램의 방영을 요구하는 것과 같은 불확정 개념을 통한 규제를 시도하고 있었다. 이러한 보고서는 1934년 커뮤니케이

---

133) F.C.C. v. WNCN Listeners Guild 450 U.S. 582 (1981); 본 사건은 시민단체가 FCC의 정책을 심사해 줄 것을 구한 사건이다. 순회법원에서는 FCC의 정책이 커뮤니케이션법을 위반했다는 직무집행영장이 발부되었으나 대법원은 다양성 확보를 통한 공공의 이익이 확보된다는 것을 확인하면서, 면허의 연장이나 이전에 대한 심사에서 청구인이 주장하는 오락프로그램의 변경과 같은 사항은 고려되어야 할 중요 사항이 아니기 때문에 커뮤니케이션법과 일치하며 헌법수정조항 제1조에 반하지 않는다고 하였다.

134) Anthony E. Varona, "Changing Channels and Bridging Divides: The Failure and Redemption of American Broadcast Television Regulation", 6 Minn. J. L. Sci & Tech. 1(2004), p.7.

선법(1934 Communication Act)과 헌법수정조항 제1조(First Amendment)에 위배된다는 많은 비판을 받았고 결국 이러한 기준은 채택되지 못하였다. 1960년 FCC는 "1960 프로그램 성명서(1960 Programm Statement)"를 통해 다시 한번 공공의 이익을 정의하고자 하였다. 여기서는 조금 더 우회적으로 아래의 요건을 갖추면 공공의 이익을 충족시킨다고 보았는데 그 요건으로는 ① 지역의견을 반영할 수 있는 기회, ② 지역특성의 발전과 사용, ③ 어린이 프로그램, ④ 교육 프로그램, ⑤ 國政 프로그램, ⑥ 면허인의 社說, ⑧ 정치적 프로그램, ⑨ 농업 프로그램, ⑩ 뉴스, ⑪ 날씨와 증시보고, ⑫ 스포츠 프로그램, ⑬ 소수민을 위한 프로그램, ⑭ 오락 프로그램이 있었다.

많은 논의를 거듭한 지금 공공의 이익의 정확한 개념에 대해서는 학설과 판례 모두 의회가 효과적인 규제를 위하여 권한을 FCC에게 위임한 만큼 무엇이 공공의 이익인가는 FCC가 판단할 사항인 유동적인 개념으로 보고 그것으로 충분하다고 보고 있다.135) 미국에서 제 원칙들의 적용이 사실상 폐지된 가운데 공공의 이익기준의 기본체계는 아직도 인정되고 있으며136) 연방통신위원회는 최근에는 공공의 이익에 경쟁, 다양성, 지역성 외에도 기술도입(innovation)의 개념을 첨가시켜 미디어의 기술변화, 사회변화, 가치관의 변화에 적응해 나가고 있다.137)

* * *

한편 영국 방송법에서의 '공공의 이익(public interest)'은 주로 미디어 소

---

135) Erwin G. Krasnow & Jack n. Goodman, "The "Public Interest" Standard: The Search for the Holy Grail", 50 Fed. Comm. L. J. 605; Arthur Martin, "Which Public, Whose Interest? The FCC, the Public Interest, and Low-Power Radio", 38 San Die해 L. Rev. 1159(2001); Anthony E. Varona, "Changing Channels and Bridging Divides: The Failure and Redemption of American Broadcast Television Regulation", 6 Minn. J. L. Sci & Tech. 1(2004); FCC v. WNCN Listener Guid, 450 U.S. 582 참조; 반대견해로 Randolph J. May, "The Public Interest Standard: Is It Too Indeterminate To Be Constitutional?", 53 Fed. Comm. L. J. 427(2001) 참조.

136) Kenneth C. Creech, 「Electronic Media Law and Regulation」(Focal Press, 2002), pp.87-88 참조.

137) 정윤식(2005b), 9면.

유규제에서 사용되는 개념이다. 뒤에서 자세히 살펴보겠지만 영국의 방송은 공공의 이익보다는 '공공에 대한 서비스 의무(public service obligation)'를 중심으로 규제되고 있다. 이에 따라 모든 지상파방송사업자는 다양한 시청자의 필요와 욕구를 반영할 수 있는 좋은 프로그램을 방송하여야 한다는 의무를 지고 있다.

공공의 이익은 영국 방송의 다양성을 보호하는 중요한 기준으로 사용된다. 공공의 이익기준은 원래 신문과 라디오 분야의 인수나 합병 때 사용되었으나, 2003년 커뮤니케이션법의 제정과 함께 명문으로 방송에 확대 적용된 것이다.[138]

1996년 방송법(The Broadcasting Act of 1996)은 미디어 소유조항에서 비록 시장점유율이 제한 기준 미만이라도 공공의 이익에 반한다면 상업텔레비전방송위원회(Independent Television Commission: ITC)나 라디오방송위원회(The Radio Authority)가 신문과 방송의 겸영소유를 제한할 수 있도록 하였다. 그러나 2003년 커뮤니케이션법(The Communications Act 2003)은 기존의 미디어 소유에 대한 규제를 완화하면서 1996년 방송법(The Broadcasting Act 1996)의 해당 조항들을[139] 폐지하거나 완화하고, 소유금지나 제한을 대폭 완화하였다. 이를 위해 1996년 방송법의 조항을 대체하는 "미디어 공공이익규정(media public interest considerations)"도 신설되게 되었는데, 본 규정은 미디어의 소유규제를 완화하면서도 미디어 소유권자의 다양성을 보장하고 방송의 기본적인 표현의 자유, 정확성과 품질을 보호하고자 만들어진 것이다.[140] 여기서의 공공의 이익을 위한 고려사항으로 정확한 뉴스의 발표와 의견의 자유로운 표명의 필요성, 다양한 시각이나 견해, 다양한 방송의 확보를 위한 미디어 소유자의 다양성, 시청자의 여러 다른 기호와 관심을 충족시킬 양질의 프로그램의 제공의 필요성들이 열거되어 있다.

---

138) Communications Act 2003, §378-§380 참조; Eliza Varney, "Winners and Losers in the Communications Sector: An Examination of Digital Television Regulation in the United Kingdom", 6 Minn. J. L. Sci. & Tech.(2005) p.655.

139) Broadcasting Act 1996 (c. 55) Schedule 2 Amendments of Broadcasting Act 1990 relating to restrictions on holding of licences. 참조.

140) Graeme Young & Matin Myers, "The Future Regulation of Media Mergers", Ent. L. R. 2004, 15(4)(2004), p.129.

미디어기업의 합병의 경우 공공의 이익의 침해여부는 거래수준(transaction level)이 100,000,000 유로 이상이거나 겸영소유의 경우 방송이나 신문의 25% 또는 그 이상의 시장점유율을 가진 경우 통산성(Department of Trade & Industry)이 개입하여 결정하게 된다. 이때 고려되는 사항으로는 총체적인 미디어 소유자의 다양성이 확보되어 있는지, 최종 소비자에게 폭넓고 다양한 품질의 텔레비전이나 라디오 서비스가 제공되는지, 그리고 미디어 소유자가 2003년 커뮤니케이션법 제319조에 제시된 프로그램규정을 준수할 수 있는지 등이며 이를 공공의 이익의 판단기준으로 본다고 할 수 있다. 제319조는 18세 이하의 청소년을 보호할 것, 범죄를 조장하거나 무질서를 유발하는 내용은 방송하지 않을 것, 뉴스는 공정해야 하고 보도는 정확해야 할 것, 종교프로그램의 경우 그 내용에 있어 책임을 질 것, 공격적이거나 유해한 내용으로부터 공중을 보호할 수 있도록 일반적으로 인정된 기준을 적용할 것과 같은 내용과 광고 및 협찬에 관한 사항을 규정하고 있다.[141]

---

141) Communications Act 2003 § 319 OFCOM's standards code
  (2) The standards objectives are-
  (a) that persons under the age of eighteen are protected;
  (b) that material likely to encourage or to incite the commission of crime or to lead to disorder is not included in television and radio services
  (c) that news included in television and radio services is presented with due impartiality and that the impartiality requirements of section 320 are complied with;
  (d) that news included in television and radio services is reported with due accuracy
  (e) that the proper degree of responsibility is exercised with respect to the content of programmes which are religious programmes;
  (f) that generally accepted standards are applied to the contents of television and radio services so as to provide adequate protection for members of the public from the inclusion in such services of offensive and harmful material
  (g) that advertising that contravenes the prohibition on political advertising set out in section 321(2) is not included in television or radio services;
  (h) that the inclusion of advertising which may be misleading, harmful or offensive in television and radio services is prevented;
  (i) that the international obligations of the United Kingdom with respect to advertising included in television and radio services are complied with;
  (j) that the unsuitable sponsorship of programmes included in television and radio services is prevented
  (k) that there is no undue discrimination between advertisers who seek to have

## (5) 방송규제의 필요성

방송에 대한 규제에 대해서는 인터넷 등을 이용해 국경을 초월하는 방송을 제한하거나 규제하는 것에 대한 어려움 때문에, 또는 새로운 매체와 채널의 등장으로 기존의 방송의 독점력이 붕괴되어 인위적인 정부의 개입이 불필요하다는 주장이 일각에서 제기되고 있다. 한편 이러한 주장들이 주로 상업적 자기 이해관계 때문에 과장된 것이라는 비판과 함께 디지털 시대에도 여전히 정부의 지속적인 규제가 필요하다는 입장도 존재한다. 물론 이러한 입장에서도 미디어산업의 다양한 영역에서 규제가 완화되어야 한다는 주장이 타당하다는 것은 어느 정도 인정하지만, 미디어 영역 참여자 모두의 완전한 자유를 보장하는 것이 공익에 완전히 부합된다고 할 수 없기 때문에 정부의 개입이 필요하다고 주장한다.[142] 실제로 행정의 객체가 하나 이상의 法域을 드나들고 그로 인한 규제가 어렵거나 실효성이 없다 하여 그 규제 자체가 포기될 수는 없을 것이다. 또 아직은 방송매체의 독점요인이 완전경쟁을 이룰 만큼 사라졌다고는 볼 수 없기 때문에 공익의 확보를 위해서 여전히 규제는 필요하다.[143] 이것은 우리 판례의 입장이기도 한다.

판례에 따르면 최근에는 매체산업과 기술의 급속한 발달에 힘입어 이른바 '多미디어·多채널'의 시대가 도래하여 기술적 측면에서의 방송매체독점의 요인은 사라져 가는 추세이어서 정보의 다양성과 공정성을 보장하기 위한 국가의 규제필요성도 점차 감소되는 추세이지만, 아직까지는 정보유통의 유한성이 완전히 극복되었다고 할 수 없으므로 여전히 규제가 필요하다고 한다. 또 국가는 언론의 자유와 조화를 이루는 범위 내에서 매체산업의 균형

---

advertisements included in television and radio services; and

(l) that there is no use of techniques which exploit the possibility of conveying a message to viewers or listeners, or of otherwise influencing their minds, without their being aware, or fully aware, of what has occurred.

142) 한국언론재단, 『방송통신 융합시대의 미디어 규제』(한국언론재단, 2004), 17면.

143) Mike Feintuck는 규제의 정당성을 ① 효과적인 커뮤니케이션(effective communications), ② 정치적 다양성과 문화적 다양성(diversity), ③ 경제적 조정(economic justifications), ④ 공익(public interest)의 네 가지 근거로 설명하고 있다고 한다. 한국언론재단(2004), 20면에서 재인용.

발전이라는 경제정책적 목적이나 사회·문화정책적 목적을 달성하기 위한 규제도 할 수 있다.[144] 방송행위를 하고자 하는 사람만큼 주파수가 할당되지 않는 한 주파수는 여전히 희소성을 가진다. 따라서 주파수의 희소성 이론은 방송의 공익수행 여부를 결정하는 데에 아직도 중요한 근거가 된다고 할 수 있다.[145]

그 밖에 방송산업의 경제적 측면이 강조되면서 방송의 공익성에 따른 규제보다 자유시장경제논리를 도입해야 한다는 주장도 대두되고 있다. 이에 의하면 공급자와 수요자의 자유로운 선택에 의해 정의된 시장(market)은 시장참여자가 모든 정보를 가지고 이익을 추구하면 모든 경제재원의 최적의 사용과 분배가 이루어져 국가의 개입이 불필요하게 된다고 한다. 그러나 시장경제의 원리에 따른다 하여도 재원에 따른 국가개입의 필요성은 여전히 존재한다. 의약품이나 이식을 위한 臟器와 같은 사회재는 국가의 적극적인 감독하에 분배되어야 한다. 또 자유경쟁체제하에서도 시장재화의 특성상 독점이나 과점구조를 형성하는 철도, 수도, 전력 등의 경우 기업의 지나친 횡포로부터 소비자를 보호하기 위하여 정부의 개입이 이루어지고 있음은 주지의 사실이다. 이러한 재원의 본질과 그것이 사회적으로 미치는 영향에 구분을 두지 않고 방송 분야를 시장경제에 맡겨 산업으로 육성시켜야 한다는 논의는 설득력을 가지지 못한다. 더구나 방송은 그 특수성으로 인해 시장실패의 경우 단순한 자원이 아닌 국민 도덕성의 훼손, 청소년의 가치상실, 공공교육의 무력화 등과 같은 회복이 어려운 사회의 근본을 위협할 수 있다. 이것이 전통적으로 방송을 규제한 이유이고 이러한 이유는 새로운 방송환경이 등장한다 해도 크게 달라질 것이 없을 것이다.[146]

독일의 제3차 방송판결에서도 불충분한 방송주파수와 고도의 경제적 비용에 의한 제한을 받는 방송의 특수한 상황이 현대 방송기술의 발전에 의해 사라진다 하여도 다원주의와 프로그램의 다양성을 보장하기 위한 법적 제한

---

144) 헌법재판소 2001.5.31, 2000헌바43.

145) Arthur Martin, "Which Public, Whose Interest? The FCC, the Public Interest, and Low-Power Radio", 38 San Diego L. Rev. 1159(2001), p.14.

146) 한국방송광고공사, 「방송환경 변화에 따른 방송 공익성 개념의 재정립 방향」(한국방송광고공사, 2004c), 25면 참조.

은 여전히 존재한다고 하였다.[147] 영국의 커뮤니케이션 규제 녹서(Regulation Communications: Approaching Convergence in the Information Age)[148] 역시 방송주파수의 희소성이 앞으로는 큰 의미가 없을지는 모르나 시장지배력과 통제력이 소수에게 있는 한 방송경쟁은 계속적인 정부의 주시가 필요하다고 보았다. 새로운 규제가 필요한 것인지, 규제가 완화 또는 철폐되어야 하는지에 대한 견해의 차이는 있으나 방송에 대한 새로운 규제원리가 필요하다는 것에는 의견이 일치되어 있다. 기술의 발전과 함께 규제의 정당성은 부분적으로 약화될 수 있으나 효과적인 커뮤니케이션이나 정치적·문화적 다양성의 보장, 그리고 공공의 이익을 위한 규제의 필요성은 그 본질상 사라질 수 없다.[149] 다만 방송을 규제하는 법률이나 행정규칙은 그 규제목적과 원리를 염두에 두고 제정·수행되어야 할 것이며, 또 그 이후에는 과연 어느 정도까지의 규제가 헌법에 합치된다고 볼 것인가의 문제가 남게 된다.

---

147) BVerfGE 57, 322
148) 본 녹서는 디지털융합에 따른 방송과 통신의 법과 규제체계에 관한 1차적인 고찰과 근거에 대해 영 국정부가 1998년 발표한 것이다.
149) 한국언론재단(2004), 20면 참조.

# 5 외국의 방송규제 방식

# 제 5 장
# 외국의 방송규제 방식

　기술의 발전과 더불어 방송규제의 정당성은 부분적으로 약화될 수 있으나, 민주사회의 여론형성기제로서 정치적 · 문화적 다양성의 보장, 그리고 공공의 이익을 위한 규제의 필요성은 본질상 부정될 수 없을 것이다. 방송규제기관은 법으로 규정된 방송개념을 기준으로 하여 허가와 같은 진입규제, 소유권, 인수 · 합병과 같은 구조규제, 방송사업자에 대한 조직규제, 프로그램의 편성과 심의와 같은 내용규제 등을 하고 있다. 방송규제의 방식과 내용은 방송환경 변화와 개별 국가의 정책방향에 따라 다양한 형태를 띠게 되는 것이며, 이러한 규제의 유형은 각 국가의 방송법제의 변화와 법의 운용실태를 통해 표출되고 있는 것이기도 하다.

　법제에 따라서 방송의 자유에 대한 해석과 보장의 차이가 존재함에도 불구하고 많은 국가가 공공의 이익을 방송주체의 방송의 자유보다 우월적인 지위에 두고 있음을 보았다. 즉, 우리나라를 비롯하여 미국, 독일이나 영국 모두 의견의 다양성을 보장하는 방송프로그램을 제공할 것과 공익실현의 기능을 방송이 가지는 본연의 임무로 보고 있다. 방송의 과도한 경쟁이나 다양성을 보호하기 위한 국가의 방송규제필요성은 인정되지만 이는 기본권으로 보장되는 방송자유에 대한 제한을 의미하므로 이러한 제한은 다른 기본권과 마찬가지로 목적달성을 위해 필요한 최소한으로 이루어져야 한다는 기본권 제한의 한계도 가지게 된다.

방송에 대한 제한은 방송사업의 진입규제인 허가제, 내용규제 또는 소유규제와 같은 형식으로 나타나는 것이 일반적이다. 방송사업의 허가는 방송을 하고자 하는 자로 하여금 국가의 허가를 받도록 하여 아무나 방송사업으로 진입할 수 없도록 제한한다. 이러한 허가제가 방송의 자유의 본질적 내용을 침해한다는 논의도 있지만 이미 여러 나라가 허가제를 합법적인 규제로 보고 있으며, 우리 법원의 판결도 그러한 입장을 취하고 있다. 법원은 허가제나 내용규제와 같은 방송에 대한 규제에 대해 언론의 자유와 조화를 이루는 범위 내에서는 매체산업의 균형발전이라는 경제정책적 목적이나 사회·문화정책적 목적을 달성하기 위해서 국가는 규제를 할 수 있다고 보고 있다.[150]

방송에 대한 규제는 허가제, 소유 및 인수·합병과 같은 구조규제, 내용규제, 조직규제 또는 시청자규제와 같은 형식으로 나타나는 것이 일반적이다. 방송행위를 하기 위해서는 허가를 받아야 하고, 방송행위를 하면서는 방송내용에 대한 제한을 받게 된다. 또 다른 미디어의 방송사업 진입, 또는 기존 방송주체가 그 사업의 확장을 위해서 인수나 합병을 하기 위해서는 소유규제 및 시장점유율 규제와 같은 방송사업에 대한 규제를 받기도 한다.

# 1.
# 비교대상국의 선정

비교대상국으로는 미국, 독일, 영국을 선정하였다. 미국은 방송역사의 진

---

150) 헌법재판소 2001. 5. 31, 2000헌바43.

원지로 전 세계적으로 언론의 자유, 방송의 규제 및 미디어 융합을 주도해 온 국가이다. 미국의 헌법수정조항 제1조를 통한 언론의 자유보장은 무제한 적인 보호를 의미하는 것은 아니다. 방송에 대해서는 매체의 특성을 고려하여 1934년 통신법(Communication Act of 1934) 이래 지역성(localism), 다원성 (diversity)과 경쟁(competition)원리를 핵심으로 하는 공익(public interest)의 논 리를 그 근거로 방송사업의 허가제, 내용규제, 소유규제와 같은 구조규제를 실현해 오고 있다. 또한 미국 법원은 방송행정기관인 FCC와 방송사업자 간 의 분쟁조정이나 법의 충돌의 조정자 내지는 심판관으로서 그 역할을 충실 히 하여 왔다. 이렇게 축척된 판례는 다른 나라의 미디어 질서와 구점을 창 출하는 데도 도움을 주고 있다.

특히 60년 만에 제정된 1996년 텔레커뮤니케이션법(Telecommunication Act of 1996)은 지역전화/장거리전화/케이블TV 사업자 간의 진입규제를 철폐하고 미디어의 융합과 미디어 시장의 경쟁을 촉진하고 있다. 방송과 통신의 융합을 주도하고 있는 미국의 미디어법제 개편은 최근 디지털 전환과정에서 방송과 통 신의 융합문제가 본격적으로 제기되고 있는 우리나라 방송법제 개편과정에도 크게 영향을 미치고 있는 것으로 보인다. 더군다나 미국의 방송행정기관인 연방 통신위원회(Federal Communications Commission: 이하 FCC라고 함)는 우리 방 송행정기관의 구성 및 규제모델로 적극적인 검토가 이루어지고 있어 이를 살펴 보는 것은 중요한 의미를 가진다.

미국은 방송과 통신에 관한 정책과 규제가 모두 FCC에 의해 이루어지는 반면, 독일은 우리와 유사하게 방송과 통신을 분리하여 州와 聯邦政府가 각 각 담당하는 二元的인 체제를 유지하고 있다. 독일의 전후 방송제도의 정착 과정을 보면 초기에는 내부적 다원주의 모델을 기반으로 하는 공영방송제를 선택하다가, 1980년대 중반 이후 케이블TV, 위성방송 등 뉴미디어 도입과정 에서는 외부적 다원주의 모델을 선택하게 된다. 이러한 새로운 방송질서로 의 개편과정에서 독일연방정부와 주정부, 진보정당(사회민주당)과 보수정당 (기독교민주당/기독교사회당 연합), 공영방송사와 민영방송사 등 정치 및 이익집단 간의 갈등이 첨예화되었고 이러한 갈등은 연방헌법재판소의 방송 판결로 이어진다. 독일의 연방헌법재판소는 11차에 이르는 방송판결을 통해 독일의 방송법제도를 규율하였고 변화하는 방송환경에 적응할 수 있는 탄력적인 법리를 제시하고 있다.

영국 역시 공영방송과 뉴미디어가 공존하는 방송체제이지만 2003년 커뮤니케이션법을 제정하여 미디어 시장에서의 경쟁촉진과 방송과 통신의 융합을 추진하고 있다. 2003년 커뮤니케이션법은 1996년 방송법과는 달리 방송과 통신을 커뮤니케이션이라는 개념 속에 통합시키고 있으며, 또한 OFCOM (Office of Communication)이라는 통합 규제기관을 설립함으로써 방송과 통신을 동일기관으로 규제하고 있다.

# 2.
# 진입규제(사업허가)

진입규제란 정해진 일정한 요건에 충족되지 않는 한 신규사업자의 사업을 금지하는 방식의 규제이다. 이러한 진입규제의 목적은 중복투자나 자원낭비의 방지, 과당경쟁의 방지, 그리고 희소자원의 개발 및 이용의 공익성을 확보하기 위한 것이다. 그렇지만 불충분한 시장경쟁과 과소공급, 서비스 질의 저하 등과 같은 부작용이 따르기도 한다.[151]

헌법 제21조 제2항은 "언론·출판에 대한 허가나 검열과 집회·결사에 대한 허가는 인정되지 아니한다"고 하여 허가를 금지하고 있다. 그러나 제21조 제1항의 허가금지규정은 형식적 의미의 허가제도 자체를 금지한 것은 아니다. 다만 허가의 요건이 지나치게 엄격하거나 자의적이어서 국민의 방송사업에 진입을 원천적으로 봉쇄하거나 기회 균등한 진입기회를 부여하지 않고 허가자의 자의에 의해 허가제가 운영됨으로써 방송의 자유의 본질인 표현의 방법과 내용이 보장되지 않는, 혹은 방송의 독립성·중립성·공정성이 확보될 수

151) 무선관리단(2004a), 95-96면.

없는 경우를 금지하는 실질적 의미의 허가제를 금지한 것으로 이해되고 있다.[152] 헌법재판소의 방송허가제 합헌성 인정판결도 이러한 허가제도 자체가 방송의 자유의 본질적 내용을 침해하지는 않는다는 것을 설명해 주고 있다.[153] 유럽 국가들 역시 유럽인권조약[154])(European Convention on Human Rights 1950: ECHR) 제10조[155])에서 표현의 자유를 보장하고 공정한 정보를 받을 수 있는 권리를 보장하지만, 역시 같은 조에서 국가가 방송면허를 취득하도록 하는 것이 그러한 자유를 침해하지는 않는다고 명시적으로 규정하여 방송에 대한 허가제도를 인정하고 있음을 볼 수 있다.

허가란 희소자원인 전파를 효율적으로 사용하고 분배하기 위한 목적으로 방송사업을 원하는 자의 시장진입을 규제하는 수단이다. 허가의 근본목적은 공정한 여론형성을 담보하기 위한 방송의 독립성·다양성·공정성의 확보에 있다.[156] 즉, 방송의 여론형성기능의 수행을 위한 다양성이나 공정성의 확보를 위해서는 단순히 방송산업을 시장논리에만 맡길 수는 없고 적정한 국가의 개입을 필요로 하게 된다. 방송의 원활한 운영을 위하여 국가는 일정기준에 도달하는 자 내지는 방송의 사회적 책임 또는 그 기능을 수행하기에 가장 적합한 자에게만 방송을 허락하여 경제와 자원의 낭비도 방지하는 효과를 기하려 한다. 이런 이유로 우리나라도 다른 외국과 같이 방송을 하고자 하는 자는 국가의 허가를 받도록 하고 있다.[157]

---

152) 무선관리단(2004a), 88면.
153) 헌법재판소 2001. 5. 31, 2000헌바43; 1993. 5. 13, 91헌바17; 1992. 6. 26, 90헌가23
154) 유럽인권조약은 1950년 인권과 기본적인 자유를 보호하기 위해 유럽이사회(Council of Europe)를 중심으로 체결되었다. 본 조약은 조약체결국의 모든 국민들에게 자유권을 보장하고 있으며, 이러한 권리가 침해된 경우 유럽인권재판소에 제소할 수 있다. 국가가 국가를 상대로 다툴 수도 있으며 판결을 법적 구속력을 가진다.
155) Convention for the Protection of Human Rights and Fundamental Freedoms
§10 Freedom of Expression
Everyone has the right to freedom of expression. This right shall include freedom to hold opinions and to receive and impart information and ideas without interference by public authority and regardless of frontiers. *This article shall not prevent States from requiring the licensing of broadcasting, television or cinema enterprises.*
156) 전정환, "방송사업의 허가제도에 대한 위헌성여부의 고찰", 『공법연구』 제24집 제4호(1996), 282면.
157) 우리나라는 방송사업자에 대한 기술적 규제는 방송위원회, 정보통신부, 공정거래위원회가 각각의 권역으로 나누어 담당하나 방송내용에 대한 규제는 방송위원회가 단

허가란 희소자원인 전파를 효율적으로 사용하고 분배하기 위한 목적으로 방송사업을 원하는 자의 시장진입을 규제하는 수단이다. 허가의 근본목적은 공정한 여론형성을 담보하기 위한 방송의 독립성·다양성·공정성의 확보에 있다.158) 즉, 방송의 여론형성기능의 수행을 위한 다양성이나 공정성의 확보를 위해서는 단순히 방송산업을 시장논리에만 맡길 수는 없고 적정한 국가의 개입을 필요로 하게 된다. 방송의 원활한 운영을 위하여 국가는 일정기준에 도달하는 자 내지는 방송의 사회적 책임 또는 그 기능을 수행하기에 가장 적합한 자에게만 방송을 허락하여 경제와 자원의 낭비도 방지하는 효과를 기하려 한다. 이런 이유로 우리나라도 다른 외국과 같이 방송을 하고자 하는 자는 국가의 허가를 받도록 하고 있다.159)

　　방송산업의 진입규제로서 허가제 내지는 방송면허제는 어느 나라나 실시하고 있는데, 이와 같은 진입의 제한은 방송자유의 주관적 공권성을 부인하기 때문은 아니다. 허가제의 실시는 방송이 갖는 공적 기능 및 사회적 영향력으로 인하여 시장의 자기조정력에만 맡겨 둘 수 없기 때문에 입법자가 그 진입에 대하여 일정한 제한을 가하는 것으로 받아들여지고 있다.160) 다만 이러한 경우 방송행정의 객관성, 공정성의 보장을 위해 방송법에서 진입요건을 마련해 두어 진입하고자 하는 자의 공익기여도를 객관적으로 측정할 수 있는 방안을 도입하는 것이 필요할 것이다.161)

* * *

　　미국은 1996년 Telecommunications Act(통신법) 제307조에 의해 FCC가 면허

---

　　독으로 맡고 있다.

158) 전정환(1996), 282면.

159) 우리나라는 방송사업자에 대한 기술적 규제는 방송위원회, 정보통신부, 공정거래위원회가 각각의 권역으로 나누어 담당하나 방송내용에 대한 규제는 방송위원회가 단독으로 맡고 있다.

160) 전정환, "방송자유의 주체", 『공법연구』 제30집 제3호(2002), 235-236면 참조.

161) 독일연방헌법재판소와 같은 경우는 입법자에게 방송사업의 진입에 대한 절차법적·실체법적 요건을 마련하고 방송을 하기 원하는 자의 선정원칙에 대해 법률에 규정해 놓을 것을 요구하고 있다.

를 부여한다.162) 동법에서는 허가를 '면허(license)' '방송국면허(station license)' 또는 '라디오방송국면허(radio station license)'라는 용어로 표현하기도 하는데 이는 모두 FCC가 지정한 에너지, 통신 또는 라디오에 의한 신호의 전달을 위한 설비의 사용 또는 운영을 위해 필요한 승인제도를 말한다.163)

　FCC는 면허의 교부, 변경 또는 면허갱신의 경우 제308조 b)164)에 따라 크게 법적 요건, 기술요건, 재정요건, 인적 요건과 고용기회평등 요건과 같은 기타 항목의 다섯 가지 기준으로 심사하게 된다.165) 법적 요건으로 동법의 제310조에서 규정하는 것과 같이 방송사업자(면허자)가 미국시민일 것이 요구되며, 제313조는 독점규제법 위반으로 면허가 취소된 자에게는 면허의 부여를 금지하고 있다. 이러한 경우 면허나 신청이 받아들여지거나 부여되었다 하더라도 FCC는 면허의 부여를 거부하거나 면허취소를 할 수 있다.

---

162) 47 U.S.C.A. §307 Licenses (a) Grant
　The Commission, if public convenience, interest, or necessity will be served thereby, subject to the limitations of this chapter, shall grant to any applicant therefor a station license provided for by this chapter.

163) 47 U.S.C.A. §153 Definitions (42) Station license
　The term "station license", "radio station license", or "license" means that instrument of authorization required by this chapter or the rules and regulations of the Commission made pursuant to this chapter, for the use or operation of apparatus for transmission of energy, or communications, or signals by radio, by whatever name the instrument may be designated by the Commission.

164) 47 U.S.C.A. § 308. Requirements for license b) Conditions
　All applications for station licenses, or modifications or renewals thereof, shall set forth such facts as the Commission by regulation may prescribe as to the citizenship, character, and financial, technical, and other qualifications of the applicant to operate the station; the ownership and location of the proposed station and of the stations, if any, with which it is proposed to communicate; the frequencies and the power desired to be used; the hours of the day or other periods of time during which it is proposed to operate the station; the purposes for which the station is to be used; and such other information as it may require. The Commission, at any time after the filing of such original application and during the term of any such license, may require from an applicant or licensee further written statements of fact to enable it to determine whether such original application should be granted or denied or such license revoked. Such application and / or such statement of fact shall be signed by the applicant and / or licensee in any manner or form, including by electronic means, as the Commission may prescribe by regulation.

165) Kenneth C. Creech(2002), p.132.

면허를 받기 위해서는 FCC가 정한 기술요건을 충족하여야 한다. 이러한 요건은 방송국 간의 혼신이나 불필요한 경쟁을 줄이고 모든 방송국의 효율성을 높이기 위해 요구된다. 이러한 요건들을 충족하는 자만이 방송을 할 수 있게 함으로써 시청자에게 일정수준 이상의 서비스를 제공할 수 있도록 한다는 것이다. 신청자의 재정능력도 고려사유가 된다. FCC는 허가신청자가 방송광고수입이 없이도 3개월 간 운영할 수 있을 충분한 자금을 보유하고 있을 것을 요구한다. 이는 방송국이 사회에서 충분히 자생할 시간을 확보해 주어 공공의 이익을 위해 봉사할 수 있도록 하기 위함이기도 하며, 면허를 받자마자 방송사를 매각하는 행위를 방지하기 위함이기도 하다.

　　방송국 소유자 개인과 관련하여 1986년부터 FCC는 이전과 같이 방송국 소유자의 도덕성이나 법규 위반과 같은 인적 요건을 허가의 요건으로 삼기 시작했다. 허가(면허)신청자의 인적 요건은 이전에도 중요하게 다루었으나 1970년대와 1980년대의 규제완화조치와 함께 많이 약화되었던 것을 1990년에 들어서면서 FCC는 그 범위를 넓혀 소유자나 경영진의 인적 사항까지 고려하게 되었다. 그 외에 FCC는 방송사업자에게 인종, 종교, 국적이나 성별에 의한 차별을 금지하고 있다. 5인 이상의 직원을 고용하는 방송국은 여성과 소수민족의 고용평등을 위한 계획을 세우도록 되어 있다. 이 외에 FCC는 방송국이 어떻게 공공의 이익에 기여할 것인가를 살펴볼 의무가 있다.

　　방송사업자의 허가는 1980년 이전에는 3년마다 갱신해 재허가를 받아야 했으며 방송사업자가 공중수탁자로서의 의무를 지켰는지 여부를 가리기 위해 청문회 절차를 밟아야 했다. 1996년 텔레커뮤니케이션법은 이를 8년으로 연장하였으며 청문 절차를 없앴다. 따라서 이제 방송사업자가 재허가 절차에서 거쳐야 하는 유일한 부담은 공익, 편의 또는 필요에 봉사한다는 서류상의 조건들 외에 방송프로그램의 폭력성에 관해 시청자들의 평가를 첨부해야 한다는 것이다.[166]

* * *

　　독일은 각 주에서 독자적인 방송법을 제정하여 시행하고 있으면서도 전체적

---

166) 무선관리단(2004a), 119-122면 참조.

으로 통일적인 규율이 필요한 부분은 방송국가협약(Rundfunkstaatsvertrag)을 체결하고 있으며 방송정책 및 규제는 각 주의 매체위원회(Landesmedienanstalt)가 담당하고 있다. 주매체위원회는 민영방송에 대한 허가 외에 프로그램의 원칙준수나 다양성의 요청을 지키고 있는지에 대한 사후적 감시기능을 한다.

민영방송사업을 하고자 하는 자는 방송국가협약 제20조에 의해 각 주의 매체위원회로부터 허가를 받아야 한다.[167] 허가의 조건은 방송국가협약과 각 주의 15개의 주방송법에 규정되어 있다. 방송국가협약 제21조에 따라 신청자는 허가신청서의 조사를 위해 필요로 하는 모든 진술을 하여야 하며, 모든 정보를 통보하여야 하며, 모든 자료를 제출할 의무가 있다.[168] 이러한 의무를 이행하지 않을 경우 동조 제5항에 의해서 허가신청이 거부될 수 있다. 제22조에서는 주매체위원회에게 허가신청자에 대한 정보요구권과 조사권한을 주고 있다.[169] 이에 따라 허가를 신청하는 자는 관련 자료와 특정 정보를 주매체위원회에 제출할 의무를 가지게 된다.

주 방송법은 방송허가에 관해 더 자세한 사항을 규정해 놓고 있다. Hessen 주의 경우 헤센민영방송법(Hessisches Privatrundfunkgesetz: HPRG)[170] 제6조 제2항에는 공무원, 정당 또는 정당이 회사나 단체의 일부를 소유하고 있는 경우 그 회사나 단체와 같은 허가를 부여받을 자격이 없는 자를 상세히 규정해 놓고 있다. 또 복수의 신청자가 있을 경우 계획된 프로그램의 정보, 교육과 서비스의 정도, 지역프로그램 편성 정도, 신청자 직원에게 줄 평론의 자유

---

167) RStV §20 Zulassung
   (1) Private Veranstalter bedürfen zur Veranstaltung von Rundfunk einer Zulassung nach Landesrecht.
168) RStV §21 Grundsätze für das Zulassungsverfahren
   (1) Der Antragsteller hat alle Angaben zu machen, alle Auskünfte zu erteilen und alle Unterlagen vorzulegen, die zur Prüfung des Zulassungsantrags erforderlich sind.
169) RStV §22 Auskunftsrechte und Ermittlungsbefugnisse
   (1) Die zuständige Landesmedienanstalt kann alle Ermittlungen durchführen und alle Beweise erheben, die zur Erfüllung ihrer sich aus den §§ 26 bis 34 ergebenden Aufgaben erforderlich sind. Sie bedient sich der Beweismittel, die sie nach pflichtgemäßem Ermessen zur Ermittlung des Sachverhaltes für erforderlich hält······
170) Gesetz über den Privaten Rundfunk in Hessen(Hessisches Privatrundfunkgesetz) in der Fassung vom 25. Januar 1995 (GVBl. I S. 87 ff.)

범위, 이미 기존에 허가받은 채널과 새로운 채널의 상호보완 관계 등을 그 심사의 요소로 삼으며 그 지역에서 프로그램을 많이 만들려고 하는 자를 우선으로 한다.

대부분의 주방송법은 어떠한 종류의 프로그램을 방영할 것인지, 하루에 몇 시간을 방송할 것인지, 조직, 방송지역, 운영의 재정적 계획 등을 제출하도록 하고 있다. 또 허가신청자가 배분할 수 있는 주파수보다 많은 경우 대부분의 주는 방송의 다양성과 다원성에 많은 기여를 할 신청자에게 주고 있다.171) 독일의 경우 민영방송의 허가기간은 5년이며, 2개월 이상 프로그램을 방영하지 않은 방송은 허가가 철회된다. 허가기간 5년 동안 법률을 위반하는 행위가 없었을 경우 재허가를 받을 수 있다. 모든 주방송법은 프로그램의 전파가 일반적인 법적 권리를 침해할 경우 허가를 하지 않으며, 이를 위반하였을 경우 허가를 취소할 수 있도록 하고 있다.172)

방송사업자의 법위반에 대해서는 방송국가협약 제49조 제1항에서 여러 가지 위반의 경우를 예정해 놓고 있다. 동조 제2항과 제3항에서 방송사업자가 법을 위반했을 경우 주매체위원회에게 500,000까지의 벌금을 부과시킬 수 있는 권한을 주고 있다. 주방송법도 이와 비슷한 규정들을 가지고 있으며 벌금의 상한은 마찬가지로 500,000이다.

\* \* \*

영국은 2003년 커뮤니케이션법의 제정으로 모든 라디오와 텔레비전의 허가는 OFCOM이 관할하게 되었다. 국왕의 칙허장(Royal Charter)에 설립근거를 둔 공영방송인 BBC는 매 10년마다 허가기간을 연장할 때 정부와 협약(Agreement)을 한다. BBC의 경우 BBC 칙허장과 동 협약의 내용이 BBC의

---

171) Open Society Institute, 「Fernsehen in Europa: Regulierung, Politik und Unabhängigkeit, Deutschland」(2005), p.761.

172) 무선관리단(2004a), 138-139면에 의하면 각 주마다 강조하여 보호하는 내용은 다르나 대체로 청소년보호, 폭력과 포르노 금지, 민족 간의 이해, 독일 안전보장, 저작권, 인종차별, 인간의 존엄성, 개인명예훼손, 종교윤리 등과 같은 권리를 침해하지 않을 것을 규정하고 있다고 한다.

구조와 공공서비스 방송으로서의 BBC의 의무 등을 정하고 있기 때문에 OFCOM의 허가를 필요로 하지 않는다.

나머지의 상업방송국[173])들은 OFCOM으로부터 면허를 부여받게 되는데, 영국의 경우 상업방송국마다 면허의 조건과 면허비용(license fee)[174])이 다르게 책정된다. 각각의 방송국이 중점을 가지고 제공해야 하는 공공의 서비스의 내용은 조금씩 다르지만 공영방송이나 상업방송이나 좋은 내용과 다양한 프로그램의 제공이라는 것은 동일하다. 다만 공영방송인 Channel 4의 경우 제265조 제3항에서 더욱 창의적이고 실험적인 프로그램의 제공 등 구체적인 이행방법을 열거하고 있다. 이는 Channel 4의 목적 자체가 다른 영국 방송으로부터 수요와 필요를 충족시키지 못하는 시청자 군을 위하여 설립되었기 때문이다.

2003년 커뮤니케이션법 제167조부터 면허의 수여와 양도 등에 관한 OFCOM의 권한과 기타 상업방송국의 면허조건을 명시하고 있다. Ch3은 15개의 지역방송사의 연합으로 구성되어 있다. 이들은 각각 OFCOM으로부터 면허를 신청하고 부여받게 된다. 2003년 커뮤니케이션법 216조에 의한 Ch3이나 Channel 5의 면허기간은 10년이며, 동조 제2항 (a)에 따라 면허기간 만료 4년 이전에 10년의 기간 동안 재허가를 신청할 수 있도록 하고 있다.[175])

# 3.
# 내용규제

원칙적으로 국가에 의한 방송규제가 허용된다고 하여도 방송내용에 대한

---

173) 영국의 commercial broadcaster는 상업방송국 내지는 상업방송사업자로 번역하였다.
174) 매년 납부하는 주파수 사용료를 면허비용으로 번역하였다. Ch3의 경우 매년 3억 유로를, Channel 5의 경우 3천6백 유로를 내고 있다. 현재 계속되는 Ch3의 적자상황 때문에 Ch3의 면허비용은 인하될 전망이다. Open Society Institute(2005), p.1615 참조.
175) 방송허가와 관련하여 무선서비스의 면허와 주파수매매 등은 정책국(Policy Executive) 산하의 경쟁 및 시장(Competition and Market)팀에서 수행하고 있다.

규제는 허용되지 않는다. 다만 규제가 공정성의 원리에 입각하여 균형 잡힌 의견으로 시청자들에게 접근될 수 있도록 하여 다양성의 가치를 증진시키는 경우에는 공익적인 규제로 보아 정당성을 얻게 된다.[176] 정도나 방식의 차이는 있지만 방송제도가 존재하는 모든 국가에는 방송내용에 대한 규제도 존치되고 있다. 규제방식의 다양성 속에서도 각국의 방송내용규제는 공공의 이익을 추구하여야 한다는 원칙을 공유하고 있다.

방송에 대한 내용규제는 프로그램 편성에 관한 규제, 프로그램 내용에 대한 등급제, 프로그램 질에 대한 평가제 또는 그 내용에 대한 직·간접적인 심의 등을 포함한다.[177] 내용규제는 교육용 프로그램이나 어린이를 위한 프로그램과 같은 양질의 프로그램을 제공하게 하는 '긍정적 내용규제(positive content requirements)'와 폭력이나 음란한 내용과 같이 시청자에게 위해를 가하는 프로그램의 방출을 통제하는 '부정적 내용규제(positive content requirements)'로 나누어질 수 있다. 대부분의 규제는 긍정적 내용요건을 의무로 정하면서 부정적 내용의 방송을 제한하는 형태를 띠게 된다.

1998년 영국의 '커뮤니케이션의 규제'라는 녹서(Regulation Communications: Approaching Convergence in the Information Age)에 의하면 방송내용을 규제하는 구체적인 이유로 접근용이성(방송이 가지는 영향력)을 들었다. 방송은 99%의 국민이 시청하고 있는 보편성을 가지며, 방영되는 내용들에 대해서 시청자는 아주 제한적인 통제권을 가지고 있다. 이렇게 시청자들의 통제는 제한되어 있는 반면 동영상과 음향의 조합인 방송은 다른 어떤 매체보다 강력한 수단이기 때문에 방송주체는 건강한 민주주의 사회를 위한 필수적인 교육과 정보전달의 기능을 촉진시킬 수 있는 특별한 위치에 있기 때문에 규제가 필요하다고 보고 있다.

이러한 규제는 영국에서 뿐만 아니라 우리나라에서도 이루어진다. 우리 헌법 제21조 제2항은 '언론·출판에 대한 허가나 검열과 집회·결사에 대한 허가는 인정되지 아니한다'고 천명하고 있다. 검열은 그 명칭이나 형식과 관계없이 실질적으로 행정권이 주체가 되어 사상이나 의견 등이 발표되기 이전에 예방적 조치로서 그 내용을 심사, 선별하여 발표를 사전에 억제하는,

---

176) 무선관리단(2004a), 27면.
177) 정보통신정책연구원, 「디지털 시대의 방송규제」(정보통신정책연구원, 2001), 213-214면 참조.

즉 허가받지 아니한 것의 발표를 금지하는 제도를 말한다. 이러한 사전검열의 행사는 법률로서도 불가능한 것으로 절대적으로 금지된다. 헌법이 사전검열을 절대적으로 금지하는 것은 그것이 허용될 경우에는 국민의 예술활동의 독창성과 창의성이 침해되어 정신생활에 미치는 위험이 크고, 행정기관이 집권자에게 불리한 내용의 표현을 사전에 억제함으로써 관제의견이나 지배자에게 무해한 여론만이 허용되는 결과를 초래할 염려가 있기 때문이다.178) 독일 기본법 제5조 역시 검열을 금지하고 있으며179), 미국의 경우도 명시적으로 검열을 금지하고 있다.180)

그러나 금지되는 검열은 일반적으로 허가를 받기 위한 표현물의 제출의무, 행정권이 주체가 된 사전심사절차, 허가를 받지 아니한 의사표현의 금지 및 심사절차를 관철할 수 있는 강제수단 등의 요건을 갖춘 경우에만 이에 해당하는 것이다.181)182) 정당한 입법으로 방송의 자유를 제한하는 규칙이나 사후검열은 금지대상이 되지 않는다. 또 정부의 제한이 표현의 내용 그 자체가 아니거나 내용규제의 효과를 가지고 오는 것이 아닌 것도 금지되는 검열에 해당되지 않는다고 보고 있다.183)

방송내용에 관해서는 방송법 제32조에서 사후심의를 원칙으로 정하고 있으며 다만 방송광고에 관하여서는 예외적으로 사전에 심의하도록 하고 있다.

---

178) 헌법재판소 2001. 8. 30, 2000헌가9.
179) 제5조 【자유로운 의사표현의 권리】
　　① 누구든지 말, 글 그리고 그림으로써 자유로이 의사를 표현하고 전파하며 일반적으로 접근할 수 있는 정보원으로부터 방해를 받지 않고 정보를 얻을 권리를 갖는다. 신문의 자유와 방송 및 필름을 통한 보도의 자유를 보장된다. 검열은 행하여지지 아니한다("Eine Zensur findet nicht statt").
180) 47 U.S.C.A. § 326 Censorship
　　Nothing in this chapter shall be understood or construed to give the Commission the power of censorship over the radio communications or signals transmitted by any radio station, and no regulation or condition shall be promulgated or fixed by the Commission which shall interfere with the right of free speech by means of radio communication.
181) 헌법재판소 1996. 10. 4, 93헌가13.
182) 우리나라는 1996년 영화 등에 대한 검열제가 위헌이라는 결정을 받은 후 현재는 영상물등급위원회가 민간 차원의 기구로 설립되어 검열 없이 등급만 부여하며, 영상물에 대한 제한·삭제 등의 업무는 하지 않고 있다.
183) 헌법재판소 2001. 5. 31, 2000헌바43.

검열이 사전검열을 의미하는 한, 그리고 헌법재판소가 요구하는 요건들을 갖추지 않는 한 사후심의는 원칙적으로 검열에 해당한다고 보지 않고 있다. 그러나 비록 사후심의가 검열에 해당하지 않는다고 그에 대한 합헌성이 언제나 인정되는 것은 아니다. 이러한 검열의 성격을 띠지 않는 내용제한은 표현의 자유와 이에 충돌하는 기타 법익과의 조화의 문제로 헌법 제37조 제2항에 의거하여 판단하여야 한다.[184] 우리나라의 방송심의와 방송광고에 관해서는 뒤에서 자세히 논의하기로 한다. 방송이 가지는 다양성, 공정성, 공공성 등을 보장하기 위하여서도 내용규제를 전면적으로 부인할 수는 없을 것이나 그 제한의 정도는 필요한 최소한에 그쳐야 한다. 또 입법목적에서 헌법 및 법률의 정당성이 인정되어야 하고 보호하고자 하는 이익과 침해되는 이익을 비교하였을 때 보호하고자 하는 이익이 더 커야 할 것이다.

## (1) 편성규제

미국은 편성에 대한 특별한 제한을 두고 있지 않다. FCC의 프로그램에 관한 규제는 1984년 모두 폐지되고 현재는 매 분기별로 5개 내지 10개의 각 지역별로 중요한 문제를 찾아 그 목록을 공개하여야 하는 분기별 프로그램목차(the Quarterly Programs-Issues List)를 두도록 하고 있을 뿐이다.[185] 문제의 항목 수에 관해 최소 또는 최대의 수와 같은 제한은 없다. 다만 분기별 프로그램목차는 문제를 특정하여야 하며 프로그램명, 프로그램에 대한 설명, 방영일시 및 프로그램의 길이와 같은 사항을 명시하고 있어야 한다.

분기별 프로그램목차는 매 분기가 시작되는 달의 10일까지 – 매년 1월 10일, 4월 10일, 7월 10일과 10월 10일 – 공시되어야 하며 분기별 프로그램목차의 준수여부는 FCC가 면허의 갱신을 결정하는 데 있어 중요한 역할을 한다.[186]

---

184) 황성기, "언론매체규제에 관한 헌법학적 연구: 방송·통신의 융합에 대응한 언론매체 규제제도의 개선방안"(1999), 46면 참조.
185) Kenneth C. Creech(2002), pp.157-159.
186) 1991년 2월 FCC는 분기별 프로그램목차의 공시를 하지 않았다는 이유로 Arkansas Educational Television Commission에 제재를 가한 바 있다.

전통적으로 독일에서는 특정형태의 방송프로그램이나 어떤 종류의 프로그램을 방영하게 하는 쿼터제와 같은 편성에 관한 제한은 없다. 비록 독일방송법제가 EU의 "국경없는 텔레비전 지침(Television without Frontiers)"[187] 외의 유럽연합의 여러 지침을 국내법에 수용하고 "국경없는 텔레비전 지침" 제4조에서 방송시간의 50%를 유럽 프로그램으로 편성할 것을 권장하고 있고, 나아가 제5조는 독립프로덕션에 전체 편성비율의 10%를 할애하도록 되어 있으나 독일은 어떠한 편성제한도 두지 않는다. EU법과 관련하여서는 독일에서는 민영방송사업자들의 이해관계가 두드러지는 텔레비전 광고의 제한에 치중되어 있어 이에 관해서는 많은 논의가 있으나, 쿼터제는 방송법제상 중요하게 논의되거나 다루어지지 않고 있다. 다만 방송국가조약 제6조 제2항에서 유럽 프로그램의 편성비율에 관해서는 "텔레비전 종합편성 프로그램은 독일어권과 유럽에서 제작된 자체제작물, 주문제작물 및 공동제작물을 상당부분 포함하여야 한다"라면서 전체 방송의 상당부분(Hauptteil)을 방영하도록 규정하고 있을 뿐이다.[188]

2003년 커뮤니케이션법(the Communications Act 2003) 제335조는[189] 영국이 준수해야 할 국제적인 의무사항을 OFCOM이 이행할 수 있음을 규정하고 있다. 영국 역시 EU 회원국으로 "국경없는 텔레비전 지침(Television without Frontiers)"을 국내법에 수용하고 있어 EU가 정한 편성제한의 대상이 된다.[190] 이를 위해 영

---

187) "Television without Frontiers" Directive, 89 / 552 / EEC
188) § 6 Europäische Produktionen, Eigen-, Auftrags-und Gemeinschaftsproduktionen
    (2) Zur Darstellung der Vielfalt im deutschsprachigen und europäischen Raum und zur Förderung von europäischen Film-und Fernsehproduktionen sollen die Fernsehveranstalter den Hauptteil ihrer insgesamt für Spielfilme, Fernsehspiele, Serien, Dokumentarsendungen und vergleichbare Produktionen vorgesehenen Sendezeit europäischen Werken entsprechend dem europäischen Recht vorbehalten.
189) §335 International Obligations
    Conditions securing compliance with international obligations
    (1) The regulatory regime for every service to which this section applies includes the conditions that OFCOM consider appropriate for securing that the relevant international obligations of the United Kingdom are complied with.
    (2) In this section "relevant international obligations of the United Kingdom" means the international obligations of the United Kingdom which have been notified to OFCOM by the Secretary of State for the purposes of this section.
190) 유럽연합 내에 방송 분야에 대해서는 EC의 "국경없는 텔레비전 지침"이 기본이 되

국에서는 2004년 10월 14일 OFCOM의 諮問書(consultation document)의 결과를 토대로 Guidance on compliance with Articles 4 and 5 of the Television without Frontiers Directive (국경없는 텔레비전 지침 제4조와 제5조의 이행 지도서)를 2005년 2월에 발표하였다.[191] 유럽 프로그램의 편성의무와 관련한 전체적인 방향은 OFCOM이 성립되기 전 주무관청이었던 DCMS(문화언론체육부: Department for Culture, Media & Sports)의 정책과 동일하다.

동 지도서에 의하여 BBC를 포함한 방송사업자들은 전송시간의 반 이상을 유럽 프로그램에 할애하여야 하며 매년마다 OFCOM에 그 보고를 한다. 여기서의 전송시간이란 뉴스, 스포츠행사, 경기, 광고, 문자방송(teletext services)이나 홈쇼핑(teleshopping) 시간을 제외한 방송시간을 말한다. 새로운 방송국의 경우 첫 5년 동안에 점차적으로 목표를 달성할 수 있도록 해 주었으며, 이의 준수여부는 각 방송국의 특성에 따라 상대적으로 평가하고 있다.


## (2) 내용심의

미국 통신법 역시 명문으로 사전검열은 금지하고 있다.[192] 통신법 제326조에 의하면 "이 장에 있는 어느 조항도 FCC에게 라디오방송국에 의해 송신되는 라디오통신 또는 신호에 대한 검열권을 수여하고 있다고 해석되어서

---

어 규제되고 있다. 유럽연합에는 방송규제를 담당하는 별도의 기구는 없다. 모든 경쟁규제는 EC조약에 의해 유럽집행위원회가 담당하게 된다. 유럽연합차원의 지침이 정해지면 회원국은 국내법의 개정을 통해 그 내용을 집행할 의무를 가지게 된다.

191) 영국 OFCOM의 경우 중요한 정책을 결정하기 전에 consultation process(자문 절차)를 거친다. 먼저 자문을 시작하기 전에 정책의 방향을 제시하고 관련인과 기관과의 비공식적인 회의를 통해 정책방향이 올바르게 수립되었는지를 확인하고, 정확한 문제와 근거를 간략한 문서로 작성하여 일정기간 동안에(대체로 10주) 의견을 수렴한다. 예정된 기간 동안 수렴된 의견을 바탕으로 OFCOM은 문제를 다시 검토하고 이유와 근거를 제시하여 guidance(指導書)를 발표하게 된다.

192) 47 U.S.C.A.§ 326. Censorship
Nothing in this chapter shall be understood or construed to give the Commission the power of censorship over the radio communications or signals transmitted by any radio station, and no regulation or condition shall be promulgated or fixed by the Commission which shall interfere with the right of free speech by means of radio communication.

는 아니 되며 FCC는 라디오통신을 이용한 언론자유권에 저촉하는 규칙이나 조건을 제정 또는 설정할 수 없다"고 선언하고 있다. 그러나 통신법이 비록 검열금지를 선언하고 있다고는 하나 FCC가 내용에 전혀 규제를 가하고 있지 않는 것은 아니다.

독일이나 영국과 마찬가지로 미국에서 방송의 내용에 관하여 주로 문제가 되는 것은 음란·외설물의 방영이다. 미국연방형법(U.S. Criminal Code) 제1464조에 의해 음란, 외설 또는 모욕적인 언어를 방송하는 경우 형법에 의해 벌금 또는 2년 이상의 징역을 받게 된다.[193] 음란, 외설 또는 모욕적인 언어에 관한 규정은 통신법에서 규율하고 있었으나 1948년 연방형법의 일부로 편입되었다. 우리와는 달리 FCC는 방송내용에 관한 이의가 제기되거나 불만이 접수되는 경우에만 그에 관한 사항을 심사하게 된다. 1996년 텔레커뮤니케이션법에서는 방송내용 및 편성규제의 최소화 차원에서, 정치방송 및 어린이 프로그램에 대한 규제와 TV 폭력성에 대한 프로그램 등급제 의무화를 제외한 관련 법·규칙·가이드라인 등을 모두 삭제하였다.

독일의 경우 프로그램의 기준에 관하여 방송국가협약 제11조 제3항[194]은 "공영방송은 그 임무를 완수함에 있어 객관성과 공평성의 원칙, 의견의 다양성, 프로그램과 서비스의 적정한 조화를 고려하여야 한다"라고 일반적으로 규정하고 있을 뿐이다. 이러한 방송프로그램에 대한 내용의 객관성, 공정성 등은 민영방송보다는 공영방송에 대해서 보다 더 중요하게 여겨지고 있으며 이를 위해 ARD은 Fernsehrat(방송평의회)를 ZDF는 ZDF-Staatsvertrag[195]에 의

---

193) 18 U.S.C.A. § 1464. Broadcasting obscene language
Whoever utters any obscene, indecent, or profane language by means of radio communication shall be fined under this title or imprisoned not more than two years, or both.

194) RStV §11. Auftrag
(3) Der öffentlich-rechtliche Rundfunk hat bei Erfüllung seines Auftrags die Grundsätze der Objektivität und Unparteilichkeit der Bericherstattung, die Meinubgsvielfalt sowie die Ausgewogenheit der Angebote und Programme zu berücksichtiget.

195) ZDF-Staatsvertrag vom 31. August 1991, in der Fassung des Achten Staatsvertrages zur Änderung rundfunkrechtlicher Stattsverträge) Achter Rundfunkänderungsstaatsvertrag) in Kraft seit 1. April 2005.

해 TV평의회(Fernsehrat)를 설립하여 방송의 임무를 수행하기 위해 더 구체적으로 규정하는 지침을 둘 것이 의무화되고 있다.[196] 2004년 개정 방송국가협약 제11조 제4항은 공영방송에게 프로그램의 數와 質에 관련해 공영방송의 임무를 어떻게 수행하고 있는지와 그 계획을 공시하도록 함에 따라 2004년 10월에 고시한 바 있다.[197]

공영방송과 민영방송의 제한을 달리하는 독일은 프로그램에 관하여도 민영방송에 요구되는 요건은 공영방송에 대한 요건보다는 완화되어 있다(방송국가협약 제41조). 방송국가협약은 제32조에서 동법 제25조에서 요구하는 의견의 다양성의 확보를 위해 각 민영방송에게 우리나라의 자체심의기구와 같은 프로그램위원회(Programmbeirat)를 구성할 것을 의무로 정하고 있다.[198] 프로그램위원회는 방송사업자가 선정하며 위원은 사회의 의견을 반영할 수 있는 자이어야 하며(제32조 제2항) 프로그램의 운영과 관련한 자문을 담당한다(동조 제4항). 동조 제5항은 또 프로그램 구조, 방영시간, 내용의 변경은 프로그램위원회의 동의를 요구하고 있다. 이러한 일반적인 규정 외에는 민영방송의 프로그램의 내용에 대한 자세한 규제조항은 찾아보기 힘들다. 각 주방송법에서 기준을 정해 놓는 경우도 있다.[199]

---

196) ZDF-Staatsvertrag 제20조 TV위원회의 임무(Aufgaben des Fernsehrates)를 정한 조항에서는 ZDF프로그램을 위한 지침을 세울 것을 규정하고 있다. 공영방송의 이러한 지침들로는 ARD-Richtlinien zur Sicherung des Jugendschutzes (ARD 청소년보호지침), ARD-Werberichtlinien( ARD 광고지침), Richtlinien für Sendungen im ZDF(ZDF 프로그램지침), Richtlinien für Werbung und Sponsoring im ZDF(ZDF의 광고와 협찬지침), Richtlinien zur Sicherung des Jugendschutzes im ZDF(ZDF 청소년보호지침)등이 있다.

197) ARD 보고서
http://livelx.ard.de/intern/download/ard_leitlinien_20041004.pdf
ZDF 보고서
http://www.zdf.de/ZDFde/download/0,1896,2001614,00.pdf 참조. (검색일: 2006. 4. 1)

198) RStV § 32 Programmbeirat
(1) Der Programmbeirat hat die Programmverantwortlichen, die Geschäftsführung des Programmveranstalters und die Gesellschafter bei der Gestaltung des Programms zu beraten. Der Programmbeirat soll durch Vorschläge und Anregungen zur Sicherung der Meinungsvielfalt und Pluralität des Programms (§ 25) beitragen. Mit der Einrichtung eines Programmbeirats durch den Veranstalter ist dessen wirksamer Einfluß auf das Fernsehprogramm durch Vertrag oder Satzung zu gewährleisten.

199) Open Society Institute(2005), p.767.

독일 민영방송국들의 경우 이러한 프로그램의 내용에 관해서 자체적으로 규제하는 방송자율규제기구(Freiwillige Selbstkontrolle Fernsehen: FSF)를 두고 있다.[200] 방송자율규제기구는 청소년들을 TV에 의한 폭력이나 성적 노출로부터 보호하고자 1993년 창설되어 방송사전에 자율적으로 내용을 심사한다. 자체적으로 심사함에 있어서 그 기준은 제정법이 정하여 놓은 기준보다 더 엄격한 경우가 많으며 기본적으로 고려되는 사항은 프로그램의 주제, 폭력성, 선정성, 약물의 사용과 윤리적 가치 등이다. FSF의 결정에 대해서는 재심을 요구할 수 있으나, 그 결정은 최종적이며 민영방송사들은 여기에 구속된다.

OFCOM은 2003년 커뮤니케이션법 제319조에 의해 프로그램의 내용에 대한 기준을 설정하고 검사할 수 있는 권한을 부여받고 있다.[201] 그러나 OFCOM은 방송 이전에 프로그램을 검열하지 않으며 방송편성계획표도 요구하지 않고 있다. 방송내용이 여러 프로그램심의규정을 준수하는 것은 따라서 방송사업자의 책임으로 간주되고 있다.[202] OFCOM은 설립 이전의 기관들의 프로그램에 관한 규정들은 현재에도 유효하게 실시·적용하고 있는데 방송기준위원회(Broadcasting Standards Commission)의 기준규정(Code on Standards)과 공정성과 사생활에 대한 규정(Code on Fairness and Privacy), 상업텔레비전방송위원회(Independent Television Commission)의 프로그램규정(Programme Code)과 프로그램협찬규정(Code of Programme Sponsorship)이 있다. 위 규정들은 폭력이나 테러, 섹스 등과 관련한 기준을 설정하고 있으며 시청자가 불만

---

200) 독일에는 방송자율규제기구(Freiwillige Selbstkontrolle Fernsehen:FSF) 외에도 영화산업자율규제기구(Freiwillige Selbstkontrolle der Filmwirtschaft: FSK), 멀티미디어 서비스제공자 자율규제기구(Freiwillige Selbstkontrolle Multimedia-Diensteanbieter:FSM)와 같은 자율규제기구들이 있다.
201) Communications Act 2003
 §319 OFCOM's standards code
 (1) It shall be the duty of OFCOM to set, and from time to time to review and revise, such standards for the content of programmes to be included in television and radio services as appear to them best calculated to secure the standards objectives.
202) Peter Carey & Jo Sanders, 「Media Law」(Sweet & Maxwell, 2004), p.241.

(complaints)을 제기하면 심사를 받게 된다. 이때에도 권고사항으로 시청자는 먼저 방송사업자에게 이의를 ˙제기할 것이 요구되고 있다. 이런 점에서 OFCOM은 방송사업자에 대해 내용에 관한 자율규제를 원칙으로 삼고 있다고 해석할 수 있겠다. 지상파 텔레비전의 경우 방영 후 90일 이내에 이의를 제기할 수 있으며, 케이블TV이나 위성TV의 경우 60일 이내에 제기할 수 있다. 내용과 관련되어 부과되는 제재는 5명의 위원으로 구성된 내용재제위원회(Content Sanctions Committee)가 위임받아 심사한다.

음란·외설은 일련의 음란법(Obscene Publications Acts)에 의해 규제되고 있다. 1857년 음란법(Obscene Publications Act 1987) 외에 1959년 1964년 음란법이 있다. 현재에는 1959년과 1964년 음란법만이 개정되어 시행되고 있다. 동법은 음란물을 정의하고 검열의 기준으로 사용되고 있다. 독일과 마찬가지로 영국에서도 자율규제기구를 중심으로 자체검열이 이루어지고 있다.[203]

OFCOM은 텔레비전과 라디오의 프로그램내용의 음란성 여부를 판단한다. 이 경우 OFCOM은 프로그램이 '일반적으로 인정되는 기준(generally accepted standards)'을 고수하고 있는지의 여부만을 보고 있다. 영국의회는 OFCOM에게 기존 담당기구들이 가져왔던 프로그램의 내용에 관한 기호, 품위, 공정성과 사생활(taste, decency, fairness and privacy)에 관한 일련의 ˙기준을 정립할 것을 요구하였고, 이의 수행을 위해 2005년 7월 25일부로 the Ofcom Broadcasting Code(Ofcom 방송규정)가 제정되었다. 동 규정의 주 보호대상은 18세 이하의 미성년자이며 적용대상은 라디오와 텔레비전 프로그램이다. 동 규정은 "18세 이하의 사람의 신체적, 정신적 또는 도덕적 발달을 현저하게 손상시킬 수 있는 내용은 방영되어서는 아니 된다"로 시작하여[204] 방영할 수 없는 내용으로 약물, 흡연, 음주, 폭력과 위험한 행동, 섹스 등에 관해 규정하고 있다. 방송사업자가 방송규정을 고의나 반복적으로 위반한 경우 제재를 받게 된다. 나

---

203) 영국에서는 영국영화분류위원회(The British Board of Film Classification: BBFC)의 분류판정을 받지 않은 영화는 대부분의 극장에서 상영될 수 없거나 비디오나 DVD의 형식으로 배포될 수 없기 때문에 영국의 사실상의 검열기관의 역할을 수행하고 있다. 극장에서 상영되는 영화에 대해서는 각 지방단체가 관람연령에 대한 최종결정권을 가지고 있으나 거의 대부분 영국영화분류위원회의 권고를 존중하고 있다.

204) The Ofcom Broadcasting Code, section 1.1

아가 동 규정이 모든 것을 나열하고 있지는 않으므로 방송사업자는 동 규정의 취지에 비추어 운영하여야 함도 규정되어 있다.

## (3) 방송광고

광고를 표현의 자유로 인정하는지의 여부와 관계없이 대부분의 국가는 광고의 횟수, 시간, 내용 등에 대한 제한을 가하고 있다. 유럽연합의 '국경없는 텔레비전 지침' 제11조 제5항에 의하면 30분 이하의 어린이 프로그램 사이에는 광고를 삽입할 수 없다고 규정하고 있는 반면 독일 방송국가협약은 방송광고 시간에 관해서 공영방송의 경우 평일 20시까지만 방송광고를 할 것과 일요일과 연방휴일에는 광고방송을 할 수 없음만을 규정해 놓고 있다.[205] 민영방송의 경우에는 방송국가협약 제7조와 제8조에서 소비자의 건강과 안전, 환경보호를 위협하는 광고를 통하여 소비자를 해하고 현혹하는 행위를 금지하고 있다. 그 외에 아동과 청소년을 대상으로 하는 광고 혹은 그들이 출연하는 광고는 아동과 청소년의 이익을 해하거나 그들의 무경험을 이용하여서는 안 된다는 규정을 두고 제한하고 있다.

독일과 같지는 않으나 영국도 마찬가지의 제한을 두고 있다. OFCOM의 설립 이전에 독립텔레비전위원회(the Independent Television Commission)는 영국의 모든 상업방송국의 면허와 규제를 담당하던 기관이었다. 2003년 말에 OFCOM으로 대체되었으나 ITC가 제정한 광고에 관한 규칙은 현재 OFCOM이 그대로 운용하고 있다. ITC의 광고와 프로그램 협찬에 관한 기준제정권과 집행권은 1990년과 1996년 방송법(The Broadcasting Acts)에 근거한다. 이에 의해 제정되어 현재 실행되고 있는 프로그램협찬규정(Code of Programme Sponsorship)은 시장의

---

205) RstV §16 Dauer der Werbung
  (1) Die Gesamtdauer der Werbung beträgt im Ersten Fernsehprogramm der ARD und im Programm "Zweites Deutschen Fernsehen" jeweils höchstens 20 Minuten werktäglich im Jahresdurchschnitt. Nicht vollständig genutzte Werbezeit darf höchstens bis zu 5 Minuten werktäglich nachgeholt werden. Nach 20.00 Uhr sowie an Sonntagen und im ganzen Bundesgebiet anerkannten Feiertagen dürfen Werbesendungen nicht ausgestrahlt werden.

역동적이고 혁신적인 시장을 육성하면서도 시청자의 이익을 보호하고 촉진함을 목적으로 한다. 프로그램협찬규정의 이행은 방송면허의 조건이며 필요한 경우 상업텔레비전방송위원회(ITC)는 방송사업자에게 제재를 가할 수 있도록 하고 있다.

영국의 경우 여러 자율규제기구들이 활발하게 활동하고 있음을 앞서 본 바 있다. OFCOM은 텔레비전과 라디오 광고의 경우 광고업계의 독립 자율 규제기구인 광고표준기구(the Advertising Standards Authority: ASA)에 규제를 위탁하고 있다. 모든 광고에 관한 규제와 감독을 한 기구에서 담당하도록 하여 그 효율을 높이려는 취지에서 제안되어 현재 실시되고 있다.[206]

이러한 방송광고의 시간이나 횟수 등에 관한 제한은 우리 방송법시행령에서도 규정하고 있다. 모든 광고는 방송프로그램 시간의 10%를 초과할 수 없으며[207] 시간당 10분을 초과할 수 없다. 방송광고가 금지되는 품목도 있다. 방송광고에관한심의규정에 의하면 잠재의식광고(제16조)나 비교광고(제17조)는 금지되며, 식품위생법시행령에 의한 단란주점영업 및 유흥주점영업, 사설비밀조사업 및 사설탐정, 혼인매개·이성교제 소개업, 점술·심령술·사주·관상 등 감정 및 미신과 관련된 내용, 무기·폭약류 및 알코올성분 17도 이상의 주류 등이다. 주류의 경우 어린이·청소년 보호를 위해 텔레비전방송의 경우에는 07:00부터 22:00까지는 금지된다. 라디오방송은 17:00부터 다음날 08:00까지 일체의 주류광고가 금지된다.[208]

정부에 의한 직접적인 내용규제는 검열에 해당한다는 이론에 따라 선진 외국에서는 방송의 다양성을 확보해 주기 위한 제도적인 장치 마련 등 주로 내용중립적인 규제가 제시되고 개발되었던 반면에 우리나라는 방송내용에 대한 직접적인 규제가 정당화되어 왔다.[209] 방송의 내용에 대한 규제의 기본은 공정하고 다양한 프로그램의 방영을 통한 시청자와 공공의 이익의 보호에 있다. 우리나라의 경우 방송내용에 대한 규제는 방송위원회가 전권을

---

206) 광고표준기구는 OFCOM과 공동으로 광고에 관한 규제를 담당하게 된다.
207) 방송법시행령 제59조 제1항
208) 방송심의에관한규정 제58조 방송광고시간의 제한 참조.
209) 박선영, 「언론정보법연구Ⅱ」(법문사, 2002b), 47면.

가진다. 방송위원회는 편성규제, 방송프로그램의 심의 및 방송광고에 대한 심의권을 가지고 있다. 비교법적으로 보았을 때 우리나라는 프로그램의 종류별로 편성규제를 하고 있으나, 외국의 경우 그보다 자국 내지는 지역의 문화보호정책의 일환으로 프로그램 쿼터제를 실시하고 있음을 알 수 있다. 그러나 공통적으로는 어린이와 청소년을 보호하기 위하여 방송프로그램의 폭력성 및 선정성, 언어사용 등의 유해정도, 시청자의 연령 등을 감안하여 방송프로그램의 등급을 분류하거나 방송프로그램등급 표시제도, 어린이 시청 시간 동안의 특정 방송의 금지와 같이 음란물로부터 미성년 시청자를 보호하려는 법제가 내용규제의 중심을 이루고 있다.

# 4.
# 소유규제

방송산업은 다른 산업에 비교하여 엄격한 소유규제를 받고 있다. 소유규제의 가장 큰 목적은 방송의 다양성을 확보하기 위함이다. 이는 방송을 통해 다양한 견해와 정보가 전달되도록 하기 위해서는 방송이 소수의 집단에 의해 한쪽으로 편향되는 것을 사전에 방지할 필요가 있기 때문이다. 그 외에도 매체산업의 균형적 발전이라든가 자국문화의 보호와 같은 입법목적을 복합적으로 가질 수 있다.[210]

일반적으로 학설과 판례는 방송시장의 소유규제를 필요한 적정규제로 본다. 방송에 대한 소유규제의 내용 역시 나라마다 상이하다. 미국은 어느 나라보다 실질적인 다양성의 원리가 강하게 자리잡고 있다. 미국의 경우 여론형성에 대한 사회적 영향력에 따라 영향력이 상대적으로 미비하다고 판단되는 텔레콤과 케이블기업에 대해서는 소유규제를 완화하고 있으나 신문과 4대 지상파방송에

---

210) 헌법재판소 2001. 5. 31, 2000헌바43 참조.

대해서는 여전히 제한적 법제를 취하고 있다.[211] 1996년 통신법에서는 방송의 다양성을 확보하기 위하여 실시했던 소유규제가 대폭 완화되었다. FCC는 복점규칙(duopoly rule), 복수소유규칙(multiple ownership rule) 그리고 겸영소유규칙(cross-ownership rule)과 같은 제한을 가한 바 있으나 뒤에서 살펴보는 것과 같이 이러한 규제는 이미 완화되었거나 폐지가 논의되고 있다. 복점규칙이란 동일 시장에서의 하나 이상의 방송국의 소유를 금지하는 것이나 라디오의 경우 1989년부터, 텔레비전방송국의 경우 1999년부터 대폭 완화시켰다.[212] 복수소유 제한은 개인이나 법인이 소유할 수 있는 방송국의 수를, 겸영소유규칙은 교차소유라고도 하며 이종 미디어 간의 소유를 금지하는 것을 말한다.

이러한 소유규제는 또 형태별로 단일미디어 소유에 대한 규제, 동종 미디어 소유에 대한 규제와 이종 미디어 간의 교차소유에 대한 규제로 크게 나누어 볼 수 있다.[213] 단일미디어 소유규제란 허가신청자의 국적이나 정치적 연관성 등을 이유로 방송국의 소유를 금지하는 것이다. 우리나라는 방송법 제13조에서 대한민국의 국적을 가지지 않은 외국인은 방송사업을 할 수 없도록 규정하고 있고 제14조와 방송법시행령 제14조에 의해 지상파방송에 대해서는 외국자본의 출자가 제한되어 있다.[214] 미국도 외국인이나 외국법인, 회사의 자본의 1／5이상이 외국인 소유인 경우에는 방송국면허를 부여하지 않는다고 규정해 지상파방송의 외국자본 진입을 법적으로 배제하고 있다.[215] 그러나 독일과 영국은 국내 방송자본의 파산으로 공영방송만 제외하고는 외국자본의 진입을 유도하고 있다.

동종 미디어복수소유란 신문사나 방송국이 인수나 합병 등에 의해 일정한 시장점유율을 넘게 되는 경우 그 소유를 금지하는 것을 말한다. 교차소유(겸

211) 정윤식(2005b), 11면 참조.
212) Kenneth C. Creech(2002), p.133.
213) 박용상, "언론개혁법안에 관한 관견", 『헌법학연구』 제11권 제1호(2005), 53면.
214) 지상파방송사업과 종합편성 또는 보도에 관한 전문편성을 행하는 방송채널사용사업 및 중간유선방송사업을 행하는 자는 외국의 정부나 단체, 외국인, 외국의 정부나 단체 또는 외국인이 50%의 지분을 가지거나 최다액출자자인 법인으로부터의 재산상의 출자 또는 출연을 받을 수 없다. 다만 방송위원회의 승인을 얻은 경우에는 교육·체육·종교·자선 기타 국제적 친선을 목적으로 하는 외국의 단체로부터 출자를 받을 수 있다(방송법 제14조).
215) 47 U.S.C.A. §310

영)규제란 다른 미디어 간의 소유-예를 들어 신문사의 방송국 소유, 방송국의 인터넷 통신의 소유와 같은-를 규제를 내용으로 하게 된다. 방송법에서 정한 소유제한은 장을 바꾸어 제3장에서 자세히 논의하기로 한다.

소유규제는 과잉규제로 간주될 수 있을 만큼 다른 산업에는 적용되지 않는 방송산업의 특수성에 기인한 제도이다. 그러나 방송과 통신의 융합, 방송이 기존의 희소성을 근거로 한 특수성을 잃어 감에 따라 다른 산업과 마찬가지로 방송산업도 자유로운 경쟁체계로 나아가야 한다는 주장이 점점 설득력을 얻고 있다. 실제로 이와 같은 배경을 바탕으로 소유규제는 완화되고 있는 추세이다.

유의해야 할 것은 소유규제 제도의 변화에 따른 결과는 장시간 후에 나타난다는 특징을 가진다는 것이다. 따라서 현재 완화되고 있는 소유규제가 장기적으로 사회에 미치는 영향에 대한 판단은 내린다는 것은 아직은 시기상조이다. 반드시 방송과 통신의 융합이 소유규제의 완화를 수반해야 한다고 보지는 않는다. 다만 이러한 규제는 헌법이 보장하는 방송의 자유에 대한 규제인 만큼 '방송의 공익성과 산업성의 조화와 균형'이라는 무형의 가치를216) 반영하도록 필요한 최소한으로 이루어져야 할 것이다. 최근 소유규제에 대해서는 '시장점유율' 규제가 선진국에서 정착되고 있는 현실이다.

어느 나라나 특정 방송사의 시장 독점과 영향력의 행사를 막기 위해 전체 시장점유를 방송시간이나 매출액 등으로 기준삼아 시장점유율을 제한하고 있다. 시장점유율에 따라 방송사의 합병이나 사업의 확장여부가 결정되기 때문에 시장점유율을 어떻게 측정할 것인가를 두고 많은 논의가 있지만, 궁극적으로 미디어의 영향에 관한 평가는 질적으로 내려져야 한다. 각각의 척도는 상이한 미디어 회사들의 영향력에 대해 일정한 정보만을 제공해 줄 수 있을 뿐이고 이들 정보의 조각들을 하나의 절대적인 평가로 조합시킬 수 있는 메커니즘은 존재하지 않는다. 따라서 중요한 문제는 각 미디어 영역에서 시장점유를 어떻게 측정할 것인가 하는 점이다.

어떠한 미디어든 그 영향력의 정도는 분석인자들을 어떻게 합성하느냐에 따라 다르게 나타난다. 그 인자들 가운데에는 메시지가 도달하는 사람의 수,

---

216) 김정태, 「디지털 시대 방송법해설」(커뮤니케이션북스, 2005), 127면.

그들이 메시지에 정기적으로 몰입하는 시간의 양, 그들이 정보를 받기 위해 준비한 돈의 액수, 수신한 정보에 대한 그들의 관심도, 그리고 수용자들의 사회적 구성-즉 그들이 영향력 있는 사람들인가-등이 포함된다. 이들 중 어떤 것들은 매우 쉽게 측정될 수 있으나, 다른 어떤 것들은 이보다 측정하기가 어렵거나 불가능한 경우도 있다.

미디어의 영향력을 측정하는 기준은 다양하지만, 개별 척도들은 철저히 상이한 결과들을 낳는다. 영국의 캐피탈 라디오(Capital Radio)의 경우를 예를 들면 수입을 기준으로 측정했을 때보다 소비시간을 기준으로 측정했을 때 그 영향력이 12배나 높은 것으로 나타난다고 한다.[217] 그렇기 때문에 규제의 대상이 되는 미디어 그룹들은 그들의 시장지배력을 최소화해 줄 수 있는 기준을 선택하여 사업 확장의 자유를 확보하려는 경향이 띠게 되는 것이다. 시장점유율의 측정을 위해 선택할 수 있는 기준으로는 ⅰ) 시청자, 청취자 혹은 구독자의 수, ⅱ) 시청, 청취 혹은 구독 시간, ⅲ) 광고료, 후원금, 시청료, 구독료(가입료), 기타 수입 등이 있다.

* * *

FCC는 1996년 텔레커뮤니케이션법 제202(h)조에 의해 매 2년마다 소유규칙이 공익에 비추어 필요한가를 검토한 후 폐지하거나 수정해야 하는 의무를 가지고 있다. 이 조항은 법원의 판결에 의해 공익의 요청이 있는 경우에만 소유규제를 할 수 있다는 FCC의 권한을 제한하는 조항으로 새겨지고 있다.[218] 이러한 FCC의 소유제한규칙의 심사의무는 몇 차례 방송사업자들의 이의제기의 대상이 되어 법원의 심리대상이 된 바 있다. Fox Television Stations, Inc. v. F.C.C. 사건[219] 역시 법원이 FCC에게 소유제한규칙을 수정할 것을 요구한 사건으로 유명하다. 이러한 일련의 과정을 거쳐 FCC는 1940년대부터 지금까지 다양한 소유규제를 실시하거나 조정해 왔다.

---

217) 정보통신부, 「미디어기업의 구조규제 및 M&A에 관한 법제론적 고찰: 방송·통신·인터넷 기업을 중심으로」(정보통신부, 2004), 109면.
218) Sinclair Broadcast Group, Inc. v. F.C.C. 284 F.3d 148 (2002).
219) Fox Television Stations, Inc. v. F.C.C., 280 F.3d 1027 (2002).

기존 미국은 전국TV소유규칙(National TV Ownership Rule), 지역TV소유규칙(Local TV Multiple Ownership Rule), 라디오-TV겸영규칙(Radio / TV Cross-Ownership Restriction), 이중TV네트워크규칙(Dual TV Network rule), 지역라디오소유규칙(Local Radio Ownership Rule), 그리고 신문-방송겸영금지규칙(Newspaper / Broadcast Cross-Ownership Prohibition)과 같은 규칙들을 가지고 있었다.[220]

전국TV소유규칙이란 하나의 방송사업자가 소유한 복수의 방송국들의 시청자 도달률(audience reach)이 미국 전역의 TV 가구 수의 39%를 초과해서는 안 된다는 제한이다. 시청자 도달률은 실제 시청률이 아니라 방송국의 전파도달가구 수를 의미한다.[221] 1941년에 실시되어 여러 차례의 변경을 거치면서 유지된 전국TV소유규칙은 2002년 Fox Television Stations, Inc. v. F.C.C. 사건에서 법원으로부터 다시 심사할 것을 요구받은 바 있다. 이에 2003년 6월 2일 FCC는 시청자 도달률 제한을 35%에서 45%로 올렸으나 의회의 반대로 39%로 조정하였다.[222]

---

220) http://www.fcc.gov/cgb/consumerfacts/reviewrules.html (검색일: 2006. 4. 1)
221) 정보통신정책연구원(2005a), 72면.
222) 미국 소유규제완화의 주요 경과

| | |
|---|---|
| 1941 | Local Radio Ownership Rule, National TV Ownership Rule 제정. 1 방송사업자는 전국의 TV가구 수의 35% 이상 소유하지 못함. |
| 1946 | Dual Television Network Rule 제정. |
| 1964 | Local TV Multiple Ownership Rule 제정. |
| 1970 | Radio / TV Cross-Ownership Restriction 제정. |
| 1975 | Newspaper / Broadcast Cross-Ownership Prohibition 제정 |
| 1981 | 레이건 정권의 규제완화시작. 방송면허기간을 3년에서 5년으로 연장. 1985년에는 회사가 소유할 수 있는 방송국 수가 7개에서 12개로 늘어남. |
| 1985 | FCC의 시간당 광고규제정책 폐지. |
| 1987 | "Fairness Doctrine" 폐지. |
| 1996. 2. 8 | 클린턴 대통령이 Telecommunications Act of 1996 서명. |
| 2001. 7. 17 | Senate Commerce Committee hears panelists speak about media ownership. |
| 2001. 10. 29 | FCC conducts a roundtable on media ownership policies. |
| 2003. 6. 2 | FCC 미디어 소유권제한규정을 개정. 여러 단체들이 이에 대해 법원에 이의제기. 제3순회법원(U.S. Court of Appeals for the Third Circuit)으로 병합. |
| 2003. 7. 23 | 하원에서 FCC의 45%까지의 소유권제한완화안에 대한 반대결정(400 대21). |

지역TV소유규칙은 i) 적어도 하나의 방송국이 시장점유(market share)로 보았을 때 4대 방송국에 해당되지 않거나, ii) 같은 지역에서 두 방송국이 결합한 후에도 최소한 8개의 독립적인 상업방송국 및 비상업방송국이 존재하고 있을 때에만 그 소유가 가능하다는 규칙이다. "eight-voices exception" 예외규칙에 대해서는 언론의 다양한 채널을 의미하는 "voices"의 정의가 임의적이고 가변적이기 때문에 FCC에게 정책을 다시 심사할 것이 요구되어[223] 개정이 예정되어 있다.

1970년 원래의 라디오-TV겸영규칙은 동일한 시장에서 라디오와 TV방송국의 동시 소유를 금지하는 것이었다. 현재는 하나의 시장에서 한 사업체가 소유할 수 있는 라디오와 TV방송국의 수를 제한하고 있다. 원칙적으로는 하나의 지역에서 하나의 라디오와 TV방송국을 소유할 수는 있으나, 시장의 규모와 해당 시장의 독립 미디어 채널에 따라 그 수는 달라질 수 있다. 라디오-TV겸영규칙은 현재 신문-방송겸영금지규칙과 동시에 적용될 수 있는 단일한 미디어겸영규칙(cross-media limits)으로 대체가 논의되고 있다. 1975년부터 FCC에 의해 실시되고 있는 신문-방송겸영금지규칙이란 동일 시장에서의 신문과 방송국의 공동 소유를 금지하는 규칙으로 경쟁과 다양성을 보장하기 위한 제도이다. 2003년 FCC는 소유권규칙 개정을 통해 동일 지역에서 신문-방송겸영을 허용하였으나, 의회와 법원, 시민단체 등의 반대로 신문-방송의 겸영허용조치는 무산되었다.

이중TV네트워크규칙은 어느 사업체도 하나 이상의 라디오네트워크를 소유할 수 없다는 규칙으로 출발해 텔레비전에까지 확대 적용되었다. 현재 이중TV네트워크규칙은 4대 네트워크인 ABC(American Broadcasting Company), CBS[224], Fox(Fox Broadcasting Company)와 NBC (National Broadcasting Company) 간의 합병을 금지하고 있다.[225] 이와 같이 미국에서는 신문과 지

---

2003. 9. 4  상원에서 새로운 소유권제한규칙의 효력을 정지시키는 법안 통과.
2003. 11. 24 39%까지 제한하는 것으로 하는 의회와 정부의 타협안 타결.
2004. 6. 24 Prometheus Radio Project v. F.C.C.(373 F.3d 372) 판결에서 FCC에게 개정 소유제한규칙에 관해 다시 심사할 것을 명령.
223) Sinclair Broadcast Group, Inc. v. F.C.C. 284 F.3d 148 (2002).
224) 예전의 Columbia Broadcasting System의 약자. 대형 미디어 그룹기업인 Viacom에서 분리되어 2005년 말에 CBS Corporation이 되었다.

상파방송은 그 사회적 영향력이 크고 여론형성에 지대한 효과를 미치기 때문에 겸영 또는 인수·합병과정에 대해 상당히 엄격하다. 그러나 FCC는 비교적 여론형성에 대한 사회적 영향력이 미비하다고 판단되는 텔레콤사업체와 케이블기업에 대해서는 소유권규제완화 조치를 취하고 있다. 다시 말해 신문과 4대 네트워크에 대해서는 구조규제 및 인수·합병에 대한 제한적 법제를 채택하고 있으면서도 텔레콤 네트워크의 확장, 초고속 인터넷서비스의 확산 그리고 지역전화의 독점적 구조를 타파하고 경쟁체제로 전략적 선택으로서 텔레콤기업과 케이블회사 간의 인수·합병을 허용해 주고 있다.

United States v. Storer Broadcasting Co.[226] 사건에서 대법원은 FCC에게 한 개인이나 법인이 소유할 수 있는 방송국의 수를 정할 수 있는 권한이 있다고 선언한 바 있다. 1985년까지는 전국 시장에서 AM 라디오 7개, FM 라디오 7개, TV 7개국(7-7-7)으로 소유를 제한했으나 이후에는 12-12-12로 완화되고 1996년 텔레커뮤니케이션법은 모든 제한을 철폐하고 전국 시청점유율이 35%를 넘지 않아야 한다는 제한만이 남아 있었다. 그러나 Fox Television Stations Inc. v. Federal Communications Commission 사건에서는 이 35% 제한규정에 대한 FCC의 재검토가 요구되고 그에 응하여 전국 텔레비전 소유제한을 39%로 높이게 되었다.[227]

폭스텔레비전 사건(Fox Television Inc. v. F.C.C)[228]은 FCC의 소유제한규칙에 대해 Fox Television, National Broadcasting Company, Viacom과 CBS Broadcasting은 전국TV소유규칙을, Time Warner Entertainment는 케이블/TV 겸영소유제한규칙을 문제삼아 제기한 사건이다. 통신법 제202(h)조에서 의회는 FCC에게 계속적인 규제완화를 위하여 소유규제에 관한 규칙들은 2년마다 검토하도록 하고 있었는데[229], 본 사건은 FCC가 본 사건의 소유제한에 대한

---

225) 현재 미국의 지상파방송시장은 4개의 메이저 네트워크(ABC, NBC, CBS, FOX)와 2개의 마이너 네트워크(UPN, WBN)로 구성되어 있다. 또한 1,248개의 상업방송국 (564개의 VHF 방송국과 684개의 UHF 방송국)들은 주로 네트워크 방송사와 연계하여 프로그램을 송출하거나, 때로는 독자적으로 방송을 하기도 한다. 한국방송영상산업진흥원(2005a), 11면.

226) U.S. v. Storer Broadcasting Co., 351 US 192(1956).

227) http://www.fcc.gov/ownership/Welcome.html 참조. (검색일: 2006. 4. 1)

228) Fox Television Stations Inc. v. F.C.C., 280 F.3d 1027 (2002).

규칙들을 폐지하거나 변경하지 않음에 대해 통신법과 헌법수정조항 제1조에서 보장한 권리(the First Amendment)의 침해를 이유로 청원을 낸 것이다.

전국TV소유규칙은 (National Television Station Ownership Rule: NTSO) 어느 방송국이건 합쳐서 전체 시장점유율의 35%를 넘어서는 방송국의 소유를 금지하고 있다.[230] 이와 같은 제한은 소유자의 다원성을 촉진시킴으로써 프로그램과 견해의 다원성을 최대화하고 불필요한 경제력의 집중을 방지함에 그 목적을 두고 제정되었다.[231]

법원은 1996년 통신법(Telecommunications Act of 1996)은 의회가 방송과 케이블TV산업구조의 규제완화의 일환으로 제정되었음을 확인하고 동법 자체가 전화/케이블과 케이블/방송의 겸영소유의 제한을 폐지하였다는 것에 주목하였다. 나아가 FCC에게는 그러한 제한이 "공공의 이익에 필요한 것 (necessary in the public interest)인지 2년마다 검토할 것이 요구되었는데, 법원은 FCC가 전국 텔레비전 소유제한규칙을 폐지하거나 변경하지 않기로 한 결정은 방송사업자가 불공정한 시장력을 가지고 있다는 증거가 없어 경쟁을 보호하기 위하여 필요하다는 이유는 합당하지 않는다고 판시하였다. 나아가 이러한 제한이 다원성을 보호하기 위하여 필요하다는 것에는 동감하나 FCC가 실제로 이러한 규칙들이 그 목적을 제공한다는 객관적이고 과학적인 자료를 제공하지 못하였기 때문에 케이블/TV겸영규칙은 무효라고 보았다. 그러나 전국TV소유규칙에 대해서는 FCC가 의회에게 본 권한을 위임받은 이상 법원이 명령할 성질의 것이 되지 못한다는 기존의 입장에 따라 단지 본 판결의 취지에 맞게 본 사건의 제한을 폐지하거나 변경할 수 있도록 다시 심사할 것을 요구하였다. 이 판결에 따라 FCC는 35% 조항을 재검토하여 45%로 상향조정하였으나 의회의 개입으로 39%로 개정되었다.

---

229) 최근 4년마다 재검토하는 것으로 변경된 바 있다.
230) 동 규칙은 1940년 초반에 제정되어 원래에는 방송국 3개로 제한하였으나 당시 7개국까지 늘어나 있었다.
231) 100 F.C.C.2d 17
3. The stated purpose of the rule when it was adopted was twofold: (1) to encourage diversity of ownership in order to foster the expression of varied viewpoints and programming, and (2) to safeguard against undue concentration of economic power.

1998년 FCC는 커뮤니케이션법 §202(h)에서 2년마다 실시하도록 정한 방송소유제한에 대한 규칙의 타당성 여부를 실시하였다. 2000년에 FCC는 동법에서 35%로 정해 놓고 있던 전국TV소유규칙과 케이블/TV겸영규칙은 공공의 이익을 위해 필요(necessary in the public interest)하다는 결정을 내린다.[232] 위의 Fox Television Stations v. FCC 사건에서 본 바와 같이 D.C.순회법원은 FCC의 이러한 결정은 합당한 이유를 제시하지 못하였기 때문에 전국TV소유규칙에 대해서는 근거를 제시할 것을 명령하였고, 케이블/TV겸영규칙은 무효라고 판시하였다. Prometheus Radio Project v. F.C.C. 사건은 2002년 FCC의 소유권규제정책[233]에 대해 소비자단체가 개정을 요구한 사건이다. 본 사건이 계류 중이었던 2004년 1월, 의회는 전국TV소유규칙의 제한을 35%에서 39%로 완화하고, 제202(h)조에서 FCC에게 매 2년마다 실시하도록 한 규칙의 검토를 매 4년으로 개정하였다.

2002년 FCC는 FOX 사건에서의 전국TV소유규칙과 Sinclair 사건의 라디오/TV겸영규칙을 포함한 소유권규칙에 대한 검토를 시작하였다. 2003년 6월 2일 FCC는 포괄적인 방송소유규제체제를 채택하게 된다. 프로메테우스 라디오 프로젝트(Prometheus Radio Project v. F.C.C.) 사건은[234] 소유제한을 완화하는 FCC의 새로운 방송소유규칙이 공공의 이익에 반하며 다원성을 害한다는 이유로 여러 소비자단체와 이해집단들이 제기한 사건이다.

먼저 FCC는 신문/방송겸영제한을 다음과 같은 이유로 폐지하고자 했다. (1) 광고주가 신문이나 방송을 대체가능(substitute)하다고 보지 않기 때문에 지역시장의 경쟁을 촉진시키는 데 도움이 되지 않으며, (2) 신문과 방송의 효과적인 공동제작을 금지하는 것은 좋은 지역뉴스의 제작을 저해하며, (3) 소유권 자체가 다양한 견해 형성에 어떠한 영향을 주는가에 대한 충분한 증거가 없다는 것이었다. 기존 제한은 지역TV의 소유는 1방송국이 4대 방송국이 아니며, 합병 후에 적어도 8개의 독립된 방송국이 있는 경우에 복점을

---

232) 1998 Biennial Regulatory Review-Review of the Commission's Broadcast Ownership Rules and Other Rules Adopted Pursuant to Section 202 of the Telecommunications Act of 1996, 15 F.C.C.R. 11,058.
233) 2003 WL 21511828
234) Prometheus Radio Project v. F.C.C., 373 F.3d 372 (2004).

허용하였으나[235], 새로운 규칙에 의하면 18개 이상의 방송국이 있는 경우 3 대 기업독점을 허용하고, 17개 이하의 지역에는 복점을 허용한 것이다. 이에 대해 법원은 FCC의 신문 / 방송소유제한의 폐지는 위헌이거나 텔레커뮤니케이션법 위반은 아니나 지역시장에 있어 FCC가 정한 제한은 근거가 충분히 제시되지 못하였으며, 18개 이상의 방송국이 있는 지역에 3대 독점을 인정하고 다른 지역은 복점을 허용하는 것은 근거가 없다고 보면서 일부는 인정하고 일부는 재검토를 위해 환송하게 된다.

독일의 경우 방송국에 대한 소유지분을 감독하기 위한 기구로 방송국가조약 제35조 제2항에 의한 미디어분야집중조사위원회(Die Kommission zur Ermittlung der Konzentration im Medienbereich: KEK)가 설립되어 있다. 미디어분야집중조사위원회는 6인의 방송법과 경제법의 전문가로 구성되고 이 중 3인은 재판관의 자격을 갖추어야 한다.[236]

시청료와 광고수입으로 운영되는 공영방송은 자본집중에 대한 통제를 받지 않지만, 광고로 운영되는 민영방송에 대해서는 전국 시청점유율의 상한선 제한을 통해 방송자본의 집중을 통제하고 있다.[237] 초기에는 방송사의 자본소유상한선을 규제하는 '투자지분제한방식(Beteilungsmodell)'을 통해 방송자본의 집중을 통제해 왔다. 그러나 투자지분 제한방식으로는 양적, 질적으로 팽창해 나가는 방송시장을 효과적으로 통제할 수 없다는 문제점이 지적되었고, 이에 따라 제3차 방송국가조약 개정과 함께 투자지분제한은 폐지되고 이를 시청점유율을 통한 소유제한 방식으로 완화하였다.[238] 현재 독일에서는 소유할 수 있는 방송국 수를 제한하지는 않는다.[239]

---

235) 47 C.F.R. § 73.3555(b)
236) RStV § 35 Aufsicht im Rahmen der Sicherung der Meinungsvielfalt
    (3) Die KEK besteht aus sechs Sachverständigen des Rundfunk-und des Wirtschaftsrechts, von denen drei die Befähigung zum Richteramt haben müssen……
237) 정보통신정책연구원(2005a), 85면.
238) 완화된 방식에 따르면 하나의 미디어기업이 방송사에서 소유할 수 있는 기분을 최대 49.9%로 제한했던 기존의 지분율 한계를 수정하여 방송사업을 할 수 있는 자격을 갖춘 기업이라면 누구라도 제한 없이 텔레비전채널에 참여할 수 있고 100%의 지분소유까지 가능하도록 하였다. 정보통신정책연구원(2005a), 85-86면.
239) 독일은 외국인의 방송사의 소유에 관한 제한은 두고 있지 않다.

방송국가조약 제26조 제2항에 따르면 한 기업에 귀속되는 프로그램이 연평균 시청자비율의 30%인 경우에는 의견을 지배하는 영향력을 갖는다고 본다.[240] 이때의 시청자비율은 공영방송과 독일 전역에서 수신 가능한 민영방송 등 모든 독일어 프로그램을 포함하여 지난 12개월 동안 평균 시청자비율이며[241], 시청자표본은 3세 이상의 시청자이다.[242] 이러한 제한을 위반하는 경우 주매체위원회는 방송사업자에게 30%에서 초과한 만큼 방송관련 사업에의 출자를 취소하거나, 기업의 시장점유율을 낮추거나 혹은 제3자에게 매각할 것을 명령하게 된다. 그 외에 제30조에서 정한 바와 같이 독립적인 제3자에게 방송시간을 양도하거나, 의견의 다양성 보장과 프로그램의 다양성 보장을 위하여 제안을 하는 프로그램자문위원회가 설치되기도 하는데 이러한 조치를 따르지 않는 경우 허가가 취소될 수 있다.[243] 방송국가조약은 신문/방송겸영에 대해서는 아무런 언급을 하고 있지 않다. 따라서 연방 차원에서 규제되는 겸영제한은 없다. 그러나 각 주에서 여론형성의 독점을 막기 위하여 주 차원에서 신문에 의한 방송제한규정이 있다고 한다.[244]

영국의 2003년 커뮤니케이션법은 규제완화를 표방하면서 1996년 방송법에서 두었던 소유규제도 대폭 완화되었다. 신문사가 라디오 방송사의 50% 미만의 지분까지만 소유하게 했던 제한은 삭제되었고 Ch3 방송사 간의 합병제한도 없어졌다. Channel 5에 대한 소유제한도 완화되어 Ch3과 Channel 5 면허를 동시에 소유하지 못하게 한 모든 규정이 삭제되었다. 그 외에 제348조에서 비유럽연합국의 개인이나 법인에게 허가를 부여하지 않았던 것을 해제하였으며, 종교단체가 지역 디지털 사운드 프로그램 면허, 전국 디지털

---

240) RStV § 26 Sicherung der Meinungsvielfalt im Fernsehen
(2) Erreichen die einem Unternehmen zurechenbaren Programme im Durchschnitt eines Jahres einen Zuschaueranteil von 30 von Hundert, so wird vermutet, daß vorherrschende Meinungsmacht gegeben ist……

241) RStV § 27 (1)

242) RStV § 27 (2)

243) 연평균 시청자비율이 30%를 초과해서는 안 된다고 규정하였지만 이 규정은 이미 소유하고 있는 방송사의 자체 성장으로 시청자비율이 높아지는 경우에는 적용되지 않으며 추가로 방송사를 설립하거나 참여하는 경우에만 적용된다고 한다. 정보통신정책연구원(2005a), 86-87면.

244) 정보통신정책연구원(2005a), 87면.

사운드 프로그램 면허, TV 제한 서비스 면허, 디지털 프로그램 서비스 면허, 디지털 부가 서비스 면허를 갖지 못하게 한 제한 조항을 삭제하여 종교단체도 지상파TV사업을 제외한 일부 방송사업에 진입할 수 있도록 하였다. 그러나 정치단체가 방송 면허를 못 갖게 한 조항은 유지되고 있다.

영국에서 이와 관련하여 제일 논란이 많았던 것은 비유럽연합국에 의한 미디어 소유제한규정의 폐지로 외국기업의 지상파채널(Ch3 또는 Ch5)의 매입이 가능해진 부분이다. 이러한 제한은 사실상 미디어 재벌 Rupert Murdoch의 News Corporation[245]과 같은 미국의 미디어기업들에 의한 장악을 막기 위한 수단으로 사용되었다. 그러나 제한이 없다 하여도 방송사의 합병의 경우 앞서 살펴본 '공공의 이익'이라는 심사를 받아야 하기 때문에 100% 외국인의 소유가 가능하다는 것은 아니라고 보고 있다.

Ch3에 대한 신문사의 소유에 대한 제한 중 ⅰ) 전체 시장의 20% 또는 그 이상의 전국지 시장점유율을 가진 사업체, ⅱ) 합병했을 경우 전체 시장의 20% 또는 그 이상의 전국지 시장점유율을 가지게 되는 경우, ⅲ) 지역신문의 경우 지역시장 또는 서비스 지역의 20% 또는 그 이상의 시장점유율을 가지는 사업체의 경우에는 방송과 신문사의 겸영소유가 제한된다. Channel 5의 경우 신문사나 다른 방송국의 소유제한은 사라졌으나 마찬가지로 공공의 이익심사의 대상이 된다. 정치단체의 소유를 금지하는 규정을 제외하고 OFCOM은 최소한 3년마다 모든 미디어 소유규정을 재검토할 의무를 가진다.

---

245) 현재 영국 BskyB의 최대 주주이기도 하다.

# 방송규제의 변화과정

6

# 제 6 장
# 방송규제의 변화과정

미국은 1912년 라디오법(Radio Act)을 최초로 하여 현행 1996년 텔레커뮤니케이션법(Telecommunications Act)까지 방송과 통신을 동일법에서 규율해 오고 있다. 라디오법은 무선통신을 규제하기 위해 제정되었으나 텔레비전방송이 등장하면서 라디오에 적용되던 규칙들이 텔레비전방송에 확대적용되기 시작하였다. 방송에 관한 판례들도 이때부터 축적되기 시작한다.

독일은 제3제국의 멸망과 함께 현재의 독일 방송제도가 자리 잡기 시작했다. 연방제가 발달된 독일의 경우 방송에 관한 사항은 각 주에서 관할하나, 각 주의 방송관련법들은 대체로 비슷한 내용을 담고 있다. 연방차원에서는 州間 協約에 따라 '방송국가조약'으로서 방송법이 제정되어 있다.

영국은 1922년 공영방송인 BBC가 설립된 이후 1954년 텔레비전법(Television Act)이 제정되어 처음으로 상업텔레비전의 도입이 허용될 때까지 BBC의 독점상태가 지속되었다. 영국의 방송규제는 1980년대 후반부터 완화되기 시작하였고, 이후에 제정된 1990년과 1996년 방송법은 2003년 커뮤니케이션법의 탄생에 밑받침이 되게 된다.

우리나라는 방송시장의 대부분을 지상파텔레비전이 차지하고 있다. KBS,

MBC, SBS, EBS의 4개의 방송국이 전국방송이며, KBS는 광고 없이 수신료로 운영되는 1TV와 광고가 인정되는 2TV를 가지고 있다. MBC는 공영방송이라고 하나 그 운영은 전적으로 광고에 의존하고 있다. 이런 의미에서 순수민간자본에 의하여 광고수입에 의존하는 SBS만을 상업방송이라 할 수 있겠다. 원래 서울지역만을 대상으로 방송을 하였으나 지역민방과의 협약을 통해 사실상 전국적인 방송을 하고 있다. EBS는 교육부 산하 정부출연기관인 한국교육방송원이었다가 2000년 한국교육방송공사법에 의해 한국교육방송공사로 설립되었다.246)

우리나라의 방송구조의 특징은 다음과 같이 정리될 수 있다.247) 첫째, 전체 방송시장의 대부분을 지상파TV시장이 차지하고 있다. 둘째, 지상파TV시장은 몇몇 지상파TV방송국들에 의하여 독과점적인 구조를 형성하고 있다는 점이다. 셋째, 지상파TV가 제작, 편성, 송출, 광고 등 방송자원을 수직적으로 통합하여 지배적인 시장구조적 특징을 가진다. 넷째, 우리나라 방송제도는 정치적 영향력을 많이 받아 왔다. 외형적으로는 국영방송→국영·민영방송의 공존체제→공영·민영방송의 공존체제→공영방송의 독점체제→공영·민영방송의 공존체제라는 변화를 거쳐 온 우리 방송제도는 그 당시의 정치체제와 밀접한 관련을 갖고 변천해 왔다고 평가되고 있다.248)

각 국의 방송법제의 변화는 다른 방송원칙을 지향하면서도 그 시대의 방송상황에 맞는 법의 제정을 보여준다. 나라를 불문하고 초기의 법제는 전통적인 공익을 중심으로 방송에 대한 규제를 가해 왔다. 80년대 이후 뉴미디어가 도입되는 시기에는 각국의 방송원칙에도 변화가 일어나기 시작하여 이후에는 경쟁을 중심으로 한 방송관련법이 실시되게 된다. 어느 나라의 법제나 각각의 특수한 상황이 반영되기 마련이며 각국의 방송법제를 비교하기 위해서는 이에 앞서 그 역사적 배경을 살펴볼 필요가 있다.

---

246) EBS는 1997년 1월 한국교육방송원법에 의해 한국교육방송원으로 창립됨으로써 한국교육개발원으로부터 분리되어 독립적인 방송기관이 되었다.
247) 김승수, 『매체경제분석-언론경제학의 관점에서-』(커뮤니케이션북스, 1998), 479-480면, 황성기(1999), 169-170면에서 재인용.
248) 황성기(1999), 169-170면.

미국의 방송통신에 대한 규제는 방송통신의 발달과 정책에 따라 강력한 규제와 규제완화를 되풀이해 왔다. 처음 무선라디오에 대한 규제로 시작한 방송통신에 대한 미국의 법적 태도는 제1차 세계대전 이후에는 주로 무선의 군사적인 목적의 사용을 염두에 두고 있었다. 무선은 방송이 시작되기 이전부터 널리 쓰여 왔던 것이다. 케이블을 사용하지 않고 통신을 교환한다는 것은 획기적인 일이었으나 교란이 심했던 관계로 무선은 정확성의 문제가 있었다. 당시 막강했던 영국 해군은 마르코니(Marconi)가 발명한 무선통신방법을 사용하고 있었다. 이 무선통신의 사용은 적정한 협상이 실패함에 따라 미국에서는 그 사용이 불가능해졌고, 이에 미국 의회는 모오스 부호(Morse code)의 사용을 위하여 주파수에 면허를 부여하기 시작했다. 주파수대를 둘로 나누어 국가(군대를 포함한)사용 주파수와 개인의 사용을 위한 주파수로 나누어 개인사용자들에게 면허를 받도록 한 것이다. 면허권자들이 특정의 주파수를 사용하게 됨으로써 그 교신의 근원지를 정확하게 알 수 있게 된 것이다. 이렇게 1912년 라디오법(1912 Radio Act)에서 면허제도가 생기게 되고 방송과 함께 오늘날에 이르게 된다.

1921년 상업무선국의 설립 이후로 무선국의 수는 기하급수적으로 늘어났으며 이에 대한 규제의 근거가 미약했던 관계로 1927년 라디오법(1927 Radio Act), 그리고 뉴딜(New Deal)정책과 대공황(the Great Depression)의 산물이라 할 수 있는 1934년 통신법(Communication Act of 1934)의 제정을 통해 점차 규제를 강화하는 방향으로 나아가게 된다.

국회로부터 연방통신에 관한 정책을 관할할 권한을 위임받은 기관인 FCC는 다른 연방기관과 같이 그 권한의 범위 내에서 구체적인 정책과 법을 수립·제정할 것이 요구되었고[249] 이에 FCC는 1970년대까지 많은 규제를 만들어 갔다. 그러나 1972년 FCC의 새로운 위원장인 리차드 윌리(Richard Wiley)는 "재규제정책(reregulation)"이란 이름으로 부담이 많은 행정절차들을 제거하기 시작한다. 카터정권 동안 재임한 찰스 페리스(Charles Ferris) 위원장이

---

249) Arthur Martin(2001), p.5 참조..

'규제완화(deregulation)'를 공식정책으로 채택하면서 FCC는 방송에 관한 규제를 완화하기 시작하였다.[250]

1970년대까지 FCC가 방송통신에 대해 강력한 권한을 행사하는 이 시기에 공공의 이익의 기준(Public Interest Standard)이나 공정성의 원칙(Fairness Doctrine)과 같은 행정법상의 제 원칙에 의한 심사를 통해 방송통신산업이 규율되었다. 이 이후에는 FCC는 방송통신 시장도 "사적 경쟁의 시장(private marketplace)"이라는 시각으로 접근하여 그간 채택해 왔던 공정성의 원칙을 사실상 폐지하고 1996년 텔레커뮤니케이션법(Telecommunication Act of 1996)을 정점으로 규제를 완화시키는 정책을 실시하게 된다. 미국 방송관련 법의 변천은 이러한 변화를 그대로 반영하고 있다.

미국의 방송과 관련된 법으로는 1912년 라디오법(1912 Radio Act), 1934년 통신법(Communication Act of 1934), 1996년 텔레커뮤니케이션법(Telecommunications Act of 1996), 1990년 어린이텔레비전법(Children's Television Act of 1990)[251], 1962년 통신위성법(Communications Satellite Act of 1962) 외에도 1992년 케이블 텔레비전 시청자보호와 경쟁법(Cable Television Consumer Protection and Competition Act of 1992), 텔레커뮤니케이션 승인법(Telecommunications Authorization Act of 1992), 1990년 텔레비전 프로그램 개선법(Television Program Improvement Act of 1990), 1988년 연방통신위원회 승인법(Federal Communications Commision Authorization Act of 1988) 등이 있다. 이하에서는 현재 미국의 방송통신을 관장하고 있는 연방통신위원회(Federal Communications Commission: FCC)의 설립근거법인 1934년 통신법(Communication Act of 1934)과 이를 기초로 하여 제정, 실행되고 있는 1996년 텔레커뮤니케이션법(Telecommunications Act of 1996)을 중심으로 살펴보았다.

---

250) Kenneth C. Creech(2002), pp.85-87 참조.
251) Children's Television Act of 1990(Pub. L. No. 102-385, 106 Stat. 1460)
1970년대 말부터 시작된 FCC의 규제완화와 시장경쟁체계에 방송통신산업을 맡기려는 정책은 어린이 프로그램과 같은 시장에서는 개입 없이 성공하지 못하였다. 이에 동법은 소비자를 보호하고 케이블TV와 그 관련시장의 경쟁을 촉진시키기 위하여 Cable Television Consumer Protection and Competition Act of 1992를 제정하게 되었다.

독일방송법제의 특징은 공영방송과 민영방송을 분리한 이원체계(duales Rundfunksystem)로 그 사회적 역할을 분담해 놓았다는 데 있다. 독일은 지상파방송은 공영제로, 케이블TV와 위성방송과 같은 뉴미디어는 민영방송으로 운영하고 있다. 공영방송은 공익을 대변하도록 하고 민영방송은 오락이나 교양프로그램을 방영하는 전문채널의 역할을 주고 있다. 즉, 독일연방헌법재판소 제4차 방송판결에서 인정된 것과 같이 공영방송에게는 '기본적 서비스의 공급', 민영방송(뉴미디어)에는 '보양적 공급' 임무를 부여하여 그 역할을 차별화하고 있다. 또 독일은 국가가 국민의 다양한 여론형성의 권리와 의견을 자유를 보장하도록 제도적으로 방송자본의 독점을 막아 놓고, 무엇보다도 국가의 방송에 대한 통제를 배제하는 것에 중점을 두고 있다는 특징이 있다. 이와 같은 방송의 자유와 국가로부터의 독립은 독일방송의 기본철학이라 할 수 있다.

독일에서의 방송은 1923년 국영우정국(Reichspost)의 주관하에 시작되었다. 프로그램은 Deutsche Radiostunde AG라는 주식회사의 책임하에 방송되었으나 기술적인 사항은 국영우정국이 조달하였다.[252] 당시 방송체계는 국영우정국과 방송사 간의 법적 계약에 의해 운영되었는데, 여기에는 국영우정국의 설비사용과 프로그램에 대한 감독에 관한 사항이 포함되어 있었다. 국영우정국은 초기에는 방송에 대한 사람들의 호응과 경제적 가치를 잃지 않기 위하여 공식적인 정부의 정보를 전달하는 것 외에는 어떠한 정치적인 사용도 금지했다. 그러나 1926년 이미 국영우정국은 대부분의 방송사의 주식을 보유하게 되었고, 1932년 이 주식은 제국과 각 주로 이전되어 국가가 방송을 이용하게 되는 기반을 마련한다. 방송은 국가 사회당의 감시를 받기 시작하고 1933년에는 나치(Nazi)정권에 의해 방송뿐만이 아니라 모든 미디어 수단이 선전도구로 이용되었다.[253] 모든 방송기술에 관한 사항은 계속해서

---

252) www.gfu.de (최종검색일 2006. 5. 31)
253) 1933년 5월 5일 재국의회선거에서 승리한 NSDAP(Nationalsozialistischen Deutschen Arbeitspartei)당은 동년 5월 13일 "민족계몽 및 선전부 설치령(Erlaß über die Errichtung des Reichsministeriums für Volksaufkärung und Propaganda)을 제정하여 방송에 대한

국영우정국의 소관으로 남게 된다. 이러한 역사적 경험이 '국가로부터 독립 적인 방송(Staatsferne)'과 '다원성(Pluralismus)'을 戰後 독일방송법제의 가장 중요한 원칙으로 자리잡게 한다.[254]

종전 이후 서독을 분할 점령한 미·영·불 3국은 최우선 목표를 '방송에 서 국가의 영향을 배제하는 구조 확립'에 두고 각 점령지역에 독립 방송국 을 설립하여 현재 독일방송제도의 초석을 마련한다. 戰後 독일방송체계에 관해서 미국은 자유시장론에 입각한 상업방송의 모델을 제안하였으나, 결국 에는 영국의 BBC와 같이 공정하고 공공의 이익을 위한 공영방송체계가 그 모델이 되게 된다. 다만 여기에 연방국가의 특색이 가미되어 영국과는 달리 방송에 관해서는 州가 모든 권한을 가지게 된 형태로 만들어졌다.

점령군이 방송운영을 개시한 후 군사정부의 명령이나 그 사이에 새로 설 립된 연방 각 주가 제정한 법률에 의해 공영방송이 설립되고 공영방송의 독 점체제가 자리잡았다. 자치행정권을 보유한 공영방송국은 국가로부터의 독립 성과 정치적 중립성을 보장받을 수 있었고 이러한 자치행정의 권리를 지닌 공법상 영조물이라는 공영방송의 법적 형태는 지금까지 유지되게 된 것이다. 독일에서 민영방송이 허가된 것은 그로부터 30년 후이다.[255]

연방이나 신문사에 의한 방송국의 설립은 제1차 방송판결에 의해 좌절되 었으나[256] 1960년대부터 계속되었던 민영방송에 대한 찬반 논의는 1970년 후반에 들어가면서 더욱더 가열된다. 1982년 헬무트 콜(Helmut Kohl) 수상이 이끄는 우파 기독교민주당(CDU) / 기독교사회당(CSU) 연합이 집권하면서 다

---

제반 사항을 "민족계몽·선전부"의 권한으로 규정함으로써 방송을 독일민족의 계몽 과 정치적 선전에 적극 이용하기 시작하였다. 또한 동년 5월 14일 Joseph Goebbels를 "민족계몽·선전부"의 장관으로 임명하여 여타의 행정부서보다 상위에 둠으로써 선 전·선동활동의 절대적 우위성을 확보하였다. 또한 제2차 세계대전 기간(1939-1945) 중 자국민들에게 적국의 라디오방송을 청취했을 때에는 징역형 또는 사형으로 처벌 하였다.

254) Open Society Institute(2005), pp.735-737.

255) Frank Fechner(2002), pp.204-205; 독일 방송역사에 관해 자세히는 Albrecht Hesse (2003), pp.1-8 참조.

256) 1961년 독일연방헌법재판소는 방송제도의 기반을 다진 제1차 방송판결을 내린다. 아데나우어 수상은 정부가 직접 운영하는 새로운 방송국을 설립하려 하였으나 법 원은 방송에 관한 권한은 전적으로 각 주에 있으며 국가의 지배를 받는 방송은 공 공을 위한 방송정신에 어긋난다고 판시한 바 있다.

른 유럽 국가들과 같이 공영과 민영방송의 이원체계(duales Rundfunksystem)를 수용하는 첫 단계로 "pilot projects"가 실시되고 RTL과 Sat1 두 개의 민영방송국이 설립되어 공영방송과 경쟁하게 되었다.257)

독일의 경우 기본법 제5조에서 보장하는 방송의 자유의 해석을 둘러싼 연방과 주, 기타 다양한 이익집단 간의 방송에 관한 법제와 정책상의 분쟁은 최종적으로 연방헌법재판소가 담당한다. 연방헌법재판소는 지금까지 독일의 정치적, 경제적, 기술적 상황에 맞는 방송법제를 정립시키는 데 큰 공헌을 했으며 이를 바탕으로 독일의 방송제도가 정착되게 된다.

방송의 내용은 각 주가 관할하는데 독일 전체 16개 주는 각각 독자적인 방송 관련법을 제정하고 있다. 이런 각기 다른 주방송법에도 불구하고 방송의 공동 질서를 수립하기 위해 각 주 간에 '방송국가조약(Rundfunkstaatsvertrag: RStV)'이 체결되어 있다. 방송국가조약은 주 총리들의 만장일치로 체결되며 모든 주의 이익을 대변하고 조절하기 위해 각각의 주에 '주매체위원회(Landesmedienanstalt)'가 설치되어 있다. 이에 관해서는 후술한다.

독일방송법제도는 연방헌법재판소의 방송관련 사안에 대한 일련의 판결들이 그 근간을 이룬다. 이는 독일 기본법 제5조 1항 제2문이 방송자유권에 대해 자세히 규정하고 있지 않아 그 내용의 해석을 헌법재판소가 담당해 왔기 때문이다. 독일연방헌법재판소는 1961년 제1차 방송판결 이후로 지금까지 모두 9차례에 걸친 방송관련 판결을 내린 바 있다.258)

제1, 2차 방송판결을 통해 공영방송의 체제를 강화했고, 제3, 4차 방송판결은 1980년대 이후 등장한 민영방송의 참여와 한계를 규정하였다. 제5차

---

257) 현재 독일의 민영방송은 'sender families'라 불리는 두 개의 대형 미디어 그룹에 의해 운영되고 있다. Leo Kirch의 Sat 1, Pro 7, DSF, Kabelkanal가 그 하나이고, Bertelsmann의 CLT, RTL, RTL 2, SuperRTL 와 VOX. 그 외 많은 뉴스나 음악전문 방송인 지역방송국도 설립되어 있다.

258) BVerfGE 12, 205(제1차 방송판결:독일 TV 유한회사 판결), BVerfGE 31, 314(제2차 방송판결: 부가가치세 판결), BVerfGE 57, 295(제3차 방송판결: Frag 판결), BVerfGE 73, 118(제4차 방송판결: Niedersachsen 판결), BVerfGE 74, 297(제5차 방송결정: Baden-Würtemberg 결정), BVerfGE 83, 238(제6차 방송판결: Nordrhein-Westfalen 판결), BVerfGE 87, 181(제7차 방송판결: Hessen-3 결정), BVerfGE 90, 60(제8차 방송판결: 방송수신료 판결), BVerfGE 92, 203(제9차: 유럽텔레비전 지침판결), BVerfGE 97, 228(제10차 방송판결: 단신보도판결), BVerfGE 97, 298(제11차 방송판결: Extra Radio Hof).

방송판결은 공영과 민영의 이원방송체제 속에서 제기되는 방송정책상의 쟁점들이 제기되었고[259], 제6차 방송판결에서는 공영방송의 역할을[260], 제7차

259) 1985년 12월 16일 바덴-뷔르템베르크주 매체법(Landesmediengesetzes Baden-Württemberg: LMedienG)은 공영방송으로 하여금 특정한 방송프로그램과 방송에 유사한 커뮤니케이션 서비스(rundfunkähnlicher Kommunikationsdienste)를 방송하지 못하도록 하고 배제하고 민영방송만이 할 수 있도록 하였다. 본 사건은 이것이 기본법에 합치하는가의 여부를 다룬 사건이다.

연방헌법재판소는 제4차 방송판결이 공영방송과 민영방송의 업무를 서로 구분하여 공영방송은 기본적 서비스의 제공만을, 민영방송은 그 외의 프로그램만을 담당할 것을 의미하는 것은 아니라고 확인하였다.[1] 나아가 본 판결에서 재판소는 '기본적 서비스의 제공'의 본질적인 요소를 판시하였는데[1] (1) 모든 사람이 방송을 수신할 수 있도록 확보해 주는 전송기술(Übertragungstechnik), (2) 제공되는 프로그램의 내용, 대상과 방법이 공영방송의 임무에 일부분이 아니라 전체에 합치해야 한다는 의미에서의 프로그램의 내용적 기준(inhaltliche Standard der Programme), (3) 마지막으로 조직과 절차상 예방조치에 의하여 현존하는 다양한 의견을 표현할 수 있도록 하는 안전장치(Sicherung)가 그것이다.

이 판결은 '기본적 서비스의 제공'의 내용을 명확히 하였다는 데 의의가 있다. 이 판결을 연방헌법재판소는 기본적 서비스의 제공이 최소한의 제공을 의미하는 것이 아니라는 것(nicht eine Mindestversorgung)을 확립시키게 된다(BVerfGE 74, 297).

260) 노르트라인 베스트팔렌(Nordrhein-Westfalen) 주에서는 공·민영 이원적 방송체제로의 이행에 대비하여, 공영방송에 대해 규정하는 서부독일방송법(Gesetzes über den "Westdeutschen Rundfunk Köln": WDR-Gesetzz)이 1985년에 개정되고, 1987년에는 민영방송을 도입하기 위한 노르트라인 베스트팔렌 주방송법(Rundfunkgesetzes für das Land Nordrhein-Westfalen: LRG NW)이 제정되었다. 노르트라인 베스트팔렌 주에서는 사민당이 집권당이었으므로 이원적 방송제도로의 이행에 있어서도 사민당의 방송정책이 강하게 반영되고 있다. 주의회에서는 격론 끝에 사민당 주정부가 제출한 법안이 가결되었으나 이를 불만으로 하는 기민당(CDU)은 CDU / CSU의 연방의회의원을 통해 연방헌법 재판소에 노르트라인 베스트팔렌 주의 방송법의 기본법 합치성 여부에 관한 심사를 요구한 것이다.

1985년 개정된 서부독일방송법은, 이원적 방송제도로의 이행 후에도 공공방송인 서부독일방송이 그 시장경쟁력을 상실하지 않고 중심적 역할을 맡기 위해 그 재원을 법적으로 보장하는 것을 내용으로 하고 있다. 그를 위하여 서부독일방송에는 방송만이 아니라 출판과 프로그램제작 영역에 있어서도 기업으로서 활동할 수 있는 가능성이 주어진 것이다. 이에 대해서 원고가 ① 공법인인 공영방송이 경제적, 기업적 활동을 할 때에는 헌법상의 근거가 필요함에도 불구하고 이것을 규제하는 헌법상의 규정이 존재하지 않고 있으며, ② 서부독일방송법은 기본법이 요구하는 서부독일방송의 권한에 대한 한계를 충분하게 설정하지 않았으며 경제적, 기업적 활동에 대한 유효한 제어장치를 마련하고 있지 않으며, ③ 재원에 대해 광고수입에 제한을 설정하지 않았으며, ④ 서부독일방송의 재원과 기업으로의 자본참가에 관해서 상세한 규정을 설정하지 않고 있다는 것 등을 이유로 다투었다.

연방헌법재판소는 기본법 제5조 1항 2호의 방송의 자유는 제1차 방송판결과 같이 「봉사적인 자유」임을 재차 확인하고, 이원방송체제하에서도 민영방송의 도달범위, 프로그램의 다양성이 한계가 있는 이상 입법자는 공영방송에 필요한 기술, 조직,

방송판결에서는 공영방송의 재정확보를 위한 입법자의 의무를[261], 제8차 방송판결에서는 방송수신료의 확정에 관한 헌법적 문제가 규명되었다. 제9차 방송판결은 연방의 방송에 관련된 EU지침의 체결권한에 관한 사건이었으

인사, 재정적인 보장을 강조하였다.

재판소는 입법자가 이원적 방송질서를 채택한다고 결정한 후, 그 체제에서 공영방송이 기본적 서비스 공급이라는 임무수행에 장애를 일으키거나, 민영방송 자체를 어렵게 내지는 불가능하게 하는 조건을 제시하는 경우가 아닌 한 입법자는 방송재원 조달과 관련하여 형성의 자유를 가진다고 판시하였다. 따라서 공영방송의 재원이 전적으로 방송사의 임무를 수행하기 위하여 사용한다는 점만 확실하게 보장된다면, 기본법은 다른 제한을 요구하지 않는다고 하였다. 독일에서 공법상의 방송은 방송시장에서 특수한 지위를 보장받는다. 그것은 여타의 민간 프로그램 제공자와 시청률 및 광고에서 경쟁관계에 서지만 그것은 우선 강제적 부담금인 수신료에 의해 재원이 보장되고 공법상의 법인은 뉴미디어 시장진입에서도 시장점유율의 규제를 받지 않는다.

본 판결에서는 노르트라인 베스트팔렌 주방송법 제3조 1항 1문에서 전송용량의 배정에 관해서는 국가의 간접적 영향력이 미칠 수 있기 때문에 기본법에 위배된다고 판단했으나, 나머지의 청구에 대해서는 노르트라인 베스트팔렌 주방송법의 합헌성을 인정하였다(BVerfGE 83, 238).

261) 독일의 제3텔레비전은 공영방송국으로 광고방송이 금지되어 있다. 그럼에도 불구하고 헤센방송(Hessischen Rundfunk)의 경우 HR4(라디오)에 주는 지원이 적었기 때문에, 1987년 방송재정조약(Rundfunkfinanzierungsstaatsvertrag)은 HR4의 재원확보를 위해서 한시적으로 HR3의 광고를 허용하였다. 이에 따라 헤센방송에 관한 법(Gesetz über den Hessischen Rundfunk: HR-G)이 개정되어 § 3 a항이 신설되었다. 동 조항에 따르면 헤센3는 1992년 12월 31일 이후로는 광고방송을 할 수 없게 되었다. 독일 통일 후인 1991년 8월 31일 방송수신료조약을 개정하면서도 헤센 주에 대한 특별한 예외는 인정되어 1992년 12월 31일까지 광고를 허용했으나 헤센 주가 이러한 예외의 적용을 거부하자 HR3가 광고금지는 기본법에 위반된다고 주장한 사건이다.

먼저 HR3의 첫 번째 청구인 §3a와 광고금지로 인한 배상의 문제에 관해 재판소는 이미 본 규정이 새로운 법으로 대체되어 그 효력을 상실하였으므로 다툴 이익이 없다는 이유로 환송하였다. HR3는 재판소에 방송수신료 할당액을 조정할 것을 요구하고, 광고금지로 인한 차액의 보상을 요구했으나, 재판소는 HR3가 사전에 광고의 금지에 관한 통지를 받았으므로 광고계약의 정리와 같은 사전준비를 할 시간이 있었다고 판단한 것이다.

또 HR3가 본 규정이 기본법 제20조 국가체제원리나 제5조 1항의 방송의 자유에 위배된다는 주장도 기각되었다. 그러나 연방헌법재판소는 입법자에게 공영방송의 전부 또는 일부의 재정을 확보해 주어야 하는 의무가 있다고 보고, 이러한 재정확보는 공영방송 기능에 알맞고 프로그램 자율성을 위협하지 않는 방법으로 되어야 한다고 하였다. 이때에 여러 가지 재정확충방법을 혼합하는 것(Mischfinanzierung ist zulässig)도 일방적인 종속을 지향하고, 방송의 형성의 자유 강화에 도움이 될 것이라고 하였다. 이 판결로써 공영방송의 주요재원은 방송수신료이며, 광고수익은 단지 부차적인 의미만을 가져야 하는 것으로 인정되었다(BVerfGE 87, 181).

며[262] 제10차 방송판결은 단신보도에 관한 판결이다.[263] 제11차 Extra Radio Hof 판결은 바이에른 주 법이 공법인(öffentlich-rechtlicher Trägerschaft)만이 방송할 수 있도록 규정해 놓은 것에 [264] 관련하여 바이에른 헌법재판소의 판결내용을 다룬 사건이었다.[265]

이와 같은 방송판결은 독일 전역의 방송제도에 관한 다양한 문제를 조명하였으며 계속해서 독일방송제도를 다듬어 가는 데 중요한 역할을 담당하고 있다. 이렇게 방송판결들이 독일방송제도 전반을 상세하게 다루고 있을 뿐만 아니라 방송제도의 기본권적 보장 등 포괄적인 내용을 망라하고 있다. 이러한 판결에 따라서 각 주의 방송법이 제정·개정되기 때문에 독일방송법제도를 이해하는 데 있어 각 주의 방송법을 보는 것보다 이에 영향을 미쳐 방송체계를 구성한 방송판결을 살펴보는 것이 더욱 의미가 있다.

---

262) 회원국의 텔레비전 활동에 관한 법, 규제 또는 행정행위의 규정의 통일에 관한 지침(EG-Fernsehrichtlinie)은 회원국 간의 통일된 법체계를 통해 텔레비전 프로그램의 제작과 방송, 공정한 거래 조건, 정보와 견해의 자유로운 교환을 보장하고자 채택되었다. 1989년 연방은 당시 EC의 이러한 지침을 체결하였다. 이 사건은 방송에 관한 권리는 주에 있는데 연방에 의해 그 권리가 침해당했음을 이유로 바이에른 주가 연방헌법재판소에 제기하였다. 연방헌법재판소는 연방에게는 주를 대표해서 지침을 체결할 권한이 있으나, 이를 행사함에 있어서는 주를 고려해야 할 절차상의 의무가 있다고 보았다. 따라서 주가 지침을 수용하는 데 참가되지 않았기 때문에 주의 권리가 침해되었음이 인정되었다.

263) 방송국가조약 제5조 제1항은 방송국에게 공개적이며 정보가 일반적인 관심에 해당되는 행사나 사건을 무상으로 최대 90초 동안 보도할 수 있도록 허용하고 있다. 이는 스포츠나 콘서트의 독점중계에서 발생할 수 있는 방송국의 정보독점현상을 방지하기 위한 장치이다. 제10차 방송판결은 연방정부가 이와 같은 내용의 쾰른과 노르트라인 베스트팔렌 방송법의 단신보도권(WDR-G § 3과 LRG § 3)이 기본법 제14조 소유권과 제12조 직업의 자유, 제5조 방송의 자유 등에 위배되므로 무효라고 주장한 사건이다. 이에 대해 연방헌법재판소는 쾰른과 노르트라인 베스트팔렌 법은 기본법에 합치하며, 입법자는 원칙적으로 모든 방송사업자가 단신보도권을 가질 수 있도록 보장하여야 한다고 판시하였다.

264) Bayerischen Verfassung (BV) Art. 111
   (2) Rundfunk wird in öffentlicher Verantwortung und in öffentlich-rechtlicher Trägerschaft betrieben.

265) 연방헌법재판소는 기본법 제5조의 방송의 자유는 모든 방송프로그램 제공자에게 적용되는 것이며, 민영프로그램 제공자 역시 바이에른법상의 방송자유권의 주체라고 보았다.

영국의 방송은 공영방송을 중심으로 발전되어 왔다. 1982년까지 영국은 두 개의 방송사가 세 개의 방송채널을 운영하고 있었다. BBC와 Channel 3(ITV)을 구성하고 있는 두 개의 방송국이 전부였다가 1982년에 들어와서 Channel 4가 비영리공법인으로 설립되었다.[266] 위성방송이나 케이블TV를 제외한 모든 지상파방송에는 방송운영재원이 수신료이든 광고수입이든지를 불문하고 공공에 대한 봉사의무가 있다는 정치적인 합의가 이루어져 있는 것이 영국의 특징이다.[267]

이러한 공공에 대한 봉사의무를 기본배경으로 일찍부터 영국은 공공의 이익에 대한 논의를 가져왔다.[268] 1923년 사이크스 위원회(Sykes Committee)는 방송이 공공의 善을 위해 이용되어야 한다는 공영방송의 원칙을 수립하였다. 그 이후 1986년 피코크 위원회(Peacock Committee)에 이르기까지 영국은 공영방송의 이념과 공적 책임에 관한 논의를 발전시켜 온다. 영국에서의 공공의 이익에 관하여서는 앞서 살펴보았다.

미국은 비록 방송의 자유에 관한 명문 헌법규정을 가지고 있지 않으나 헌법상의 표현의 자유로부터 방송의 자유를 유출하여 보장하고 있다. 독일은 기본법에서 방송의 자유를 명시적으로 보장하고 있다. 그러나 성문헌법전을 가지고 있지 않은 영국은 1998년 인권법(the Human Rights Act 1998)의 제정을 통해서야 표현의 자유규정을 포함한 유럽인권조약(European Convention on Human Rights 1950: ECHR)을 영국법체계 내로 포함하게 되어 이에 관한 명문규정을 갖게 된다.

영국의 방송체계는 일견 국가의 개입이 많은 것으로 보이나, 영국의 방송계와 국가는 '팔길이(arm's length) 관계'를 유지하고 있다. '팔길이 원칙'이란 협력과 지원을 하되 일정한 거리를 유지한다는 의미로, 정부나 의회는

---

266) BBC와 Channel4는 모두 공법인이나 BBC만이 수신료에 의해 운영된다. Ch3, Channel4와 Channel5는 광고료를 재원으로 운영된다.
267) Open Society Institute(2005), p.1605.
268) 이에 대한 자세한 논의는 한국방송광고공사(2004c), 43-48면 참조; 문화방송, 「영국의 방송구조와 정책」(문화방송, 1996), 14-16면 참조.

공공정책의 달성과 방송사업자가 자신의 행위에 대한 책임을 지도록 하는 반면에 방송사업의 운영이나 견해를 표명하는 데에는 어떠한 역할도 하지 않음을 뜻한다. 다시 말하면 정부, 방송사업자와 방송규제기관 간의 관계는 서로 협력하고 존중하는 관계이며 이를 위해서는 규제기관의 정치적 · 상업적 독립성이 강조되고 있다는 것이다.[269]

영국에서 방송사업자의 독립은 법적인 수단을 통해서보다는 하나의 정치문화로 자리잡아 왔다. 영국에서 라디오나 텔레비전의 체계나 규제에 관한 분쟁 역시 사법적인 해결보다는 정치적으로 해결된다.[270] 방송제도에 관한 법적 논의가 다른 나라에 비해 많지 않은 이유도 여기에 있다. 더구나 영국은 자율교정과정(self-righting process)을 중시하는 사상의 자유시장론(free marketplace of ideas)이 강조되어 왔기 때문에 언론도 입법에 의한 공적 규제보다 자율적 규제가 더 강한 규범력을 갖고 있기도 하다. 물론 공정거래법(Fair Trading Act 1973)과 같은 정부규제도 있으나 내용규제와 프로그램 편성, 편집권, 영업권 등은 전적으로 자율규제에 의해 이루어지고 있는 것도 특징이다.[271] 영국도 우리나라와 같이 국가의 안전이 위협받는 경우에는 방송에 대한 검열도 가능하다고 규정하고 있으나 이러한 시도는 극히 드물게 행해지고 있다.[272]

1998년 영국은 "커뮤니케이션의 규제"(Regulation Communications: Approaching Convergence in the Information Age)라는 녹서에서 방송과 텔레커뮤니케이션 전반을 규제하는 기본원칙을 밝힌 바 있다. 환경의 변화에 따른 규제의 변화를 예고한 본 녹서에서는 규제방법은 변화하나 그 기본으로는 변함없이 공공정책(public policy)을 바탕으로 삼게 될 것이라고 하고 있다. 따라서 영국은 가능한 한 새로운 환경의 발전과 투자를 조성하도록 정책을 세우고 불필요한 규제를 폐지하는 규제완화의 방향이지만 여전히 소비자의 이익을 위해 필요

---

269) Open Society Institute(2005), p.1617 참조.
270) E. M. Barendt(1995), p.1 참조.
271) 무선관리단(2004a), 141면.
272) 국가의 안전을 이유로 특정방송의 금지를 행하려 했던 시도는 1927년에 2회, 1955년에 2회, 1964년에 1회 그리고 1988년 1회로 모두 6번에 불과하다. 가장 최근에는 1988년부터 1994년까지 존속했던 IRA 관련 "Broadcasting Ban"이 있었다.

한 최소한의 규제는 국가의 의무사항으로 보고 있다고 할 수 있다. 현재 영국의 방송관련법들을 살펴보면 규제의 완화를 중축으로 하면서 방송에 관련된 상당부분을 경쟁법에 의존하여 해결하고 있다. 영국 역시 2003년 커뮤니케이션법의 제정에 이르기까지는 미국과 비슷한 변화양상을 보인다.

# 1.
# 외국의 방송규제변화의 특색

　미국은 방송을 주관적 공권으로 인식하기 때문에 사회국가의 성격이 강한 독일이나 공영방송 중심인 영국에 비해 상대적으로 방송에 대해 요구하는 공적 책임이나 방송의 공공성이 적다고 볼 수 있다. 그러나 미국의 방송규제도 공익(public interest) 심사를 통해 허가 / 진입규제, 구조규제, 내용규제를 실시하고 있는 점, 동일 지역에서 여론형성에 영향력이 큰 신문과 방송의 겸영을 억제하고 있는 점, 최근 지역성, 음란물에 대한 규제를 강화하고 있다는 점을 고려하면 방송매체에 대해서는 객관적 가치질서를 존중하고 있음을 알 수 있다.

　미국의 경우 방송의 자유는 표현의 자유로부터 유추해석하고 있기 때문에 헌법수정조항 제1조(the First Amendment)가 방송을 보장하는 데 중요한 역할을 하고 있다. 미국방송규제의 보다 근본적인 논리는 국가에 의한 특권의 부여라는 인식에서 출발한다. 국가는 방송사업자가 방송광고수주로 이익을 얻고 원활한 방송활동을 할 수 있도록 보장해 준다. 이러한 보장은 방송면허라는 제도를 통해 주파수의 적정분배의 형식으로 나타나게 되며 국가는 방송사업자의 독점적인 지위를 보장해 주는 대신 방송을 규제할 수 있는 지위를 얻는다는 것이다. 국가와 방송사업자 간의 이러한 사회적 거래를 통해서 방송사업자는 방송행위를 보장받고 국가는 공공의 이익(public interest)이라는

의무를 방송사업자에게 부담시켜 규제하고 있는 것이다.273)

　같은 영미법계이지만 방송에 있어서 영국은 미국과는 많이 다르며 오히려 독일과 유사한 형태를 보이고 있다. 영국에서는 미국이나 독일과 같은 헌법적 원칙은 찾아볼 수 없으며 방송에 관한 판결도 거의 없다. 그러나 영국에서의 방송의 독립은 정치적으로 확립되어 있다. 각국의 이러한 방송제도와 방송법의 발달 차이는 미국의 민영방송사업자들이 오랫동안 사실상의 독점적인 지위를 가져왔음에 반해 독일이나 영국은 공공의 독점(public monopoly) 상태가 오랫동안 유지되었기 때문에 이에 기인한 것이라고 볼 수 있다. 공영방송을 중심으로 발달하면서 독일은 연방헌법재판소의 판결을 통해, 영국은 법에 의존하기보다는 정치적인 타협으로 방송제도를 정착시키게 된다. 같은 유럽 국가이지만 기본권으로 방송의 자유를 보장한 독일이 이에 관한 많은 논의와 판결을 가지고 있는 것과는 사뭇 대조적임을 볼 수 있을 것이다.274)

　방송을 제한하는 논리 역시 각국이 다른 양상을 띤다. 미국은 방송의 기능을 공공의 이익의 실현으로 보고 있다. 독일은 방송판결에서 여러 차례 '다원주의(Pluralismus)'가 강조되었으며 방송의 여론형성기능을 규제의 중심으로 삼고 있다. 영국은 대표적인 공영방송 국가답게 사회에 대한 방송의 책임 내지는 서비스를 근거로 방송에 제한을 가한다.

　지난 25년간 미국 FCC는 공공의 이익보다는 경쟁원리에 의해 방송을 규제하여 왔다. 그러나 시장의 자율적 조정은 방송에 대한 국가의 개입을 줄이게 되었고 그 결과로 방송사업자들에게 공공의 이익의 추구 의무도 함께 줄어들게 되었다. 규제완화의 결정체인 1996년 텔레커뮤니케이션법의 제정

273) 기업의 이윤을 우선적으로 추구하려는 방송사업자는 물론 지속적으로 국가의 역할을 단순히 신호의 교란을 방지하는 것에만 국한시키고 국가로부터의 간섭을 최소화하고 방송의 자유를 가능한 넓게 보장받기 위해 활발한 로비활동을 벌이고 있으며, 1996년 개정법의 논의가 시민단체에게 많이 알려지지 않은 것도 방송사업자의 이런 의도에서 기인할 것이라는 비난이 있다.

274) 유럽연합 내에서 방송은 엄격하게 규제되고 있다. 유럽연합 내에서 송출되는 모든 방송에 적용되는 최소한의 규제와 기준을 제시하고 있는 '국경없는텔레비전 지침(1989 Television without Frontiers Directive 89/552)'은 유럽 방송규제체계의 중심을 차지하고 있다.

성과는 아직 더 두고 봐야 알 수 있겠지만 방송 면허자들의 공공에 대한 책임을 약화시킨 것은 공공의 이익을 위해 봉사하도록 요구할 수 있는 국가의 힘을 약화시켰다고 할 수 있다. 영국 역시 2003년 커뮤니케이션법의 초안에서 행정기관의 개입은 필요한 경우에만 있어야 한다는 소위 '최소한의 규제 (light touch)'라는 접근방식을 취하게 된다.[275] 2003년 커뮤니케이션법에는 최소한의 규제라는 문구는 없으나 여러 조항에서 소극적인 규제개입을 의도하고 있다는 것을 엿볼 수 있다.[276] 이러한 규제완화정책은 유럽연합의 경향이기도 한다.[277]

그러나 이러한 규제의 완화는 방송이 제공해야 할 공공의 이익 내지는 방송의 기능을 보장하기 위해 필요한 방송행정기관의 기능까지 약화시킬 수 있음에 주의하여야 한다. 방송행정기관은 사회의 다양한 의견형성을 위한 방송의 공익성 확보를 위하여 특정 방송사나 프로그램이 그 테두리 내에서 적정한 균형을 유지하도록 조직적, 절차적으로 규제하는 기능을 담당한다. 이러한 방송행정기관은 한편으로는 방송의 자유를 보장하여야 하고, 또 한편으로는 방송의 자유가 남용되지 않도록 통제해야 할 임무-최소한의 국가권력의 개입을 지향하면서 그 자유의 남용을 방지해야 할 제도적 장치를 마련할-를 가지게 된다. 공공의 이익이나 방송의 공적 책임과 같은 의무의

---

275) Dep't of Trade and Indus., 2002 Draft Communications Bill, cl. 5(1)(a)(b), "Duties to secure light touch regulation: (1) OFCOM shall keep the carrying out of their functions under review with a view to securing that regulation by OFCOM does not involve (a) the imposition of burdens which are unnecessary; or (b) the maintenance of burdens which have become unnecessary."

276) Communications Act, 2003, c. 21, § 3(3)(a)와 §6 참조.

277) Council Directive 2002 / 19 / EC, 2002 O.J. (L 108) [Access Directive], http://europa.eu.int/eur-lex/ pri/en/oj/dat/2002/l_108/ l_10820020424en00070020.pdf; Council Directive 2002/20/EC, 2002 O.J. (L 108) [Authorisation Directive], http://europa.eu.int/eur-lex/pri/en/oj/dat/2002/l_108/ l_10820020424en00210032.pdf; Council Directive 2002/21/EC, 2002 O.J. (L 108) [Framework Directive], http://europa.eu.int/eur-lex/pri/en/oj/dat/2002/ l_108/l_10820020424en00330050.pdf; Council Directive 2002/22/EC ,2002 O.J. (L 108) [Universal Service Directive], http://europa.eu.int/eur-lex/ pri/en/oj/dat/2002/ l_108 / l_ 10820020424en00510077.pdf. 참조.

수행은 행정기관의 적극적인 개입을 통해서 이루어질 가능성이 많다. 방송규제기관은 방송사업자들이 주어진 의무를 수행하는가를 감독할 권한과 책임을 가진다. 물론 그 수단과 방법은 검열과 같은 전통적인 국가기관의 감독의 형식에서 보다 민주적인 방식으로 발전되어 왔으나, 방송행정기관의 침익적인 행정행위 자체가 사라지는 것은 아닐 것이다. 여기서 고려의 대상이 되어야 하는 것은 다만 이러한 침익행위의 정당성과 타당성이 제시되어야 한다는 것과 그것은 입법자가 예정한 범위와 방법으로 행해야 한다는 것이다.

미국의 경우 법원은 FCC에게 넓은 재량영역을 주고 있다. 법원의 일관된 입장을 텔레커뮤니케이션법이 FCC에게 산업전반에 관한 권한을 위임하였으므로 그것이 헌법이 보장하는 기본권을 침해하지 않는 한 법원의 개입 역시 제한적이라는 것이다. 독일은 방송판결을 통해 입법자에게 많은 의무를 부과하고 있다. 방송의 자유를 보장하고 방송행정기관의 자의를 막기 위해서는 입법으로 다양성을 보장하는 조치를 만들어 놓을 것이 요구된다. 이에 비해 영국은 전혀 다른 모습으로 방송의 자유를 보장한다. OFCOM은 물론 광범위한 규제권한을 보유한다. 그러나 그 수단의 사용은 모든 자발적인 구제조치가 취해진 후에도 충분하지 않은 경우에 한하여 사용된다. 각 방송국은 방송규제기관인 OFCOM과 각기 다른 면허조건을 부여받고, 또 계약(Agreement)이라는 형식을 통해 각 방송사업자가 자발적으로 목표를 설정하고 그의 달성을 위해 노력할 것이 전제되어 있다. 영국은 이렇게 다른 어느 나라보다도 방송사업자의 자율규제가 기능하고 있고 또 그것을 전제로 방송법제가 설정되어 있는 것이다.

미국은 공정경쟁의 원리를 바탕으로 국가가 방송과 통신의 융합을 주도하고 있다. 영국 역시 미디어 융합현상에 대응하여 규제법이나 규제기구를 통합해 나가고 있는 데 반하여 독일은 기존의 분리된 체계를 유지하고 있다. 영국이나 미국과는 달리 기존의 방송과 통신이 분리된 체계를 유지하면서 독일 상황에 맞는 정책을 모색해 나가고 있는 것이다. 이는 우리나라에도 많은 시사점을 제공한다.

방송산업의 효과적인 규제는 경쟁과 방송 분야에 특별한 규제라는 두 가지 요소로 성립된다. 방송 분야에 대한 정책결정에 있어서는 경제적인 고려 뿐만이 아니라 경제적 이익에 우선하여 공익을 고려대상으로 삼아야 한다. 각 나라의 현황은 다른 형식이기는 하나 방송만이 가지는 기능을 확보할 수 있도록 규제하고 있음을 확인시켜 주고, 비록 이러한 나라들이 궁극적으로 규제완화를 추구하고 있다 하여도 시장이 완전 자유경쟁 상태에 이를 때까지는 적어도 경쟁이라는 메커니즘과 병행되고 있다는 것을 염두에 두어야 할 것이다.

전면적인 규제의 폐지 내지는 정부의 시장불개입은 방송이 가지는 여러 가지 특수성 때문에 불가능하다. 실제로 이러한 정책을 실시하고 있는 나라는 없다. 방송산업에 대한 과소규제는 여론의 독점을 가져와 민주주의를 위협하며 방송사의 재정 및 사회적 영향력 확보를 위한 오락 및 상업 프로그램의 성행을 부추기게 되는 사회적 병폐를 가져온다. 그 극단적인 예로 들 수 있는 것이 방송광고이다. 현재 우리나라 지상파방송사들의 전체 수익의 70%를 차지하고 있는 것은 광고수익이다.[278] 유료방송 매체의 증가에 따라 2003년 대비 감소한 광고수입은 전체 지상파방송사의 총매출액의 감소를 가져왔고 방송사들의 경영수지 악화는 방송시간 연장, 방송광고 단가 인상, 중간광고 허용추진과 같은 외부적 노력과 더불어 자구적인 인력감축, 경비축소 등의 경영개선 조치를 취하고 있다.[279] 이러한 현상은 방송사가 재원의 충당을 위해 시청률을 높여 광고수입을 확보해야 하는 단기적인 목표에 치중하게 만들 수 있으며 이것은 오락프로그램 위주의 방송편성을 초래할 위험성을 가져오게 된다.

반면에 방송산업에 대한 정부의 과잉규제는 투자저해요소로 작용한다. 이는 국가적인 산업으로 부상하고 있는 미디어산업 전반에 대한 발전 장애요

142<br>디<br>지<br>털<br>컨<br>버<br>전<br>스<br>와<br>방<br>송<br>규<br>제

---

278) 방송위원회의 『2005년 방송산업 실태조사 보고서』에 의하면 지상파방송사의 2004년 총매출액은 3조 5,448억 원으로 그중 광고수익이 차지하는 비율은 70.0%, 협찬수익 5.0%, 방송수신료 14.9%, 기타 사업수익 6.3%로 나타났다.

279) 방송위원회, 「2005년 방송산업 실태조사 보고서」(방송위원회, 2005a), 16면 참조.

소가 될 수 있다. 지금 각 나라에서 추진되고 있는 방송규제의 완화정책도 이러한 과잉규제를 지양하고 미디어산업을 육성하고자 하는 의지를 보여주는 것이라 하겠다.

규제완화란 시장진입과 같은 사업자의 시장행위에 대해서는 최대한 자율성을 부여하되, 사업자의 시장행위에 대한 결과에 대해서는 사후적으로 책임을 묻는 규제정책이라고 할 수 있다. 물론 이렇게 시장경쟁을 통한 방송의 사회적 책임이 완전하게 보장될 수 없기 때문에, 이를 보완하는 사회적 규제가 병행되는 것이 일반적이다.[280]

방송이 다른 산업보다 더 많은 공익적 요소를 갖는다고 하여 방송주체의 경제적인 이윤추구 행위를 무제한적으로 규제할 수는 없으며 시장경쟁논리를 따른 규제철폐 역시 합리적인 방안은 아니라 할 것이다. 우리나라의 경우 1990년대 후반부터 방송의 산업적 가치가 부각되면서 지속적으로 공공의 이익과 방송의 산업성을 조화시키려는 노력이 이어져 왔다. 방송행정기관에 요구되는 임무는 적정규제를 통한 균형의 유지이다. 이때 공공의 이익이나 공정성과 같은 개념은 적정규제의 중요한 판단기준이 되어야 하지만 이러한 개념은 사회와 시대에 따라 변하는 유동적인 개념일 수밖에 없다. 따라서 이러한 불확정 개념을 기준으로 판단하는 행정행위의 합법성을 보장하기 위해서는 법으로 독립적인 조직의 구성과 절차의 투명성이 보장되어야 할 것이다.

\* \* \*

방송도입 초기부터 지금까지 우리나라를 비롯한 미국, 독일, 영국의 방송법제의 변화과정을 '공익 / 내부적 다원주의 법제', '규제완화 / 외부적 다원주의 / 뉴미디어 도입법제'와 '디지털 컨버전스 / 경쟁촉진 법제'의 기준으로 구분하여 그 특성을 살펴보면 법제모델 유형 속에서 공유하는 보편적 이념이나 특성을 찾아볼 수 있다.

---

280) 황근, "디지털 시대에 대비한 방송법 개정 논의의 방향과 한계: 방송위원회 방송법 개정안 분석을 중심으로", 『방송문화연구』 제15권 2호(2003), 118면.

# 공익 / 내부적 다원주의 법제

## (1) 시장 공익주의 법제

미국의 1927년 라디오법(Radio Act of 1927)과 1934년 통신법(Communication Act of 1934)에 내재되어 있는 기본 이념은 지상파가 공공의 소유이기 때문에 국가는 공공의 이익을 고려하고 운영하는 자에게 일시적인 전송특권을 부여하며 따라서 방송사업자에게는 공익의 의무가 있다는 것이다.

1912년 라디오법은 미국이 국제무선협약(International Wireless Conference)을 체결하면서 이의 이행을 위하여 제정되었다. 동법은 해상에서의 생명과 재산을 보호하고 선박의 파견을 촉진시킴으로 상업을 활성화함과 동시에 연방 차원의 규제를 통하여 무선통신의 최대한의 사용을 보장하고자 제정되었다.[281] 1912년 Radio Act는 통상노동부 장관에게 정부의 사용을 위한 주파수를 유보할 것과 신청에 의해 무선국 면허를 부여할 수 있는 권한을 주었으나 신청자가 많을 것을 예상 못한 나머지 신청을 거부할 권한은 수여하지 않았었다.

정부의 소극적인 규율은 1925년이 되자 약 600개의 상업무선국을 난립시켰고 이러한 혼란은 강력한 정부의 개입을 요구하였다. 난립된 무선국들에 의한 전파간섭의 문제가 심화되자 상무성(Department of Commerce)은 잠재적인 전파간섭의 이유로 무선국 면허신청을 거부하거나 취소하였다. 그러나 상무성에게 이러한 권한이 없다는 법원의 판결[282]이 계속되면서 정부의 규

---

281) Pub. L. No. 62-264, 37 Stat. 302
282) Hoover v. Intercity Radio Co., 286 F. 1003(1923); United States v. Zenith Radio Corp., 12 F.2d 614(1926)
  이 판결에서 법원은 1912년 Radio Act는 상무성장관에게 조건에 맞는 면허신청자의 면허를 거부할 권한이 없다고 하였다. 규제가 실패하게 되자 방송 면허자들에게 자발적으로 주파수를 공유하게 하는 정책을 쓰게 된다. United States v. Zenith Radio Corp. et al.은 Zenith가 주파수 제한을 무시하자 상무성이 면허조건 위반을

제는 크게 약화되었고, 그중 제니스(United States v. Zenith Radio Corp. et al.) 사건[283]은 1927년 라디오법(Radio Act) 제정의 결정적인 원인을 제공하게 된다.[284] 본 사건에서 법원은 1912년 라디오법이 상무장관에게 규제제정권을 명시적으로 부여하지 않았다[285]고 하여 제니스가 어느 주파수를 사용하든 상무성은 규제를 할 수 없다고 판단하였다.

이러한 판결이 나오자 그 대안으로 의회는 라디오에 적용될 규제절차 등을 명시한 1927년 라디오법(Radio Act)을 제정하게 되고 독립규제기관으로 연방라디오위원회(Federal Radio Commission: FRC)가 설립되게 된다.[286] 동

---

이유로 소를 제기한 사건이나 여기서도 상무성에게 규제한 권한이 인정되지 않아 무선난립을 위한 규제시도는 끝이 나게 된다.

283) U.S. v. Zenith Radio Corp. et al., 12 F.2d 617 (1926)

284) 사건개요는 다음과 같다. 1924년 Zenith Radio Corporation("Zenith")은 무선국 설립 신청을 하였다. 상무성은 제니스(Zenith)에게 930kHZ를 부여하면서 목요일 오후 10시에서 12시까지만 사용하면서 다른 무선국과 함께 주파수를 사용하도록 하였다. 당시에는 주파수를 여러 무선국끼리 공유하는 것은 보통 있는 일이었다. 제니스는 일주일에 두 시간만 방송하는 것은 너무 제한적이라며 미국과 캐나다의 약정으로 캐나다가 사용하고 있는 910kHz의 면허를 신청했으나 거부당했다. 제니스는 이를 무시하고 일방적으로 주파수를 바꾸었으며 이에 다른 무선국도 제니스와 같은 행동을 취할 것임을 표명하기 시작하자 상무성이 법원에 소를 제기하게 된 사건이다. 당시 상무장관이었던 허버트 후버(Herbert Hoover)는 판결에 불복하면서 법무장관(Attorney General)에게 1912년법의 해석에 대한 의견을 구했었는데 이에 대해 법무장관(Attorney General's Opinion, 35 Ops. Att'y Gen. 126(1926))은 ⓐ 무선사업자가 무선국 사용을 신고하고, 1912년법 제4조의 규정된 주파수를 사용하여 무선국을 사용하는 한 이 이상의 규제는 위법이며, ⓑ 애초부터 상무장관은 방송시간을 지정할 권한이 없기 때문에 방송사업자는 등록에 관련된 제 조건에 구속되지 않으며, ⓒ 1912년법은 법 제정 이후 발생한 전파의 혼신을 회피하기 위해 필요한 규정을 빠드리고 있어 현재 더 규제가 필요하다면 새로운 법률에 그것이 규정되어야 한다고 하였다.
법원에 의하면 상무장관은 이 법률의 규정에 위반하지 않고 신고한 것은 의무적으로 등록하여야 하며 연방의회로부터 동 법률이 정한 수준의 이상으로 전파를 규제할 권한을 부여받지 않았으므로 등록에 기재된 조건과 연방법률이 저촉하는 경우는 연방법률이 우선한다고 판시하였다.

285) United States v. Zenith Radio Corp., 12 F.2d 617 (1926)
"……There is no express grant of power in the act to the Secretary of Commerce to establish regulations."

286) 1927년 라디오법에 의해 상무성과는 별도로 독립규제기구인 연방라디오위원회가 창설되었으나 동 기구는 1년이라는 실험운영을 예정하고 설립되었기 때문에 그 법적 지위가 불명확하였다. 또 운영을 위한 예산도 확보받지 못하였기 때문에 효율적인 운영을 기대하기는 사실상 어려웠다. 연방라디오위원회의 위원들은 대통령이 상원의 동의를 얻어 임명하는 5인으로 구성되었고 첫 위원장은 대통령이 지명하도록

145

법은 방송에 대한 규제에 관하여는 기존 법보다 강력하고 분명하였으나 연방라디오위원회가 가지는 권한의 범위를 분명하게 제시하지 못하였기 때문에 활발한 활동이 어려웠다.[287] 또 1927년 라디오법은 Section 9와 Section 11에서 소위 '공공의 이익, 편의, 필요(public interest, convenience, necessity)'라는 공공의 이익기준을 최초로 명시·규정하였으나 구체적인 정의규정을 가지지 못한 채로 1934년 통신법(Communication Act of 1934)에 수용되게 된다. 연방라디오위원회의 7년의 존속기간 동안에도 공공의 이익에 대한 명백한 정의가 내려지지 않은 채 동법은 1934년 통신법의 제정과 함께 폐지된다.

현행 1996년 텔레커뮤니케이션법의 근간인 1934년 통신법(Communication Act of 1934)은 유무선으로 이루어지는 州間 그리고 외국과의 통신사업의 규제와 국방의 목적, 유무선 통신의 사용으로 생명의 안전과 재산의 증진, 그리고 이러한 정책의 효과적인 집행을 목적으로 제정되었다. 동법은 뉴딜(New Deal)정책과 대공황의 산물이기도 하다.

당시 통신은 Mann-Elkins Act of 1910에 의해 주간통상위원회(Interstate Commerce Commission: ICC)가 관할하였으나 계속적인 전화통신산업의 발달로 주간통상위원회의 권역을 벗어나게 되자 이를 효과적으로 규율하기 위하여 제정되었다. 1934년 통신법의 제정과 함께 이를 위한 행정기구로 연방통신위원회(Federal Communications Commission: FCC)를 설립하게 된다.[288]

---

하였다(44 Stat. 1162 Sec.3). 이러한 미국 방송행정기관의 독립규제형태는 이 시기에 정착되어 일정한 독립을 제도적으로 보장받게 된다.

287) Anthony E. Varona, "Changing Channels and Bridging Divides: The Failure and Redemption of American Broadcast Television Regulation", 6 Minn. J. L. Sci & Tech. 1(2004), p.6.

288) 47 U.S.C.A. § 151

§ 151. Purposes of chapter; Federal Communications Commission created

For the purpose of regulating interstate and foreign commerce in communication by wire and radio so as to make available, so far as possible, to all the people of the United States, without discrimination on the basis of race, color, religion, national origin, or sex, a rapid, efficient, Nation-wide, and world-wide wire and radio communication service with adequate facilities at reasonable charges, for the purpose of the national defense, for the purpose of promoting safety of life and property through the use of wire and radio communications, and for the purpose of securing a more effective execution of this policy by centralizing authority heretofore granted by law to several agencies and by granting additional authority with respect to interstate and

1934년 통신법은 대체로 Mann-Elkins Act of 1910의 내용을 답습하고 있었으며 새로운 정책을 제시하기보다는 기존의 정책을 고수하면서[289] FCC에게 방송통신의 규제권한을 이양시켰고, 산업이 진화함에 따른 능동적인 규제를 위해 상당한 재량권을 부여하였다.[290] 이 법에서는 FCC가 권한을 수행하는 데 필요한 추가적인 법률을 만들 수 있는 보조적 사법권한(ancillary jurisdiction)을 부여했는데 이는 법률제정 당시에 예상하지 못했던 상황을 대비하기 위한 것이었다.

## (2)내부적 다원주의 모델

독일연방헌법재판소의 방송판결들은 기본법에서 유추한 방송자유의 해석을 통해서 공민영의 이원적 방송체계를 확립시키고 방송환경의 변화에 유연하게 대응할 수 있는 구심점이 되어 왔다. 독일에서는 방송의 기능 중 의견형성의 기능을 가장 중요시하고 있으며, 이를 충족시키기 위한 전제 조건으로 방송의 내적·외적 다양성 확보 수단을 마련하도록 하고 있는데 제1·2차

---

foreign commerce in wire and radio communication, there is created a commission to be known as the "Federal Communications Commission", which shall be constituted as hereinafter provided, and which shall execute and enforce the provisions of this chapter.
FCC는 이에 1934년 7월 11일 정식으로 창설되었으며 FCC의 모든 규제는 "공공의 이익"을 기본으로 하여 이루어졌다.

289) Essential Communications Systems, Inc. v. American Tel. & Tel. Co., 610 F.2d 1114(1979) "Many provisions of the 1934 Act were carried forward almost verbatim from the Mann-Elkins Act of 1910. The 1934 Act also continued the previously applicable prohibition against unjust and unreasonable discriminations."

290) 47 U.S.C.A. § 154
(i) Duties and powers
The Commission may perform any and all acts, make such rules and regulations, and issue such orders, not inconsistent with this chapter, as may be necessary in the execution of its functions. 법원은 Federal Communications Commission v. Pottsville Broadcasting Co., 309 U.S. 134, 60 S.Ct. 437(1940)에서 FCC의 재량권을 인정하고, 동법은 적정한 행정기관의 규제를 통해 역동적인 방송통신 분야를 유지하고자 하는 국회의 의지의 표현이라고 판시하였다.

방송판결은 내부적 다원주의와 공영방송의 임무를 규정한 판결이다.

이 시기의 전후 독일은 주파수의 권역대가 확대됨에 따라 연방과 주 간의 방송사설립에 관한 논란이 있었다. 방송사 설립권한을 두고 연방과 주 간의 다툼은 제1차 방송판결에서 다루어졌으며, 뒤따른 제2차 방송판결과 함께 두 판결은 독일방송에 관한 기본원칙을 정립하게 된다. 이 시기의 두 차례에 걸친 방송판결은 독일 방송관련법 제정과 개정의 기준이 되어 왔다.[291]

독일의 제1차 방송판결은 放送의 大憲章(Magna Carta des Rundfunk)으로도 일컬어지는 연방헌법재판소의 첫 번째 방송판결이다.[292] 본 판결은 기본법 제5조를 국가나 어떤 사회집단에게 의사형성의 수단을 맡기지 말라는 요구로 이해하여 연방이 설립한 독일텔레비전유한회사의 창립과 존속이 기본법 제5조를 위반한다고 보았다.

연방헌법재판소는 의사형성의 현대적인 수단인 방송은 국가는 물론이고 어떠한 사회집단에 맡겨져서는 안 된다고 하면서, 이를 위해서 방송사는 그 조직 내부에서 또 전체 프로그램에서 다양한 의견을 수용할 수 있도록 조직되어야 한다고 판시하였다. 이러한 기능을 수행하기 가장 적합한 모델이 공영방송이며, 여기서 공영방송체제가 정당성을 얻게 된다.

제1차 방송판결에서 판시된 제도적 보장의 구체적 내용을 보면, 첫째, 방송은 신문과 마찬가지로 여론형성매체 내지 원동력으로서 중요 불가결한 현대적 매스커뮤니케이션 수단이기 때문에 신문과 마찬가지로 자유의 제도적 보장이 중요하다. 둘째, 방송은 국가 또는 사회적 집단의 통제가 배제되어야 한다. 신문과 달리 방송은 기술적(주파수의 유한성), 경제적(방송경비의 거액) 이유로 인해 사업자가 소수라는 특수성이 있다. 그러므로 참여할 수 있는 모든 세력(사회적으로 중요한 이익집단의 대표가 인구 비례에 따라 참여함)이 모든 프로그램에 있어서 발언의 기회를 가질 수가 있으며, 또한 전 프로그램에 있어서 내용상의 균형성, 객관성 그리고 대립하는 견해가 최소한 보장되도록 해야 한다. 이런 의미에서 방송내용의 다양성을 조직적으로 확

---

291) 이욱한, "공·민영 양립 방송체제에 관한 헌법적 문제점", 『한국언론학술논총』, 커뮤니케이션북스(2005), 58면.

292) Albrecht Hesse(2003), p.16.

보하는 것이 「내부적 다원주의」 모델이라는 것이다.293)

  제2차 방송판결은294) 독일연방이 1967년 부가가치세법295)에서 공영방송
의 활동을 영업적 활동으로 보아 부가가치세규정을 확대 적용하려 하자 바
이에른방송, 헤센방송, 북동방송 등이 연방친화적 행위의 원칙과 관련된 기
본권 침해를 이유로 헌법소원을 제기한 사건이다.
  1967년 5월 29일자 부가가치세법은 공영방송의 매출에 대하여 제2조 3항
2문에서 "……공영방송의 활동은 이 법률에서 의미하는 영업적 또는 직업적
활동이라고 간주한다"296)고 규정하였다. 이 판결의 청구원인은 공영방송의
활동을 상업적 행위로 보아 연방정부가 부가가치세를 부과할 수 있는가라는
것이었다.
  법원은 연방에게는 공영방송의 방송물 송출이라는 활동을 영업적 또는 직
업적 종류의 활동으로 보아 부가가치세 부과대상에 포함시킬 권한이 없다는
것을 확인하면서, 비록 외견상 공영방송이 민법상 수단을 이용하여 경제교
류를 한다 하여도 영업적 활동을 하고 있다고는 볼 수 없다고 하였다. 즉,
공영방송사는 국가로부터 독립된 자치적인 공법상의 영조물로 법률에 의해
설립되며 그 조직에 대해서도 국가의 지배를 받지 않고, 나아가 방송자유에
관한 기본권이 침해된 경우 헌법소원에 의해 그 침해를 주장할 수 있다고
본 것이다. 또 방송을 사회적으로 가장 영향력 있는 커뮤니케이션의 수단으
로 일방적인 공적 의견형성의 목적으로 남용될 위험이 있으므로 특정 사회

---

293) 이 모델에서는 회장의 임명, 예산승인, 프로그램 기준준수 감시 등, 전체적으로 방
    송을 감독하는 임무를 갖는 최고 의사결정기관으로서 방송위원회가 설치되어 있으
    며 여기에 정당, 정부, 교회, 경영자단체, 노동조합, 농업단체, 문화단체, 부인단체,
    청년단체, 스포츠단체, 저널리즘 단체 등으로부터 대표가 위원으로서 참가하여 여
    기에서 다원적인 의견의 표명이 기대되어지고 있다.
294) BVerfGE 31, 314
295) Umsatzsteuergesetz (Mehrwertsteuer) vom 29. Mai 1967 (BGBl. I S. 545)
296) § 2 Abs. 3 UStG 1967
    Die Körperschaften des öffentlichen Rechts sind nur im Rahmen ihrer Betriebe gewerblicher
    Art (§ 1 Abs. 1 Ziff. 6 des Körperschaftsteuergesetzes) und ihrer land-und forstwirtschaftlichen
    Betriebe gewerblich oder beruflich tätig. Die Tätigkeit der Rundfunkanstalten gilt als
    gewerbliche oder berufliche Tätigkeit im Sinne dieses Gesetzes.

집단이나 국가에게 맡길 수 없다는 제한논리가 제시되었다.

　독일방송제도의 기본원칙과 기본구조로부터 공영방송이 공법적 과업을 이행하고 있음을 알 수 있으며, 공법적 영역에서 이루어지는 공영방송은 공행정의 과업을 실현함으로써 그와 동시에 국가 전체를 위한 통합적인 기능을 수행하기 때문에 그 방송활동을 상업적 활동이라 할 수 없다고 하였다. 이와 같은 이유로 부가가치세법 제2조 3항 2문은 기본법과 합치하지 않아 무효로 선언되었다.

　제1·2차 방송판결은 공영방송체제에 대한 정당성의 근거를 제시하였다는데 의미가 있다. 미국과는 다른 역사적 상황에 의해 국가에 의한 규제모델을 취하지 않고, 국가로부터 방송을 보호하고자 했다는 것이 이 시기 독일 방송법제의 특징이라 할 수 있다.

## (3) 공공서비스 모델

　영국에서는 1922년에 처음으로 BBC(British Broadcasting Corporation)에게 방송면허가 부여되게 된다.[297] 사기업으로 출발한 BBC는 1922년에 출발하여 1954년 상업텔레비전의 도입을 허용하는 텔레비전법(Television Act)이 제정될 때까지 33년간 독점을 유지하였다. 이와 같은 공영방송의 독점상태로 인해 초기의 영국의 방송정책은 자연적으로 공영독점 지향적이다.[298]

　1954년 텔레비전법(Television Act 1954)은 영국의 최초 상업방송국인 인디

---

297) 이후 1927년 1월 1일자로 공영방송 BBC는 국왕의 칙허장(Royal Charter)에 의해 규제되는 공사로 발족된다. BBC는 국가로부터 독립되어 BBC 이사회(Board of Governors)에 의해 운영된다. 이사는 정부가 임명하며 모두 12명이다. 이사회는 공공의 이익의 수탁자로서 BBC의 정책을 결정하고 감독하며, 수신료로 운영되는 재원의 적법한 사용여부를 검사하는 권한을 갖는다. BBC 이사회와 같이 내부적인 기관에 의한 규제는 매년 발간하는 이사회의 운영목표나 기준의 공표와 이에 대한 후속보고서의 제출을 통해서 국민에 의한 통제를 받으며, 의회감사와 의회보고 등을 통해 의회에 의한 통제도 받게 된다.

298) 김영주, 『방송통신 융합시대의 미디어 규제』(한국언론재단, 2004), 136면.

펜던트 텔레비전(Independent Television: ITV)의 설립을 허용한 법이다. 1950년대 초까지 BBC(British Broadcasting Corporation)는 수신료를 받아 영국에서 독점적으로 방송서비스를 제공하고 있었다. 1951년 신보수정부가 들어서면서 상업방송국을 설립하려 하였고 그의 효과적인 규제를 위해 독립텔레비전공사(Independent Television Authority: ITA)가 동법에 의해 창설되게 된다. 독립텔레비전공사는 상업방송국을 규제·감독하고, 기간을 정하여 상업방송국 면허를 부여하는 임무를 맡았다. 동법은 후에 1963년 텔레비전법(Television Act 1963)과 통합되어 1964년 텔레비전법(The Television Act 1964)[299]으로 개정되게 된다.

BBC는 수신료로 재정을 확보하며 물가연동에 따라 수신료가 조정되며, 상업방송국이 비록 광고료로 재정을 충당한다고 하여도 각 지역마다 하나의 방송국을 두고 있기 때문에 지역독점적이라 할 수 있다. 따라서 광고를 독점하기 때문에 재원이 안정적으로 보장되어 비록 상업방송국이라 하여도 공공서비스의 의무를 부과하고 있다. 이와 같은 이유로 1954년 텔레비전법이 비록 상업방송국을 허용했으나 공영방송에 부과하는 것과 같은 공공서비스를 제공하도록 한 법이라 볼 수 있을 것이다.[300]

영국의 경우 중요한 공공정책 결정을 위하여 한시적인 조사연구위원회(Committee of Inquiry)를 운영한다. 뒤따라 담당 주무부처는 그 논의를 전개시키기 위해 녹서(Green Paper)를 발행하게 되고 그 논의의 완성된 형태가 백서(White Paper)로 나타난다. 1923년 사이크스(Sykes) 위원회가 최초의 방송조사연구위원회로 구성되어 방송의 공공서비스 기능을 중요시하면서 독립된 상설 자문기구의 설치를 제안한다. 1974년 구성된 아난(Annan) 위원회는 방송의 공공서비스에 대한 전통적 개념을 수정하여 '자유주의적 다원주의'를 제시하면서 Channel 4의 신설을 제안하였고 이는 1980년과 1981년 방송법

---

299) 1964 c.21 An Act to consolidate the Television Acts 1954 and 1963
300) 이후에 제정된 1972년 음향방송법(Sound Broadcasting Act 1972(1972 c.31))은 독립텔레비전공사의 기능을 확대시키고 동 기구를 독립방송공사(Independent Broadcasting Authority)로 개편하면서 1964년 텔레비전법(The Television Act 1964)을 개정·보완하기 위해 제정되었다. 또 상업방송국에 이어 상업라디오방송을 도입하여 1973년부터 상업라디오방송이 시작되었다.

(The Broadcasting Acts 1980 & The Broadcasting Acts 1981)을 통해 실현되게 된다.

## (4) 우리나라 1963년 방송법

우리나라는 해방 이후 1963년 방송법이 제정되기까지는 방송행정에 관한 체계적인 기본법도 없이 방송을 위한 법률과 몇 개의 시행령만이 있었다.[301] 우리나라 최초의 방송법은 국가재건최고회의에 의해 제정·공포된 법률 제1535호로서 전문 4장 22조로 구성되어 방송관련 허가 및 감독사항에 관해 규정하고 있다.[302] 법 제정 이전에는 방송국을 전파관리법[303]에서 정하는 '무전국'으로 분류하였다. 따라서 방송국의 설립은 체신부 장관의 허가를 받아야 했었다. 1963년 새로 제정된 방송법은 방송국의 설립에 따른 허가는 체신부 장관이, 방송국에 대한 감독은 공보부 장관이 행하도록 하는 이원화

---

301) 국영텔레비전방송사업운영에관한임시조치법(제정 1962. 12.. 3, 법률 제1195호), 국영텔레비전방송사업특별회계법(제정 1962. 12. 3, 법률 제1196호), 유선방송수신관리법(제정 1961. 8. 24, 법률 제692호) 등.

302) 구방송법 [제정 1963.12.16 법률 제1535호]
제16조 (대외방송)
　① 방송국이 대외방송을 하는 경우에 있어서는 그 대외방송순서의 내용은 국제친선을 해하거나 국가외교방침에 위배되지 아니하도록 편성하여야 한다. 외국의 방송기관에서 방송될 것을 목적으로 편성되는 경우의 방송순서의 내용도 또한 같다.
　② 방송국이 대외방송을 하는 경우에는 대통령령이 정하는 바에 의하여 매월 정기적으로 그 대외방송계획서를 작성하여 공보부 장관의 승인을 받아야 한다.
　제18조 (개국·휴업·폐업의 신고) 방송국이 개국하였거나 54시간 이상 방송업무를 휴업하거나 또는 폐업한 때에는 대통령령이 정하는 바에 의하여 공보부 장관에게 신고하여야 한다.

303) 구전파관리법 [제정 1961.12.30 법률 제924호]
제4조 (무선국의 개설) ①무선국을 개설하고자 하는 자는 체신부 장관의 허가를 얻어야 한다. 단, 발사하는 전파가 극히 미약한 무선국으로서 각령의 정하는 것에 관하여는 예외로 한다.
구방송법 [제정 1963.12.16 법률 제1535호]
제2조 (정의) 이 法에서 사용하는 용어의 정의는 다음과 같다.
　2. "방송국"이라 함은 방송을 목적으로 전파관리법에 의하여 허가를 받고 방송을 행하는 무선국을 말한다.

규제체계를 만들어 냈다. 방송국의 설립권한은 기존과 같이 체신부 장관에게 두고 다만 그 시행령에 체신부 장관이 허가를 함에 있어 공보부 장관과 협의하도록 한 것이다. 이러한 이원체계가 오늘에까지 이어져 방송의 송신수단과 방송내용에 대한 행정이 분리되어 부처 간의 관할권 다툼의 빌미를 제공하게 된 것이다.


# 3.
# 규제완화 / 외부적다원주의 / 뉴미디어 도입법제


## (1) 규제완화


1984년 케이블커뮤니케이션 정책법(Cable Communication Policy Act)은 탈규제를 명시한 법이다.[304] FCC의 케이블TV 정책은 처음에는 규제중심적이었으나 과도한 규제가 법원의 위헌판결로 폐지되게 된다. 동법은 주정부와 지역당국에게 케이블TV의 지역사업권(franchise)을 부여할 권한을 주고 케이블방송국의 설비와 시설의 기술기준은 FCC가 정하도록 하였지만, 종래의 규제를 대폭 완화한 법이다.

동법의 핵심은 첫째, 주정부나 지역당국이 전화사업자인 커먼캐리어(Common Carrier)에 부과해 왔던 요금규제를 철폐함으로써 케이블TV 사업자의 요금을 자율화했다. 둘째, 프로그램에 대한 규제도 완화함으로써 케이블TV의 상업성을 완화해 주었다.

이 법의 시행은 미국의 케이블TV 가입률을 대폭 증가시키는 결정적인 계기가 되기도 하였다. 그러나 케이블TV 사업자들이 요금규제 자율화라는 법의 내용을 악용하여 요금을 대폭 인상시켜 시청자인 소비자의 불만을 증가

---

304) 김정기, 「전환기의 방송정책」(한울아카데미, 2003), 344면.

시키게 된다. 이에 따라 FCC는 재규제 법제라고도 일컬어지는 1992년 '케이블TV 소비자보호 및 경쟁법(Cable Television Consumer and Competition Act)을 제정하게 된다.

1992년 케이블TV 소비자보호 및 경쟁법은 FCC나 지역당국에게 케이블TV 가입료를 규제하도록 하였다.[305] 1992년법의 핵심 내용은 FCC가 소비자들의 불만을 해소하기 위해 케이블TV에 대한 요금규제를 실시했다는 점과, 케이블 PP들이 동등한 조건으로 위성방송(DBS) 사업자에게 프로그램을 공급하는 이른바 "프로그램접근규칙(Program Access Rule)"을 도입했다는 점이다. 즉 케이블TV에게는 요금규제를 강화하는 한편, 위성방송사업 프로그램을 지원하도록 함으로써 케이블TV가 유료방송시장에서 독점적 지위를 남용하는 것을 견제하였다는 점이다.

대다수 학자들이 동법을 미국 미디어 규제정책 중의 하나로 해석하는 경향이 있으나 이는 케이블TV의 가격횡포에 대한 FCC의 일시적이고 특수한 규제정책의 일환으로 보이며, 이를 두고 미국의 미디어 정책이 규제로 선회했다고 해석할 것은 아니다. 미국의 미디어 정책은 1996년 텔레커뮤니케이션법의 제정까지 1980년 레이건 집권 이후 지속적인 규제완화와 경쟁촉진 정책방향으로 일관하여 왔다고 볼 수 있다. 주지하는 바와 같이 1996년 텔레커뮤니케이션법은 지역전화 / 장거리전화 / 케이블TV 사업자 간의 진입장벽을 철폐하여 소유권 규제를 완화하였다.


## (2) 뉴미디어 도입법제

미국의 전기통신사업자는 1975년부터 "항공자유화정책(Open Sky Policy)"에 힘입어 위성방송사업에 진출하기 시작하였으나 이미 유료방송시장을 독점하고 있던 케이블TV와의 경쟁과 견제 때문에 1980년대까지 실질적인 위성방송 사업은 정착하지 못하였다. 항공자유화정책(Open Sky Policy)이란 기술적 조

---

305) 이때 유료케이블TV(HBO, Showbox 등)는 가입료 규제를 면제받게 된다.

건-이를테면 하와이에서 알래스카까지 수신이 가능할 것-과 같은 최소한의 조건만 충족하면 위성을 자유롭게 발사하고 미디어 사업을 할 수 있는 FCC 의 정책을 말한다. 위성방송은 그러다가 1988년 의회가 "위성방송 수신자법 (The Satellite Home Viewer Improvement Act of 1999)"을 통해 제한된 법정 저작권을 부여하면서 급속히 성장하게 된다. 제한된 법정저작권이란 위성방 송에 대해서는 저작권료를 대폭 저렴한 가격으로 적용한다는 것을 의미한다.

1999년법은 지역방송 재송신 촉진정책의 일환이라 할 수 있다. 위성방송 이 급속하게 성장하자 미 의회는 1999년 "위성방송 수신자개선법"을 제정하 게 되는데 그 주요 내용은 위성방송에 법정저작권을 부여하면서 또한 캐리 원 캐리 올(Carry one Carry all)이라는 일종의 의무재송신 규칙을 부과하였 다. 이 규칙은 위성방송사업자가 법정저작권을 이용해 한 지역지상파방송을 재송신할 경우, 그 지역시장에서 재송신을 바라는 모든 지역방송을 재송신 해야 하는 의무를 지닌다는 것이다. 이 규칙은 케이블TV에 부과된 의무재송 신과 마찬가지로 유료 텔레비전을 볼 수 없는 빈곤층 시청자를 위해 '방송 창구(broadcast outlets)'의 풍요한 구성은 보전하기 위한 법제이다.306)

미국의 위성방송은 항공자유화정책, 법정저작권 부여, 지역지상파방송재송 신 촉진정책 등에 힘입어 최근에는 미국 유료방송시장에서 약 25% 시장점 유율을 확보하고 있으며 이른바 '떠오른 산업(rising business)'으로 부상하고 있다.


## (3) 외부적 다원주의 모델


독일의 방송법제에서 중심을 차지하는 방송의 자유는 전통적으로 연방과 주에게 두 가지 의무를 부과하고 있다. 기본법과 연방헌법재판소는 연방에게 는 방송의 내용에 어떠한 영향력도 행사하지 않을 것을 요구하고 있으며, 각

---

306) 김정기(2003), 414면. 다만 동 규칙은 위성방송사업자가 특정 시장에서 법정저작권 을 이용하겠다고 스스로 결정하느냐는 조건에 달려 있지만 케이블 방송사업자에 부과된 의무재송신은 모든 시장에서 강제적으로 적용된다는 점이 다르다.

주에게는 방송을 통해 다양한 의견이 보장될 수 있는 제도를 마련하여 어느 특정 이익단체나 정당도 방송을 지배하지 못하도록 방송의 자유를 보장하는 적극적인 규제를 할 것을 요구하고 있다.[307] 1980년 이후 독일에서는 私的 財源을 이용한 방송시장진입이 완화되었고, 이와 함께 많은 주방송법이 개정되었다. 뉴미디어의 도입에 관한 독일의 제3·4차 방송판결도 이에 따라 나오게 된다. 제3차 방송판결에서는 케이블과 위성과 같은 뉴미디어가 다양한 채널을 제공해 줄 것이므로 각 주는 상업방송을 허용해 줄 수 있음을 시사하였다. 연방헌법재판소는 본 판결에서 민영방송의 도입이 가능한지, 가능하다면 어떤 형태로 구성되어야 하는지에 대한 기본 원칙을 밝힌다. 이를 근거로 각 주는 미디어법을 제정하여 민영방송을 도입하게 된다.[308]

독일의 경우 방송은 주정부의 고유권한이기 때문에 연방방송법은 제정되어 있지 않다.[309] 16개의 주는 각각의 고유의 방송법을 갖는다.[310] 주방송법은 지역방송사업자, 민영라디오 및 텔레비전방송사업자에 대한 기본사항과 민영방송사업자에 대한 허가에 관해 규정해 놓고 있다. 다만 대부분의 주방송법은 기본적인 목표나 기준, 조직에 관한 원칙에 있어서는 대동소이하다. 민영라디오방송국의 수는 각 주마다 차이가 있으며 주에 따라서는 공영방송에 관한 법과 민영방송에 관한 법을 구분하고 있는 곳도 있다.[311] 주방송법

---

307) 독일연방은 방송송출기술시설의 조직에 관한 규율을 정립한 권한을 갖는다. 방송과 방송사에 대한 조직 분야의 규율은 주입법기관의 관할사항이다.

308) 이 판결의 특징은 내적 통제 대신에 외적 다원주의를 허용한 조치인데 '외적 다원주의'란 다양한 채널과 프로그램에 의해 방송의 다원성이 확보되는 체제를 의미하는 것이다.

309) 연방은 국제방송인 DW(Deutsche Welle)를 제외하고 방송에 대해 어떠한 권한도 갖지 못한다.

310) 현재는 16개 주 사이에 '방송국가조약(Rundfunkstaatsvertrag: RStV)'이 체결되어 있으며 각 주별로 고유의 방송법이 제정되어 있다. 각 주의 방송법은 주마다 다르다. Rundfunkgesetz für das Land Mecklenburg-Vorpommern, Landesmediengesetz Baden-Württemberg, Bremisches Landesmediengesetz, Hamburgisches Mediengesetz, http://www.lrz-mv.de/recht/, http://www.bremische-landesmedienanstalt.de/ http://www.ham-online.de/pdf/hh_mediengesetz.pdf, http://www.lfk.de/gesetzeundrichtlinien/landesmediengesetz/main.html.

311) 각 주들은 1950년 지역공영방송(Landesrundfunkanstalten)을 설립하였는데 Hessen과 같은

은 해당 주의 공영방송이나 민영방송에 모두 적용되는데 특정 주에 소재한 방송국의 송출이 다른 주에까지 미치는 경우 방송국가조약의 적용을 받게 된다.

그러나 방송은 주 경계선을 넘나들기 때문에 공통적인 법을 필요로 하였고, 이에 1987년 방송의 규제에 관한 조약이 체결되게 된다.

방송국가협약(Rundfunkstaatsvertrag)은 공영·민영방송의 기본규제를 위한 州間의 협약이다. 연방 차원의 방송법규의 제정은 1982년부터 그 논의가 시작되었으나 16개 주의 지역 이기주의, 정당 간의 이해관계가 얽혀 타협점을 찾지 못하고 있었다. 1987년에 와서 두 개의 공영방송인 Arbeitsgemeinschaft der öffentlich-rechtlichen Rundfunkanstalten der Bundesrepublik Deutschland(ARD)와 Zweites Deutsches Fernsehen(ZDF)의 법적 근거와 재정제도, 기타 민영방송에 적용되는 중요한 원칙과 같은 내용을 담아 체결되게 된다. 방송국가조약은 민영방송이 출범한 이후 전국적으로 방영되는 방송의 효과적인 감독과 규제를 위한 최초의 협정이라는 데 큰 의의를 가지며 연방과 주의 분리된 방송행정의 통일성을 기하는 데 중요한 역할을 하고 있다. 방송국가협약과 함께 독일의 공영방송과 민영방송의 공존체제가 자리잡게 되고 이후로 많은 민영방송국이 설립되게 되었다.

방송국가조약은 1994년 제1차 개정을 통해 청소년보호규정을 강화하였고, 1996년 제2차 개정에서 주매체위원회의 방송수신료 활용에 대한 조항이 신설되었다. 제3차 개정은 1997년에 있었는데 이때에 미디어의 시장지배력을 집중적으로 감독하는 미디어집중조사위원회(KEK)가 신설되어 민영방송사에 대한 감독을 강화하였고, 방송재정수요조사위원회(Kommission zur Ueberpruefung und Ermittlung des Finanzbedarfs:KEF)가 조직되었다.[312] 주매체위원회로부터

---

주는 Hessischer Rundfunk와 같이 하나가 전체 주를 담당하기도 하나 Südwestrunkfunk는 RhinelandßPalatinate 주와 Baden Württemberg 주를, Norddeutscher Runkfunk는 Hamburg 주, Schleswig-Holstein 주, Meckenburg-Western Pomerania 주 등 몇 개의 주를 담당하기도 한다. 이들은 정부로부터 독립되어 수신료와 광고수입으로 재원을 충당하고 이들이 ARD와 ZDF와 같은 전국방송을 담당하고 있다.

312) 방송재정수요조사위원회(Kommission zur Ueberpruefung und Ermittlung des Finanzbedarfs:KEF)는 이전부터 공영독점체제하에서 전국단위의 공영채널에 요구되는 재원에 관한 논의를 위해 주수상들의 합의에 따라 운영되어 왔다. 방송재정국가조약(Rundfunkfinanzierungsstaatsvertrag)

민영방송사의 설립허가를 받기 위해서 신청자는 먼저 KEK의 승인을 받아야만 한다.

미디어집중조사위원회(Kommission zur Ermittlung der Konzentration im Medienbereich: KEK)는 민영방송체제의 등장에 따라 특정 언론기업의 과도한 방송지배력을 규제하고 다양성을 확보하기 위한 장치로 마련되었다. 미디어집중조사위원회는 독립된 기구로 연방 차원에서 전국 TV를 통한 다양한 의견형성 보장과 이와 관련된 문제를 최종적으로 판단할 권한을 가진다.

미디어집중조사위원회는 매년 모든 채널 그리고 그 채널의 운영자 및 주주에 대한 평가를 하고, 최소 매 3년 또는 주정부의 요구에 따라 보고서를 작성하여야 한다. 미디어집중조사위원회의 위원은 독립적이며 독자적으로 판결할 수 있는 능력을 지닌 방송법과 경제법의 전문가 6명으로 구성된다. 이 중 3인은 법조인 자격을 갖추어야 하며, 위원은 주수상회의에서 다수결로 선출하여 5년 임기로 임명된다.[313]

방송재정수요조사위원회(KEF)는 일반 물가상승과 방송 분야의 비용 상승요인을 고려해 공영방송사가 자체적으로 산출한 예상 재정수요를 검토하여 차기 방송수신료의 적정선을 결정하기 위한 독립적 공적 기구이다. 다양한 조사기준과 과정을 거쳐 산출된 KEF의 수신료 인상액은 16개 주의 수상회의에 제출되어, 이들이 만장일치로 가결한 '방송수신료국가조약(Rundfunkgebuehrenstaatsvertrag: RGebStV)'에 의해 최종 확정되고 있다.

2000년 제4차 개정을 통해서는 무료로 수신할 수 있는 주요 스포츠행사의 리스트 작성, 유럽연합의 국경없는 텔레비전 지침을 국내법으로 수용하고, 공영방송사로 하여금 프로그램과 관련된 내용의 온라인서비스를 제공할 수 있도록 하였다. 2001년 제5차 개정으로 방송수신료를 인상하였고, 공영방송 ARD의 재원수급에 관한 새로운 규정을 신설하였고, 2002년 제6차 개정을 통해 방송의 디지털화와 관련된 규정, 공영채널 ARD, ZDF 및 국영채널 Deutschlandradio로 하여금 매 2년마다 경제적, 재정적 현황에 대한 의회에의 보고 의무를 부여하여 최근 보고서가 제출된 바 있다.

---

이 효력을 발생함으로써 동 위원회의 구성과 임무 그리고 권한은 법적 근거를 가지게 된다.
313) http://www.kek-online.de/Inhalte/aufgaben.html (최종검색일: 2006. 5. 31)

현행 방송국가협약은 2004년 개정협약[314])으로 통칙규정과 공영방송, 민영방송을 위한 규정을 두고 있으며 이 중 공영방송은 생활의 모든 분야에서의 문제를 다룰 것과 그 프로그램은 정보, 교육, 오락 등을 제공하여야 하며 문화적인 내용을 다루는 프로그램도 방송하여야 함을 규정하고 있다. 그 외에 민영방송의 조직상의 의무와 재정과 광고규정, 정보보호, 면허와 감독기관에 관한 규정이 있다. 공영방송에게는 매 2년마다 그 운영사항을 보고하도록 새롭게 정했으며 제11조 제1항에서 ARD[315])와 ZDF의 온라인 방송의 법적 근거를 마련하였다.[316])

현재의 독일방송이 공영방송과 민영방송의 이원체제로 운영이 되고 있는 것은 독일연방헌법재판소의 제3차 방송판결에서 제5차 방송판결에 이르기까지 공공방송에 의한 방송독점이 붕괴되고 민영방송의 도입 기반이 갖추어지면서이다. 1981년의 제3차 방송판결[317])은 민간의 방송사업에 대한 참여를 제도적으로 보장한 판결이다. 이 판결은 자를란트 주의 방송법이 헌법상 요구되는 요건을 충분히 규정하고 있지 않으므로 기본법에 불합치하다고 본 사건이다.[318])

---

314) 1990년 동·서독이 통일되고 동독의 5개 주가 독일연방에 편입되면서 제2차 개정이 있었다. 이 개정으로 동독지역의 주가 가입되었고, 1997년 제3차 개정은 언론그룹들의 방송자본집중과 위장투자를 방지하기 위해 연방 차원의 조사기구인 방송분야자본집중조사위원회(Kommission zur Ermittlung der Konzentration im Medienbereich: KEK)를 신설하였다. 방송분야자본집중조사위원회는 방송자본의 민영방송사 소유현황과 그에 대한 간접적인 영향력 행사, 유사방송을 통한 시장점유율 등을 정기적으로 조사하여 주정부를 위해 보고서를 작성할 의무가 있다. 제4차 개정에서는 공영방송 ARD와 ZDF가 디지털방송을 실시할 수 있는 근거규정이 마련되었다. 그 외 청소년 유해 프로그램의 방송시간을 제한하고, 의견의 다양성의 보장을 위해 방송의 독점을 제한하는 규정을 두었다.

315) ARD-Staatsvertrag §4 참조.

316) 그 외에 위성방송에 대해서는 위성방송협정을 두고 있다. 본 협정은 州 간 방송국가조약의 내용을 보완하여 위성방송만을 송출하는 방송사의 인·허가와 감독규제를 위해 제정된 법규이다. 동법은 통신위성의 방송채널을 이용하여 독일어권 지역에 방송송출을 희망하는 방송사업자 인·허가의 구체적인 조건과 규제방안을 명시해 놓고 있다. 위성방송의 방송내용, 경영실태, 여론형성의 다양한 보장 등은 인·허가를 담당한 각 주의 방송법에 의해 규제되며, 위성방송을 감독하는 기관으로 위성방송위원회를 설치하도록 하였다.

317) BVerfGE 57, 295; 자세한 제3차 방송판결의 해설은 김수철, "방송의 자유와 민간방송의 참여-독일연방헌법재판소 제1법정 1981년 6월 16일 판결의 연구-", 『사법행정』(2000) 참조.

원고인 자유방송주식회사(Freie Rundfunk Aktiengesellschaft in Gründung)는 1967년 이래로 자를란트 주정부로부터 방송면허를 받고자 하였다. 그러다가 자를란트 주정부가 원고의 면허신청에 대해 1976년 10월 26일자로 거부처분을 내리자 원고는 행정법원에 소를 제기하게 된다. 이에 행정법원은 연방헌법재판소에 자를란트 주의 방송송출에 관한 법률(Gesetzes über die Veranstaltung von Rundfunksendungen im Saarland: GVRS)[319]이 기본법과 합치하는지의 여부에 대해 심사해 줄 것을 제정하였다.

1984년 5월 23일자 니더작센 주방송법은 새로운 주매체법 중에서 제일 먼저 제정된 것으로 그 주된 내용으로는 ① 라디오와 텔레비전방송을 위해서는 주 최고관청에 신청하여 허가를 받을 것, ② 종합프로그램을 송출하는 방송사는 각각 하나의 라디오 프로그램과 텔레비전 프로그램만 송출할 것, ③ 지원자가 다수일 경우 그 선정에 관한 기본원칙, ④ 프로그램 내용에 관한 조항, ⑤ 프로그램 통제 등을 위하여 주방송위원회를 공법상 영조물로 설치할 것, ⑥ 법률의 효력범위 이외의 지역에서 창설된 프로그램에 관한 규율 등이었다. 이 법에 대해 201명의 독일연방의회 구성원이 기본법 제5조 제1항 위반을 이유로 무효로 선언해 줄 것을 요청하였다.

이에 대해 연방헌법재판소는 민영방송을 도입하는 것 자체는 헌법적으로 허용되며 위헌이 아니라고 하였다. 하지만 사회에 모든 의미 있는 세력들의 의사 교환을 효과적으로 보장할 수 있는 법률적 예방조치가 취해진다는 전

---

318) 원고인 자유방송주식회사(Freie Rundfunk Aktiengesellschaft in Gründung)는 1967년 이래로 자를란트 주정부로부터 방송면허를 받고자 하였다. 그러다가 자를란트 주정부가 원고의 면허신청에 대해 1976년 10월 26일자로 거부처분을 내리자 원고는 행정법원에 소를 제기하게 된다. 이에 행정법원은 연방헌법재판소에 자를란트 주의 방송송출에 관한 법률(Gesetzes über die Veranstaltung von Rundfunksendungen im Saarland: GVRS)이 기본법과 합치하는지의 여부에 대해 심사해 줄 것을 제정하였다. GVRS는 C장에서 "민영방송의 송출(Private Veranstalter von Rundfunksendungen)"에 관해 규정하고 이 장의 제Ⅰ절에서는 민영방송 송출에 대한 일반적인 문제와 제Ⅱ절에서는 독일어방송의 송출에 관해, 제Ⅲ절에서는 외국어방송의 송출에 관해 규정하고 있었다.
319) GVRS는 C장에서 "민영방송의 송출(Private Veranstalter von Rundfunksendungen)"에 관해 규정하고 이 장의 제Ⅰ절에서는 민영방송 송출에 대한 일반적인 문제와 제Ⅱ절에서는 독일어방송의 송출에 관해, 제Ⅲ절에서는 외국어방송의 송출에 관해 규정하고 있었다.

제 조건을 만족한 경우에만 민영방송의 도입이 가능하다고 판시하였다. 방송이 여론형성에 미치는 영향력을 고려할 때, 시장원리에 따라 개별 세력들이 방송을 자유롭게 좌지우지하도록 내버려 둘 수는 없다는 것이다. 자를란트 주의 방송송출에 관한 법률은 헌법이 민영방송을 허용하지 않기 때문이아니라 이러한 법률적 예방조치들이 결여되어 있기 때문에 위헌이라고 선언하였다.320)

구체적으로 재판소는 행정법원의 제38조의 "사법상의 방송사로서 방송물의 송출을 원하는 자는 이에 관한 면허를 받아야 한다"321)는 조항 외에 제40조 1항, 제46조와 제46b조 1항이 기본법과 합치하는지의 여부에 대해서는 무효라고 판단하였다. 그 근거로 제1차 방송판결을 다시 언급하면서, 방송을 통하여 개인과 공공의 자유로운 의사형성을 보장하기 위해서는 국가의 지배와 영향력으로부터 방송이 자유로울 것이 요구되는데 기본법 제5조 1항 2문에 헌법적으로 보장된 방송의 자유의 보장을 위해서는 실체적, 조직적이고 절차적 측면에서 적극적으로 규율할 필요가 발생한다.322) 이때 요구되는 법적인 형성은 법률유보원칙의 지배를 받기 때문에 그 본질적인 것은 반드시 의회(입법자)가 결정하여야 한다.323) 입법자는 특히 방송이 하나의 또는 개별적인 사회집단에 의해 장악되지 않도록 하고 고려의 대상이 되는 여러 사회세력들이 방송 전체에서 의사를 표출할 수 있도록 하여야 하며, 보도의 자유가 침해받지 않도록 보장하는 예방조치를 취해야 한다. 이러한 법률에 의한 예방조치는 불충분한 방송주파수와 고도의 경제적 비용에 의한 제한을 받는 방송의 특수한 상황이 현대 방송기술의 발전과정에서 사라진다고 하더라도 여전히 존재한다고 판시하였다.324)

---

320) 이욱한(2005), 63면.
321) §38 Grundsatz
Wer als Veranstalter privaten Rechts Rundfunksendungen veranstalten will, bedarf hierzu einer Konzession.
322) "Um dies zu erreichen, sind materielle, organisatorische und Verfahrensregelungen erforderlich, die an der Aufgabe der Rundfunkfreiheit orientiert und deshalb geeignet sind zu bewirken, was Art. 5 Abs. 1 GG gewährleisten will." BVerfGE 57, 295 [320] 참조.
323) BVerfGE 57, 295 [321]
324) BVerfGE 57, 295 [322]; 전정환, 변무웅, 「독일방송헌법판례」(한울아카데미, 2002),

여기서 문제가 된 조항은 허가의 부여나 거부와 관련한 요건을 정하는 문제를 행정부의 재량에 맡겼는데, 그 위임의 정도가 지나쳐서 기본법 제5조 1항 2문에서 도출되는 법률유보와 권력분립의 원칙에 합치하지 않는다고 판단하였다.[325] 나아가 무효인 이 조항들은 다른 조항과 불가분의 통일성을 형성하고 있는 니더작센 주방송법의 본질적인 부분에 해당하므로 독일어 민영방송에 관한 조항은 전체적으로 무효라고 판시하였다.

제3차 방송판결은 그 판결요지를 보면 다음과 같이 정리될 수 있다.[326] 먼저, 기술발전으로 지금까지의 방송에 대한 기술적, 경제적으로 규제를 가하는 특수한 상황이 완화된다 하더라도 기본법 제5조의 방송의 자유는 방송사업의 운영에 대한 법규제를 요청하고 있다. 입법자는 이때 여론이 특정 세력에 지배되지 않도록 예방조치를 강구해야 한다는 것이다. 또, 프로그램 기준에 대해서는 "최소한의 내용상의 균형성, 사실에 입각해야 한다는 점, 대립적 의견에 대한 배려를 보장하는 구속력을 가진 지도원칙을 만들지 않으면 안 된다"는 점이 설명되어 있다. 그 자체는 종래와 다를 바가 없으나 이 판결에서 새로운 것은 방송사업의 조직형태에 의해서 준수해야 할 프로그램 기준의 적용에 차이가 있다는 것을 처음으로 언급하고 있는 점이다. 다시 말해서 방송사업자가 '내부적 다원주의적 구조'를 취할 경우에는 이상과 같은 요청을 모든 방송사업자의 프로그램 전체에 적용하지 않으면 안 될 것이지만, 외부적 다원주의적 모델의 경우는 개개의 방송사업자는 '균형성'을 의무적으로 강요받지는 않는다. 즉 외부적 다원주의 모델은 주에서 인가된 민영방송채널들 전체의 균형을 의미하는 것이기 때문에 단위 채널은 편파적 보도와 편성이 가능하다는 것을 의미한다.[327] 따라서 사적인 방송사업

---

137면 참조.

325) 기본권의 제한은 기본법 제5조 제2항에 열거된 일반적인 법률조항, 청소년 보호에 관한 법적 규율, 개인의 명예권에 의해서만 허용되며 방송의 자유를 보장하는 본질적인 것은 반드시 의회가 결정하여야 한다. 일반적인 권한위임의 형태 또는 특정되지 못하는 형태로 행정부에 그 결정을 맡기는 것도 의회유보에 어긋나기 때문에 민영방송의 송출에 관한 결정을 행정부에 위임하는 것은 허용되지 않는다는 것이 연방헌법재판소의 판단 근거가 되었다.

326) KBS 방송연구원(1988), 30-34면.

자를 인가하는 기본적 전제로서는 '언론의 다양성'이 보장되어야 한다는 점과 전체적으로 '균형성'이 유지되어야 한다는 것이 조건이 되었다.

이후의 제4차 방송판결(Niedersachsen 판결)은[328] 민영방송의 도입과정에서 헌법재판소가 요구한 민영방송의 다양성 확보방안이 충족되지 않아 제기되었다.[329] 헌법재판소는 제4차 방송판결에서 현재의 공영방송 중심의 이원적 방송체계를 도입하게 되는데 민영방송에 대해서는 다양성 요구의 수준을 낮추고, 공영방송에게는 기본적 서비스의 공급(Grundversorgung)[330]이라는 임무를 부여한다. 그 이유는 공영방송의 지상파 프로그램은 전국에서 수신할 수 있으며 민영방송사와는 달리 높은 시청률에 의존하지 않기 때문에 내용적인 측면에서 포괄적인 프로그램을 공급할 수 있기 때문이라 하였다.[331] 여기서의 기본적 서비스의 공급임무란 전국을 수신권으로 하는 전파, 포괄적 내용

327) 그러나 '사실에 입각해야 할 것, 포괄적이며, 진실에 합치한 정보이어야 할 것, 대립된 의견에 대해서는 최소한의 배려의 의무는 존재한다'고 되어 있으며, 또한 모든 방송사업자는 기본법 제5조 제2항의 규정의 준수의무, 즉 청소년 보호 의무에 대해서는 방송법상에서 배려하지 않으면 안 된다. KBS 방송연구원, 「미디어환경변화와 공공방송」(KBS 방송연구원, 1988), 28-34면 참조.

328) BVerfGE 73, 118

329) BVerfGE 73, 118
사건의 내용은 1984년 5월 23일자 니더작센 주방송법이 기본법에 합치하는지의 여부이다. 니더작센 주방송법은 새로운 주매체법 중에서 제일 먼저 제정이 된 것으로 그 주된 규율내용으로는 ① 라디오와 텔레비전방송을 위해서는 주최고관청에 신청하여 허가를 받을 것, ② 종합프로그램을 송출하는 방송사는 각각 하나의 라디오 프로그램과 텔레비전 프로그램만 송출할 것, ③ 지원자가 다수일 경우 선정에 관한 기본원칙, ④ 프로그램 내용에 관한 조항, ⑤ 프로그램 통제 등을 위하여 주방송위원회를 공법상 영조물로 설치할 것, ⑥ 법률의 효력범위 이외의 지역에서 창설된 프로그램에 관한 규율 등이었다. 이 법에 대해 201명의 독일연방의회 구성원이 동법을 기본법 제5조 제1항을 위반했음을 이유로 무효로 선언해 줄 것을 요청한 것이다.

330) BVerfGE 73, 118 [157]

331) 독일연방헌법재판소의 제3차 방송판결에서 외적 다원주의 모델은 州에서 인가된 민영방송채널들 전체의 균형을 의미하기 때문에 단위채널은 편파적 보도와 편성이 가능하다는 것을 인정하고 있다. 그러나 사실에 입각해야 할 것, 포괄적이며 진실에 합치한 정보이어야 할 것, 대립된 의견에 대해서는 최소한의 배려의 의무는 존재하며, 특히 청소년 보호 의무는 준수되어야 한다. 그러나 제4차 방송판결에서는 유료방송에 대한 내용규제를 대폭 완화하고 있다. 이 판결은 공영방송에 있어서 '기본적 서비스의 공급'이 허용되는 한 민영방송은 '보양적 공급'으로서 그 산업성과 상업성을 인정하고 있다. 정윤식, "유료방송의 공익 및 공적 책임-지역, 다양성, 경쟁원리를 중심으로-", 『사이버커뮤니케이션학보』 통권 제16호, 53-54면.

의 프로그램, 민주질서와 문화생활을 위한 기능으로 전파를 사용하는 방송매체의 공공성, 국민 전체를 대상으로 하는 보편적 서비스, 여론형성 및 문화적 기능을 실현해야 하는 방송의 공익성이 혼합된 개념이다.[332]

본 사건의 대상은 1982년 5월 23일 니더작센 주방송법(LRG) 중 민영방송의 설립허가 절차를 규정한 일부 조항(방송허가 절차에 관한 조항, 심사와 결정에 관한 조항, 방송시간 할당에 관한 조항, 프로그램에 관한 조항 등)이 기본법에 합치하는지의 여부이다.

민영방송의 도입에 대해서는 엄격한 제한을 가하려는 원고 측(사회민주당 소속 연방의회의원 201명)은 니더작센 주방송법이 "방송의 자유"를 보장하기 위한 충분한 법제상의 예방조치를 취하지 않고 있고, 법률의 본질적인 규정들이 기본법 제5조 1항을 위반했다는 이유로 이의 무효를 주장했다. 원고 측이 주장한 것은 방송의 다양성을 확보하기 위한 제 규정이 당해 주방송법에 불충분하게 규율되어 있다는 점이다. 즉, 프로그램의 내용, 방송사업의 조직, 허가의 절차 등에 대한 제 규정이 방송의 다양성을 보장하기 위한 충분한 조건을 만족하고 있지 않기 때문에 방송의 자유를 보장하고 있는 기본법에 위반하고 있다고 하였다.

연방헌법재판소는 니더작센 주방송법의 형식적인 측면이나 기본원칙이라는 측면에서는 기본법에 합치하나, 일부는 합치하지 않아 이것을 보완하기 위한 규정이 필요하다고 판시하였다.[333]

연방헌법재판소는 지상파 내지 위성을 이용해서 독일에 유입하는 외국상업 프로그램이 부분적으로는 직접 수신할 수 있는 상황이 출현하고 있고, 게다가 이들 프로그램의 유입에 대해서는 주의 법률수준에서는 하등의 유효한 대응조치를 취할 수 없다는 상황이 발생하고 있다는 것을 지적했다.[334] 이러한 상황은 '방송의 자유'의 해석에도 영향을 미치지 않을 수 없다고 판단한 연방헌법재판소는 다음과 같은 논지를 전개했다.

먼저 공영방송과 민영방송을 구분하여 활동의 재원을 오로지 광고수입에

---

332) 고수자, "독일 방송개념 규명논쟁에 관한 연구: 주관적 및 객관적 방송자유의 관점을 중심으로", 『한국언론학보』 47권 3호(2003), 177면.
333) BVerfGE 73, 118 [152]
334) BVerfGE 73, 118 [154]

의존하고 있는 민영방송에는 내용 면에서 폭넓은 프로그램의 제공을 기대할 수는 없다고 보았다. 그 원인은 시청자의 수를 최대한으로 한다는 관점에서서 대중에게 인기 있는 프로그램을 가능한 한 낮은 비용으로 방송한다고 하는 민영방송의 본질적인 성격에서 비롯된다.[335) 그렇다고 하여 민영방송의 경우 방송의 자유를 법적으로 보장하기를 포기하고 시장의 제 세력에 발전을 맡긴다는 것은 기본법에 합치하지 않는다고 하였다. 방송의 자유를 보장한다는 것은 방송에 의한 자유로운 의견형성을 가능케 하는 것이고, 방송이 종합적인 정보를 전달할 수 있도록 보장 하는 것은 이를 위한 기본전제라고 보았다.[336)

따라서 다양한 의견이 방송을 통해 전달되도록 하는 '기본적 서비스의 공급'은 공영방송의 임무가 되는 것이다. 이것이 공영방송으로 보장되는 한, 또 그 범위 내에서는 민영방송에게 기본법이 공영방송에 요구하는 프로그램의 광범위성이나 다양한 의사의 보장을 똑같이 높게 요구할 필요가 없다고 하였다.[337)

제4차 방송판결은 이상과 같은 논증을 근거로 해서 이원적 방송체제하에서 민영방송에 대해서 허가조건의 완화를 주장했다. 한편 연방헌법재판소가 기본적 서비스의 공급이라는 개념을 사용한 것도 제4차 방송판결에서이다. 그 내용은 다음과 같다.

(1) 이원적인 방송질서에 있어서 불가결한 기본적 서비스의 공급은 공영방송의 역할이다. 거기에는 두 가지의 이유가 있는데, 첫째, 공영방송의 지상파 프로그램은 거의 모든 주민에게 도달하고 있으며, 둘째, 공영방송 프로그램은 민영방송처럼 시청률에 의존하고 있지 않기 때문에 내용적으로도 종합적인 프로그램을 제공하는 것이 가능해야 한다.

---

335) BVerfGE 73, 118 [155]
336) 그 외에 니더작센 주의 방송법은 또 특정 지배세력이 프로그램의 형성에 영향을 미치는 것을 고려하여 이에 대한 제한을 가하고 있었는데, 이에 대해서 재판소는 국가의 행정관청이 불확정 개념(unbestimmter Rechtsbegriffe)을 사용하여 프로그램의 내용적 평가를 수반하거나 프로그램 내용에 간접적 영향을 미칠 수 있도록 하는 규정은 위헌이라고 보았다.
337) BVerfGE 73, 118 [158, 159]

(2) 기본적 서비스의 공급은 독일 민주주의 질서와 문화적 생활에 대한 방송의 본질적인 기능, 즉 의견형성기능을 포함하고 있다.

(3) 사기업에 의해 유럽시장 전체를 대상으로 하는 프로그램의 제공이 확대되고 있는 가운데 중요한 것은 지상파방송이 지금까지 전통적으로 수행해 온 고전적 역할이 보장되는 것이다. 이 고전적인 임무에는 의견형성기능 외에도 문화적 책임이 포함된다.

(4) 이러한 기본적 서비스를 공급하는 것이 공영방송의 존재와 그 특수한 존재방식 - 수신료에 의해 운영되고 있는 것 - 이 정당화된다.

(5) 공영방송의 이러한 역할이 맡겨져 있는 한, 그 수행을 위해 기술, 조직, 인사, 재정적인 전제 조건이 확보될 필요가 있다.[338]

3차 방송판결과 4차 방송판결의 차이를 분석해 보면, 외부적 다원주의 모델의 가능성을 인정하고 있는 제3차 방송판결은 민영방송사업자에 대해서 균형성은 의무화할 수 없다. 단지 이들에게는 적절하고도 포괄적으로 진실에 가까운 정보를 제공하고 동시에 최소한의 상호적 배려만이 부과된다고 하는 사고방식을 명백히 하였다. 외부적 다원주의란 민영방송사업자가 각기 특성을 살려서 방송활동을 행한 결과로서 민영방송사업자 전체 시장에 있어서 다양성이 성립한다는 것이다. 이때에 공영방송을 포함해서 다양성에 여부를 판단한다는 것은 문제가 있는 것이며 오히려 다양성의 확보를 담보할 수 있는 공영방송은 여기에 포함되지 않는다고 하는 것이 일반적인 해석이었다. 그러나 제4차 방송판결은 다양성이 성립되고 있는지의 여부에 관한 판단에 있어서 공영방송도 함께 고려해야 한다고 하고 있으며 이에 따라 민영방송의 설립조건을 완화시켜야 한다는 것이다. 즉 기본법에 의해 보장되고 있는 방송의 자유는 방송제도 전체에, 즉 단순하게 민영방송뿐만 아니라 공영방송에도 관련되는 것이라고 하는 점이다. 그렇기 때문에 공영방송의 임무가 효과적으로 유지되고 있는 한, 민영방송에 있어서 프로그램 공급의 폭, 균형 잡힌 다양성의 보호에 관해서는 공영방송과 같은 정도의 높은 기준을 부과하지 않는 것이 정당화된다. 이것이 민영방송에 대한 규제를 모두

338) BVerfGE 73, 118 [158]

완화하고 발전을 시장에만 위임하자는 취지가 아님을 판결에서 분명히 언급한 바와 같다. 단지 공영방송에 있어서 의견의 다양성이 보장된다고 하는 전제가 성립되어 있을 때, 민영방송에 있어서 내용의 불균형은 어느 정도 허용된다는 것이다.

## (4) 규제완화

영국 역시 80년대 후반부터 방송규제는 완화되기 시작한다. 1986년 피콕(Peacock)위원회에서 탈규제의 원칙이 수립된 후에는 규제완화가 영국 방송정책으로 확정되기에 이른다. 현재 영국은 신문과 방송의 겸영소유뿐만 아니라 대기업의 신문·방송진입도 허용하고 있다. 피콕위원회가 강조한 시장원리에 입각한 '소비자 주권론(consumer sovereignty)'은 1990년 방송법 제정에 큰 영향을 미치게 되었고 기존의 텔레비전법(Television Act)과 1984년 케이블과 방송법(Cable and Broadcasting Act 1984)을 통합한 1990년 방송법을 탄생시켰다. 동법은 지상파방송에 대한 중요한 개혁의 발단이 되기도 하였다.

상업방송의 구조 개편을 목표로 제정된 1990년 방송법은 유럽연합의 '국경없는 텔레비전 지침'339)의 조항들을 이행하면서 상업텔레비전방송위원회(Independent Television Commission: ITC)를 창설시킨다. 상업텔레비전방송위원회에는 법에서 방송에 관련된 규칙을 제정할 권한을 부여받았으며 그 실행의 확보를 위해 방송 면허자들이 이를 이행하지 않는 경우 금전적인 제재나 면허의 취소 등과 같은 제재수단을 보유하고 있었다.340)

1996년 7월 국왕의 재가(Royal Assent)를 받아 효력을 발생한 1996년 방송법(The Broadcasting Act 1996)은 영국 방송의 '복수주의(plurality)', '다원성(diversity)', '품격(quality)'을 보장하고 장려하기 위해 제정되었다. 동법은 150 section과 11 schedule로 구성되어 디지털방송을 포함하여 광범위한 방송관련 분야를 다루고 있었다.341)

339) 1989 Television without Frontiers Directive (89 / 552)
340) 그러나 국영방송인 BBC는 그 규제대상에서 제외된다.

1990년 방송법에 규정된 미디어 소유에 관한 규제는 1990년대에 빠르게 발전한 미디어산업 분야에 적당하지 못했고 법을 회피하기도 쉬웠다.[342] 디지털방송의 출현 등 기술의 발전에 따른 변화에 대응하기 위해 동법은 1990년 방송법을 전면 개정하여 소유규제를 완화하였고, 공공의 이익(public interest)에 반하지 않는 한 신문과 방송의 교차소유도 제한적인 범위 내에서 인정하였다. 또 디지털 시대에 부응하는 디지털방송서비스 사업자 허가 체제 등을 명시하였고, 방송서비스에 일반적인 방송프로그램의 전송 이외에 여유 대역을 활용한 '디지털 부가서비스(digital additional service)' 개념을 규정함으로써 쌍방향 방송서비스 등의 제공을 법적으로 뒷받침하고자 하였다.[343] 이때부터 영국 방송법에 경쟁개념이 도입되기 시작하여 많은 규제가 완화되었음을 볼 수 있다.

## (5) 우리나라 통합방송법: 뉴미디어 도입법제

우리나라의 1963년 방송법은 유신 이후인 1973년 방송에 대한 절대적인 통제의 목적으로 개정되었다가 1980년에 방송법이 폐지되게 된다. 1980년에는 국가보위입법회의의 의결로 언론기본법이 제정되게 된다. 법률 제3317호의 언론기본법은 기존의 '신문·통신등의등록에관한법률'과 '방송법' 그리고 시행되지 않고 있던 '언론윤리위원회법'을 폐지하고 단일통합법으로 탄생되었다.[344] 언론기본법은 '국민의 표현의 자유와 알 권리를 보호하고 여론형성

---

341) 동법에 의해 방송불만처리위원회(Broadcasting Complaints Commision: BCC)는 방송기준위원회(Broadcasting Standards Council: BSC)로 통폐합되었다. 방송기준위원회는 불공정한 처우, 프라이버시의 침해에 관한 사항을 살피고 집행은 제한적이지만 프로그램의 음란 또는 폭력성의 여부를 심사하는 것을 그 임무로 하였다(Broadcasting Act 1996, 1996 Chapter 55, Part ⅴ The Broadcasting Standards Commission). 방송기준위원회의 권역은 상업텔레비전방송위원회와는 달리 BBC (British Broadcasting Corporation)를 포함하는 영국 내의 모든 방송업자들에게 미친다.

342) Matthew O'Regan, "Broadcasting: Legislation", C. T .L .R. 1996, 2(5)(1996), p.135.

343) 한국방송영상산업진흥원(2005), 61면.

344) 구언론기본법 부칙 <제3347호,1980.12.31>
    제2조 (폐지법령) 신문·통신등의등록에관한법률, 언론윤리위원회법 및 방송법은

에 관한 언론의 공적 기능을 보장함으로써 인간의 존엄과 가치를 존중하고 공공복리의 실현에 기여함'을 목적으로 하였다. 새로 제정된 언론기본법에 따라 방송운영에 관한 기본적인 사항들을 심의하고 감독하는 기관으로 방송위원회가 설치되었다.345) 언론기본법은 등록취소 조항을 비롯해 정기간행물과 방송의 표현물을 법관의 영장을 발부받아 압수할 수 있다는 등 독소적인 내용들을 담고 있어 대표적인 악법으로 인식되었다.346)

언론기본법은 방송체제를 공·민영 혼합체제에서 공영 독점체제로 변화시키면서 명시적으로 방송의 공공성을 표방하였으나, 실제에 있어서는 방송을 정권유지의 도구로 활용하였다.347) 1987년 민주화 항쟁은 새로운 방송법을 제정하는 계기가 되었는데, 이때 제정된 방송법은 방송위원회의 권한을 강화시키는 한편 동 위원회에 '심의의결권'을 부여함으로써 방송위원회가 독립된 감독·규제기관으로서의 지위를 누리도록 하였다.348)

1990년 8월 1일 법률 제4263호로 공포된 '개정방송법'에서는 방송기술의 발달과 방송에 대한 수요증대 내지 방송기능의 확대 등 국내외 방송환경의 변화에 따라 1980년 이후 유지되어 온 공영방송구조를 공·민영 이원방송으로 전환하기 위하여 관련규정을 대폭 정비함으로써 우리나라의 방송구조의 지형을 크게 변화시켰다.349) 1994년 이후 방송산업에서는 급격한 변화가 일어나기 시작하였다. 오랫동안 2개의 공영채널만 허용했던 정부는 민영방송사를 허가하여 서울방송을 출범시키고, 1995년과 1997년에 각각 전국 8개 지역에 지역 민영방송이 허가되었다.350) 이와 같은 변화와 함께 1997년 12

---

이를 폐지한다.

345) 구언론기본법 [제정 1980. 12. 31 법률 제3347호]
　　제34조(방송위원회) ① 방송운영에 관한 기본적인 사항을 심의하기 위하여 방송위원회(이하 "위원회"라 한다)를 둔다.

346) 김정태(2005), 9면.

347) 박종보, 이상수, 한철, "統合放送法(案)上 放送委員會의 法的 地位와 權限", 『과학기술법연구 4집』, 309쪽 참조.

348) 구방송법 [제정 1987.11.28 법률 제3978호]
　　제21조 (시정 및 제재) ① 위원회는 심의규정을 위반한 방송국에 대하여 사과·정정·해명 또는 취소 등을 하게 하거나 1년 이하의 기간을 정하여 관계자의 출연정지 또는 징계를 명령할 수 있다.

349) 김명식, "방송위원회의 구성과 권한에 관한 일고찰", 『공법연구』 제32집 제3호(2004), 256면.

월에 실시된 제15대 대통령선거에서 야당인 새 정치국민회의의 김대중 후보가 당선되면서 통합방송법 제정을 비롯해 새 방송위원회 출범, 시행규칙 제정과 같은 일련의 정책결정 과정이 급속하게 진행되게 된다.

기술의 발달에 따라 기존의 불특정다수에게 제공되던 서비스 외에도 시청자의 능동적인 관여로 이루어지는 케이블TV, 위성방송, 인터넷방송 등이 등장하면서 이러한 신기술을 포섭할 수 있는 법의 제정이 절실하게 요청되었다. 이에 2000년 소위 '통합방송법'351)이 제정되었다. 통합방송법은 2000년 1월 12일에 공포되어 2000년 3월 13일부터 시행하게 되었다. 그러나 통합방송법에 의해 설치되는 새 방송위원회는 2000년 2월 12일까지 구성하도록 하였으며, 새 방송위원회는 구성이 되더라도 2000년 3월 13일부터 정상적인 권한을 행사할 수 있었다. 352) 동법은 종전의 방송법·종합유선방송법·유선방송관리법·한국방송공사법으로 분산되어 있던 방송법 체계를 통합하였기 때문에 '통합방송법'으로도 불린다.353)

2000년 통합방송법이 제정되고 난 후에도 방송환경은 급속히 발달하여 방송법이 규율해야 할 방송서비스의 컨텐츠도 급변하였다. 방송총괄규제기구로 출범한 방송위원회 역시 조직 내·외의 변화된 환경으로 인해 제대로 그 역할을 수행하지 못하고 있었다.354) 이에 따라 개정된 방송법은 무엇보다도 새로운 방송·통신 융합현상에 맞는 방송개념을 정립하고 방송시장의 규제완화에 발맞추는 한편 방송위원회의 규제 실효성을 확보하면서 아울러 방송의 공공성을 강화하는 데 그 목적을 두고 있다. 따라서 지난 2002년 이후 방송법은 무려 10차례나 개정되었다. 단시간에 이처럼 많은 개정작업이 이루어진 것은 그만큼 방송 분야가 빠르게 발전하는 데 따라 이에 대응하기 위한 법적 노력이 끊임없이 이루어지고 있다는 것을 의미한다고 할 수 있겠다.

350) 무선관리단(2004b), 88면.
351) 방송법 [폐지제정 2000. 1. 12 법률 제6139호]
352) 유대선(2005), 177면.
353) 통합방송법은 종합유선방송·중계유선방송·지상파방송뿐만 아니라 전광판방송을 관할하는 개별 법률을 통합하였으나, 방송통신 융합서비스에 관한 규정이 부족하고, 기존관계들을 현상 유지하는 등 현실과 타협하여 서둘러 제정한 측면도 있었다. 김정태(2005), 15면 참조.
354) 황근(2003), 103면.

디지털 컨버전스와 방송규제

1차 개정은[355] 위성방송과 케이블의 등장으로 지상파재송신에 관한 규정의 조정을 위해 이루어졌다. 종전에는 종합유선방송사업자·위성방송사업자 및 중계유선방송사업자의 경우 한국방송공사 및 한국교육방송공사가 행하는 지상파방송을 그 채널의 수에 관계없이 수신하여 이를 그대로 동시에 재송신(동시재송신)하도록 하였다. 그러다가 개정으로 한국방송공사 및 한국교육방송공사가 행하는 지상파방송 중 방송위원회가 지상파방송사업자별로 방송편성 내용 등을 고려하여 지정·고시하는 1개의 지상파방송채널을 동시재송신하도록 하는 한편, 위성방송사업자는 의무적으로 동시재송신하여야 하는 지상파방송채널 이외의 다른 지상파방송을 재송신하고자 하는 때에는 방송위원회의 승인을 얻도록 하였다.

2차 개정은 실무적인 내용을 중심으로 개정이 이루어졌다. 방송법은 방송의 공익성을 고려하여 대기업의 참여에 대한 제한규정을 명문으로 규정하고 있는데 이렇게 진출이 제한되는 대기업의 범위는 '독점규제및공정거래에관한법률'에 의했고 동 법률에서 '대규모 기업집단'이라는 개념을 폐지하자 방송법에도 그 대신 "독점규제및공정거래에관한법률 제2조 제2호의 규정에 의한 기업집단 중 자산총액 등 대통령령이 정하는 기준에 해당하는 기업집단에 속하는 회사와 그 계열회사"로 개정하였다. 그 외에 지상파방송사업자에 한정하여 장애인의 시청을 돕도록 규정하고 있던 것을 종합유선방송사업자·위성방송사업자 및 방송채널사용사업자 등 방송사업자 전반에 대하여 장애인의 시청을 돕도록 하는 근거조항을 마련하였다(법 제69조제7항).

제3차 개정은 방송의 독립성 및 정치적 대표성 등을 높이기 위하여 방송위원회의 구성과 관련하여 위원장 1인, 부위원장 1인 외에 3인의 상임위원을 두도록 하고, 상임위원 중 2인은 대통령이 속하지 아니하는 교섭단체의 대표의원과 협의하여 추천된 자가 포함되도록 하여 구조적 다양성을 추구하였다.

'통합방송법'의 제정 후 가장 큰 내용적의 변화가 있었던 것이 제7차 개정[356]이다. 제7차 방송법 개정은 방송과 통신이 융합되고 있는 현상을 효율적으로 규율하기 위하여 방송의 정의규정을 정비하고, 신규 방송서비스로

355) 방송법 [일부개정 2002. 4. 20 법률 제06690호]
356) 방송법 [일부개정 2004. 3. 22 법률 7213호]

데이터방송, 이동멀티미디어방송의 도입 근거를 마련하는 한편, 방송사업자 등이 겸영제한 또는 소유제한을 위반한 경우 방송위원회가 그 시정을 명할 수 있도록 하는 등의 내용을 담고 있다. 제2조 제1호에서 방송매체를 중심으로 지상파방송, 종합유선방송, 위성방송으로 구분하던 방송의 분류를 텔레비전방송, 라디오방송, 데이터방송, 이동멀티미디어방송으로 분류·정의하여 그 도입 근거를 마련하였다. 또 대기업의 소유제한규정을 폐지하고 종합유선방송사업 및 방송채널사용사업에 대한 외국자본의 출자 및 출연 상한을 종전에는 당해 법인의 주식 또는 지분의 총수의 100분의 33까지로 제한하던 것을 앞으로는 이를 완화하여 100분의 49까지 허용하도록 하였다(법 제8조 제4항 및 제14조 제2항 및 제3항).

또 방송위원회에게 방송사업자 등이 경영제한 또는 소유제한을 위반한 경우 위반행위를 한 자에 시정명령을 할 수 있는 권한을 주었다(법 제8조 제12항 신설, 제106조 제1항 제2호). 방송사업자·중계유선방송사업자 또는 전송망사업자가 외국자본의 출자 또는 출연제한규정을 위반한 경우에 위반의 원인을 제공한 주식 또는 지분의 소유자의 소유분 또는 초과분에 대하여는 의결을 행사할 수 없도록 하고, 방송위원회에게 당해 사업자나 그 위반의 원인을 제공한 주식 또는 지분의 소유자에 대하여 해당 사항에 대한 시정명령을 할 수 있도록 하였다(법 제14조 제5항 및 제6항 신설, 제106조 제1항 제3호).

# 4.
# 경쟁촉진 / 미디어 융합 법제

## (1) 경쟁촉진 법제

1970년대 중반에 오기까지 미국의 FCC는 방송사업자들을 규제하는 많은 규칙들을 제정하였으나 대부분의 규칙들은 문서화된 원칙일 뿐 그 효율성은 그리 높지 못했다. 카터정권이 들어서면서 연방통신위원장 찰스 페리스(Charles Ferris)는 규제완화를 FCC의 공식정책으로 삼고 여러 가지 규제들을 폐지하기 시작한다.357)

1990년 급변하는 방송통신산업에 대한 FCC의 규제권한의 범위를 제한하는 연속된 법원의 판결에 의해358) FCC의 권한이 1934년 통신법(Communication Act of 1934)의 엄격한 적용으로만 한정되게 좀 더 효율적인 규제를 할 수 있도록 하는 새로운 입법의 필요성이 대두되었다. 여기에 이미 1980년대에 접어들면서 방송통신 시장도 다른 제반 산업과 같이 시장경쟁에 의한 규율에 맡기려는 '사적 경쟁의 시장(private marketplace)'으로 보는 시각이 더해져 1996년 세계에서 처음으로 미디어 융합에 대응하는 법률체계로 정비된 1996년 텔레커뮤니케이션법(Telecommunications Act of 1996)을 탄생시키게 된다.359)

1996년 텔레커뮤니케이션법의 제정 이전 미국의 방송정책에서는 지역성 (localism)이 가장 우선시되어 왔다. 지상파방송, 케이블TV, 지역전화사업 허가과정에 모두 지역성이 강조되었으나 이는 결과적으로 장거리전화의 과점과 케이블TV의 지역독점 문제를 가져왔다. 장거리전화의 요금과 케이블TV 서비스에 관련한 소비자의 불만은 점점 높아갔고 획기적인 법개정은 소비자의 이러한 불만을 반영하게 된다. 따라서 동법은 공익 개념 중 지역성보다 다원성을 우선시하였으며 '경쟁'과 '시장개방'을 통한 친경쟁적이고 규제완

---

357) FCC는 1981년에 라디오방송의 면허기간은 3년에서 7년으로, 텔레비전방송의 면허기간은 3년에서 5년으로 연장하였다. 1985년에는 한 개인이나 법인이 소유할 수 있는 방송국의 수를 21개에서 36개국으로 늘였으며, 공정성의 원칙을 폐지하는 등 케이블TV에 관한 거의 모든 규제도 폐지하였다.

358) Southwestern Bell Corp. v. FCC, 34 F.3d 1515(1995); MCI Telecomminications Corp. v. AT&T Co., 114 s.Ct. 2223(1994)사건은 FCC가 시장지배력을 가진 장거리전화 사업자에게만 요금체계를 신고하고 그렇지 않은 사업자를 그 대상에서 제외한 것에 대한 판단으로 법원은 (1) FCC는 규제정책의 근본적인 변화를 변경할 권한이 없으며, (2) 비시장지배자를 제외시키는 것은 FCC의 권한 밖의 행위라고 판시하였다.

359) 자본주의의 전형인 미국은 흔히 법률의 제정 이면에 많은 법 외적인 요인들이 작용한다. 1996년 통신법의 제정은 미국의 방송통신 정책에 중요한 변화를 가져온 법이었으나 그 개정에 관해서는 경제나 무역잡지 외에는 크게 다루어지지 않아 큰 미디어기업들에 의해 좌우되고 공공의 참여가 없는 와중에 미디어기업들의 이익에 따라 제정되었다는 비난도 받고 있다.

화적인 국가정책을 목적으로 모든 시장에 경쟁체계를 도입하는 것을 목표로 하였다. 동법의 제정과 함께 특정 미디어 분야의 시장참여자의 다른 분야에의 시장진입의 규제와 같은 것은 폐지되게 된다.

1996년 텔레커뮤니케이션법은 다음과 같은 내용을 주 골자로 한다.

i) 방송국과 케이블에 대한 교차소유권의 제한이 대폭 완화되었다; 라디오방송국은 시장규모에 따라 6 내지 8개 방송국을 동시에 소유·운영할 수 있으며, 지상파방송사와 케이블TV, 전화회사와 케이블TV사이의 교차소유 금지규정은 폐지되었다.

ii) 정보고속도로(information highway)를 만드는 데 경쟁을 늘여 국민들에게 가능한 최저의 비용을 부담할 수 있도록 하기 위해 새로운 시장진입자를 위한 완전한 개방상태를 만들면서 신규 방송서비스에 대한 허가방식으로 추첨제와 주파수 경매제를 채택하고 텔레커뮤니케이션 산업 전반의 경쟁을 강화하였다.

iii) 정치방송 및 어린이 프로그램, 폭력에 대한 프로그램 등급제 의무화를 제외한 방송내용이나 편성규제가 모두 삭제되었다.

iv) 방송면허의 기간을 기존 TV는 5년, 라디오는 7년에서 모두 8년으로 연장시켰다.

1996년 텔레커뮤니케이션법의 제정성과는 아직 더 두고 봐야 알 수 있겠지만 이와 같이 방송에 대한 많은 규제를 완화시키면서 FCC의 규제권한 역시 약화시키는 결과를 가져왔다고 할 수 있다.[360]

---

360) 최근 미 하원은 광대역 인터넷(Broadband Internet) 서비스와 인터넷 전화(Voice over Internet Protocol, VoIP) 관련 규정들을 포함하여 현행 텔레커뮤니케이션법을 전반적으로 점검하는 작업에 착수했다. 이번 개정안 초안은 새롭게 등장하고 있는 뉴미디어 기술들을 현행 법 테두리 내로 수렴하고, 규제의 거시적 일원화를 통해 관련 기업들이 자유롭게 상호 경쟁할 수 있는 환경을 조성했으며, 이용자(또는 가입자)들의 권리를 최대한 보장하고자 했다는 것으로 요약할 수 있다; 한국방송영상산업진흥원(2005a), 27-29면 참조.

## (2) 미디어 융합 법제

방송법과 통신법[361]이 분리된 이원적 법체계를 유지해 온 영국 방송법은 2003년 커다란 변화를 맞게 된다. 2000년 12월 12일 영국정부는 변화하는 방송과 텔레커뮤니케이션 산업에 맞춘 "커뮤니케이션의 새로운 미래(A New Future for Communications)"라는 백서와 2001년 미디어 소유에 관련된 보고서를 기점으로 새로운 방송법을 준비하게 된다.[362] 그에 따라 2002년 11월 커뮤니케이션법안(Communications Bill)이 발표되고 2003년 7월 커뮤니케이션법이 제정된다.[363] 동법은 기존 방송관련 규정 중 중요한 내용의 변경이 있는 경우에는 동법으로 이관시키거나 삭제시켰으며, 방송관련 규제조항들을 독립된 장으로 구성하였다. 동법은 모두 6개의 장으로 구성되어 있으며 제1장은 OFCOM의 기능, 제2장 네트워크, 서비스, 라디오 주파수, 제3장 텔레비전 및 라디오 서비스, 제4장 텔레비전 수신 면허, 제5장 커뮤니케이션 시장에서의 경쟁, 제6장 기타 등 6개 대항목으로 구성되어 있다.[364] 2003년 커뮤니케이션법은 대폭적인 규제완화정책을 표방하고 있으며 이에 따라 소유규제도 폐지되거나 완화되었다. 유럽연합 회원국이 아닌 외국 사업자도 BBC만 제외하고는 영국 방송을 매입할 수 있게 되었고, 민영방송국 간의 합병이 가능하게 되었다.

2003년 커뮤니케이션법은 OFCOM에게 최소한 5년에 한 번씩 현재의 공익방송서비스의 현황을 평가하여 그 결과보고서를 제출하도록 규정하고 있다.

---

361) 통신법은 1984년 통신법(Telecommunication Act) 및 1949년 무선통신법(Wireless Telegraphy Act)이 그 기본이 된다. 통신법은 제1차 정보통신법의 제정(1981년)으로 본격적인 통신서비스 경쟁시대로 돌입하고, 2차 정보통신법(Telecommunication Act 1984)의 발효로 실질적인 통신사업자 경쟁체제 돌입에 따른 면허 부여 및 사업자 규제, 감독이 시작되었다.

362) 백서에 관한 자세한 논의는 Rico Calleja & Thomas Crane, "White Paper, White Wash? A New-But Uncertain-Future for Communications", Ent. L. R. 2001, 12(4)(2001)참조.

363) 커뮤니케이션법안에 관한 자세한 논의는 Jason Romer & Graeme Maguire, "An Overview of the Draft United Kingdom Communications Bill", C. T. L. R. 2002, 8(6)(2002)참조.

364) 동법은 라디오와 텔레비전 서비스를 그 대상으로 하고 있으며 법 제정에 앞서 발표된 백서에서 선언된 바와 같이 인터넷은 음란이나 명예훼손 등의 일반적인 법에 의해서만 규제된다.

가장 최근인 2005년 2월에 발표된 보고서는 공익서비스출판사(public service publisher:PSP) 개념의 도입을 예고한 바 있다. OFCOM이 제안한 PSP는 출판형 방송사의 개념으로 이해되고 있다. 현재 영국의 지상파방송사인 Ch4는 프로그램은 제작하지 않고 독립제작사가 공급한 프로그램만 송출하고 있는데 이 모델을 지상파방송에만 국한하지 않고 디지털 시대 모든 미디어에 적용시켜 보자는 취지이다. PSP는 자체 제작 없이 다양한 제작원으로부터 확보한 콘텐츠의 기획과 편성·송출에 초점을 두고, 기존 아날로그나 디지털 지상파 TV는 물론 모바일, 브로드밴드 상의 플랫폼에도 콘텐츠를 공급하는 역할을 하게 된다. 이는 BBC나 Ch4 등의 기존 공공서비스 방송만으로는 미래의 디지털방송환경에서 방송의 다양성 등 공적 가치를 실현하는 데 제한이 있음을 고려한 조치라고 할 것이다.[365]

PSP 모델이 논의되고 있는 것은 2003년 커뮤니케이션법 제정과 디지털 컨버전스 환경에서는 공공서비스 방송의 기능이 약화될 수 있음과 동시에 새로운 채널의 증가가 품질 높은 콘텐츠 제작을 어렵게 할 것이라는 OFCOM의 우려가 담겨져 있다고 하겠다. 즉 영국은 2003년 커뮤니케이션법 제정을 통해 경쟁촉진을 추진하는 한편 경쟁에서 오는 폐해를 제거하기 위한 보완적 장치로서 공익서비스출판사(PSP) 모델을 제시하고 있는 것이다.


## (3) 융합서비스 구분법제

독일은 기존의 방송, 통신관련 법제를 유지시키면서 새로운 법률을 제정하여 규율하는 방법을 채택하고 있다. 독일에서는 연방과 주 사이에서 뉴미디어에 대한 규제권한을 어디에 귀속시킬 것인가에 관한 오랜 논쟁이 있어 왔다.

---

365) 현재 구체적인 운영형태와 재정형태는 논의 중이지만 비영리 형태로 공적 재원 또는 국가 재원이 투입될 것으로 보인다. 연간 약 3억 파운드(5100억 원) 정도의 예산 소요가 전망되며 2012년 정도에 설립될 예정이다. 운영사업 대상자에서 BBC는 제외될 것으로 보고 있다. 사업자 구도는 Ch4가 직접 참여하는 방법, PSP 사업자들과의 제휴, PSP사업자들에게 방송시간 일부 제공 등 다양한 방법이 검토되고 있는 것으로 보인다; 한국방송영상산업진흥원, 「KBI 포커스: 융합시대 방송콘텐츠산업 진흥과 영국 PSP모델」, (한국방송영상산업진흥원, 2006) 참조.

최종적으로는 방송과 통신의 융합서비스를 텔레서비스와 미디어서비스로 이원화하는 것으로 법제를 정비하였다. 즉 융합서비스의 유사성에도 불구하고 연방정부는 통신에 가까운 '텔레서비스'로, 각 주는 방송과 유사한 '미디어서비스'로 나누어 각각의 권한을 행사하도록 하였다. 이에 따라 각 주는 "미디어서비스국가조약"을 제정하게 되며, 기존과 같은 분리체제를 유지하게 된다. 따라서 방송에 관한 사항은 방송국가협약(Rundfunkstaatsvertrag), 통신영역은 통신법(Telekommunikationsgesetz)의 대상이 된다. 공중을 대상으로 하는 Pay TV, VOD, 텔레쇼핑, 전자신문 등과 같은 융합서비스에 대해서는 '미디어서비스국가협약(Mediendienste-Staatsvertrag: DStV)'이, 개인의 사적 이용을 위한 데이터전송, 텔레뱅킹과 같은 융합서비스는 '텔레서비스법(Teledienstegesetz TDG)'으로 각각 다르게 적용되고 있다.

미디어서비스국가협약(Mediendienste-Staatsvertrag:MDStV)은 1997년 8월 1일부터 발효되었다. 미디어서비스국가협약은 전자정보 및 커뮤니케이션 서비스에 대해 각 주정부의 수상들이 합의하여 만든 국가협약이다. 따라서 연방국가적 차원의 통일된 법규로서 투자자, 서비스 사업자, 그리고 이용자의 이익을 보장하기 위한 내용을 포함하고 있다. 특히 융합서비스 영역에서 기업활동을 촉진시키기 위한 목적에 비중을 두고 있다. 미디어서비스법의 발효로 기존 유사한 법률이었던 '문자다중방송－국가조약'은 폐기되었다.

미디어서비스국가협약이 주간의 협약이라 한다면 텔레서비스법은 연방 차원의 법률이다. 텔레서비스법은 멀티미디어와 데이터 서비스 사업자들을 위해 통일된 법률을 마련하기 위해 제정되었다. 동법은 개인이 이용하는 정보와 커뮤니케이션 서비스에 관해 규정하고 있다. 정보란 텔레커뮤니케이션을 통해 전송되는 기호, 그림 또는 음성을 말한다. 동법은 특정 개인이 아닌 일반다수의 이용을 대상으로 하고 있다는 점에서 미디어서비스국가협약과 다르다. 미디어서비스법과 동일하게 1997년 8월 1일부터 발효하여 적용되고 있다.

이와 같이 독일은 전자적 정보 및 커뮤니케이션의 융합서비스에 대해 미디어서비스국가협약과 텔레서비스법이 시행되어 적용되고 있으나 이를 통합하는 법의 도입이 준비 중이다. 텔레미디어법(Telemediengesetz)은 텔레서비스 및 미디어서비스에 관한 법적 규정을 연방 차원의 통일된 텔레미디어법으로 단일화하고자 하는 노력에서 제정되어 있으나 아직 발효되지 않고 있다. 텔레미디어법안은 방송통신 융합시대의 서비스체계에 대한 통일을 목표로 한다. 텔레미디어는 인터넷상의 모든 서비스제공을 포함하고 있는데, 무엇보다도 기존 법규에 비해서 인터넷이용자의 정보보호를 크게 약화시키고 인터넷제공자의 권리만을 보호하고 있다는 문제가 제기되어 있기도 하다. 어쨌든 텔레미디어법안은 경제적 이윤의 활성화나, 사업자의 이해관계 측면에서 고려가 주어진 경쟁촉진적인 법규로 평가될 수 있겠다.

디지털 컨버전스와 방송규제

# 7

새로운 규제체제의 정립

# 제 7 장
# 새로운 규제체제의 정립

多미디어 多채널, 디지털화, 미디어 융합 환경에 맞는 법과 그 법의 탄력
적인 운용을 위해 선진 국가들은 뉴미디어가 도입된 1980년대 이후 잦은 방
송법의 개정으로 여기에 대응하고 있다. 특히 최근에 급속하게 진행되고 있
는 방송과 통신의 융합 현상은 새로운 방송법제의 제정에 대한 요구를 증대
시켰고, 이에 따라 각 국가들이 전통적으로 실시해왔던 방송에 대한 규제체
제에도 변화가 수반되고 있다.

## 1.
## 진입규제(사업허가)

앞서 본 바와 같이 대부분의 국가에서 방송사업에 대한 진입규제로 허가
제나 면허제도가 시행되고 있다. 우리나라도 마찬가지로 방송을 하고자 하

는 자는 방송허가를 받아야 한다. 방송에 대한 허가제는 헌법에서 금지하고 있는 허가제와는 달리 방송기능 수행에 필요한 기술적 요건을 갖춘 사업자만이 방송을 할 수 있도록 하는 기술적인 판단이며, 방송내용에 대한 판단은 아니다.366)

우리나라의 허가제는 지상파방송사업자·위성방송사업자·종합유선방송사업자·중계유선방송사업자로 하여금 방송위원회의 추천을 받은 후(방송법 제9조), 전파법 제34조에 의한 기술심사를 거쳐 정보통신부 장관으로부터 방송국 허가를 받도록 하는 이원적 구조를 가진다. 즉, 방송으로서의 사회적 중요성이 높은 방송유형은 방송위원회의 추천과 이를 근거로 한 정보통신부 장관의 허가를 받도록 한 것이다. 이렇게 방송국 허가를 단계적으로 이원화한 것은 방송법 및 전파법의 입법취지와 관련사무의 분배에 대한 적절한 고려를 바탕으로 하여 처분의 신중성을 기함으로써 사업자에 대한 행정규제를 완화하고 방송의 독립성을 확보하며 방송의 공정성을 기하고자 함이다.367)

그러나 이와 같은 이원화 절차의 비효율성에 대한 문제는 이미 여러 차례 제기된 바 있고 방송계나 학계, 정계에서 끊임없이 그 개선방안이 제기되고 있다. 방송위원회와 정보통신부 간의 관할권을 둘러싼 갈등은 뚜렷한 해결책 없이 관련 부서 간의 이해관계를 둘러싸고 특별한 대책이 나오지 않고 있다. 미국이 FCC에 허가에 대한 전권을 주고 있으며, 독일이나 영국도 허가는 각국의 규제기관의 책임하에 단일기구 내에서 이루어지고 있는 것과 비교해 보았을 때 이와 같은 이원적인 구조는 개선되어야 할 사항이라 판단된다. 그러나 방송과 통신의 규제기관이 이원화되어 있는 이상 방송사업에 관한 사항은 방송위원회가, 기술적인 사항은 정보통신부가 갖는 현재의 구조가 바뀌기는 어려울 것으로 예상된다.

그 외에 방송허가제에 관하여 논란이 되어 온 것은 이러한 허가제가 방송의 자유와 직업수행의 자유를 침해하는지의 여부이다. 나아가 방송환경이 변화함에 따라 방송사업에로의 진입을 규제하는 역할을 하는 허가제가 여전히 의미를 가지는가에 대한 의문도 제기되고 있다.

---

366) 무선관리단(2004a), 197면 참조.
367) 무선관리단(2004b), 37면.

방송의 자유는 방송이 국가로부터 자유로울 것을 의미할 뿐 아니라 국가가 스스로 방송행위를 하거나 방송프로그램에 대해 특정한 영향력을 행사해서도 아니 된다는 것을 의미한다. 여기에는 방송에 대한 명백하고 직접적인 간섭뿐만이 아니라 국가기관이 프로그램에 대해 영향력을 행사하거나 방송종사자에게 압력을 가하는 등의 간접적인 지배의 금지도 포함된다.[368] 이러한 맥락에서 본다면 방송허가제를 통해서 국가가 영향력을 행사하고 있다고도 볼 수 있다. 그러나 허가 기관이 설사 국가로부터 독립되어 있는 기관이 아니라 법적으로 국가에 종속되어 있다 하여도 법률로 국가로부터 독립하여 운영되고 사실상의 종속관계에 있는 것이 아니라면 방송의 자유를 침해한다고 보기는 어렵다.

법원에 의하면 헌법 제21조 제2항의 허가와 검열은 언론의 내용에 대한 허용될 수 없는 사전적 제한이라는 점에서는 본질적으로 같은 것이며, 이러한 허가와 검열금지의 취지는 정부가 표현의 내용에 관한 가치판단에 입각해서 특정 표현의 자유로운 공개와 유통을 사전 봉쇄하는 것을 금지하는 데 있다고 한다. 이에 따라 허가가 내용규제 그 자체가 아니거나 내용규제의 효과를 초래하는 것이 아니라면 금지된 허가에 해당하지 않는다고 하였다. 따라서 진입규제로서의 사업허가제를 두는 것이 원칙적으로 금지되는 것은 아니라는 것이다. 다만 허가의 요건이나 허가제의 운영내용이 기본권 제한의 일반적 한계를 지키지 않았는지 또는 평등원칙에 위배되는지의 여부가 문제될 수 있다고 하였다.

이러한 규제가 금지된 허가에 해당되는지는 그 규제내용의 실질에 따라 판단되어야 한다. 법은 일정한 방송시설기준을 구비한 자에 대해서만 방송사업을 허가하는 허가제가 허용될 수 있는 여지를 주고 있다. 또 다른 한편으로는 방송사업에 대한 시설기준을 '법률'로 정하도록 함으로써 행정부에 의한 방송사업허가제의 자의적 운영이 방지되도록 하는 기능을 하고 있다. 이와 같이 허가제는 방송의 공적 기능을 보장하는 것을 주된 입법목적으로 한다고 볼 수 있기 때문에 법원은 위의 금지된 허가에 해당하지 않는다고

---

368) BVerfGE 59, 259; 전정환, "방송규제기구에 관한 헌법적 고찰", 『헌법학연구』 제5집 제1호(1999), 245면.

보았다.369)

여기서 이미 허가를 받은 방송국이 아닌 설립 중의 방송법인이나 방송사업에 진입하기를 원하는 자에게 방송설립을 위한 진입청구권이 발생하느냐가 문제될 수 있다. 방송의 자유를 주관적 공권으로 본다면 진입권은 법률에 의하여 비로소 파생된 권리가 아니라 본래적으로 방송의 자유의 내용으로 보장되는 권리로 인정되어야 하며, 그러한 청구권은 기본권으로부터 당연히 발생하게 된다. 앞서 보았듯이 진입청구권은 통상 인정되지 않고 있다. 그러나 방송행위가 더 이상 자본을 기반으로 한 특정인에게 제한된 것이 아님을 볼 때 방송사업에 대한 진입권의 보장방안을 더 광범위하게 인정해 나가도록 하는 것이 새로운 매체들이 계속적으로 등장하고 있는 현 상황에 더 적합할 것이다.

그러나 앞서 본 바와 같이 방송법이 제10조에 방송의 공적 책임·공정성·공익성의 실현가능성 내지는 지역적·사회적·문화적 필요성과 타당성과 같이 명확하지 않고 추상적인 심사기준을 규정해 놓고 있는 것은 문제가 있다. 또 매체의 특성을 고려하지 않고 일률적으로 기준을 적용하는 것도 필요 이상으로 방송의 자유를 제한한다고 본다. 영국의 경우 방송사의 특성에 따라 각기 다른 기준을 가지고 심사를 하며 허가조건을 부여하고 있다. 이와 같이 방송의 특성과 방송매체별로 규제의 정도를 달리하거나 다양화시킨다면 방송사업자의 입장에서는 더 넓은 방송의 자유를 보장받게 되고 다양한 방송프로그램을 제공할 수 있다. 동시에 시청자는 다양한 방송을 통한 욕구의 충족이 가능해질 수 있을 것이다.

통신의 경우 현재 사업계획서에 의한 허가방식과 엄격한 허가조건이 효율적인 융합서비스 제공을 저해하는 요인으로 작용하고 있다는 비판과 함께 허가제 개선에 관한 논의가 있다. 종별면허나 일반면허제, 개척자 우선의 원칙, 경매나 입찰을 통한 허가제의 도입이 그 중심에 있다. 통신 분야의 이러

---

369) 헌법재판소는 또 유선방송사의 종합유선방송과 중계유선방송을 구분하여 차별하는 것은 중계유선방송사업자들의 방송의 자유와 직업수행의 자유를 침해하며 평등의 원칙에 위반된다는 헌법소원에 대해 법원은 진입규제로서의 사업허가제를 두는 것이 원칙적으로 금지되는 것은 아니라고 하였다(헌법재판소 2001. 5. 31, 2000헌바43).

한 변화하는 환경에 맞는 허가제도의 모색과 변화는 방송 분야에도 적용될 수 있을 것이다. 방송신규사업의 경우 사업 준비과정에서 허가의 획득에 전념하다가 이후의 운영에 있어 예상하지 못했던 변수로 재정상태가 악화되었을 때 사업계획서의 내용대로 이행하기 어려운 경우가 생긴다. 이러한 경우 개척자 우선의 원칙을 도입한다면 사전에 프로그램의 조달능력, 방송 인력의 확보, 요금계획이나 기술확인과 같은 항목을 제시하도록 하여 이를 충족하는 자에게 진입을 허가해 줄 수 있다. 이러한 방식은 안정적인 방송의 운영을 보장할 뿐만 아니라 허가에 관한 방송행정기관의 공정성과 시장진입자의 예견가능성을 보장하게 될 것이다.

* * *

EU는 이미 지난 2003년 통신법 개정을 통하여 개별 통신서비스 사업자에 대한 면허제도를 폐지하고 일반승인조건을 갖춘 통신사업자는 일반면허를 통해 개별 서비스에 대해서 사전 승인 없이 서비스제공을 가능하도록 하였다.[370] 통신에 있어서는 이와 같이 일반승인조건을 부여한 사업자 인·허가제도를 도입하여 개별 서비스에 대한 사전 승인제도는 폐지하는 추세이다. 즉, 시장진입이 엄격한 규제의무 부과의 필요성이 적을 경우 정부는 탄력적으로 개별면허[371] 대신 종별면허[372] 혹은 일반면허를 부여하는 것이다.

통신 진입규제의 또 다른 방식으로 미국의 이동통신사업이나 위성방송 도입 시에 채택된 바 있는 개척자 우선의 원칙이 있다. 동 원칙은 규제기관이 사전에 제시한 방침(guideline)이나 사전에 규제기관이 제안한 진입조건을 충

---

370) 임병락, 임형도, 「NGN 환경에 따른 규제정책방향」(SK 경영연구소, 2005), 42-43면
371) 개별면허(individual licensing)란 불충분한 자원이나 관리를 위해 허가하여 규제자는 서비스가 특정 방식에 제공되어지는지를 감독한다. 독점 시장에서 기본 PSTN 서비스, 이동무선 서비스, 주파수를 필요로 하는 서비스이다. 비면허 서비스(Unlicensed)는 면허절차나 자격요건이 없다. 때때로 규제에 의하여 등록조건이나 지원규칙들이 부과되기도 한다.
372) 종별면허(General Authorization 또는 class licensing)는 특정 군의 사업자가 정부에서 정하는 요건과 일반조건을 충족하고 이를 준수할 경우 사업권 지원 및 심사 등 허가에 따른 복잡한 절차 없이 사업운영이 가능한 허가체계이며, 일반적으로 신고(notification) 혹은 등록(registration)을 통해 이루어진다.

족하는 사업자에게 사업권을 허가하는 방식이다. 따라서 진입의 허용은 까다로운 기술조건을 가시적으로 입증하는 자에게만 허용하게 된다.

종별면허나 일반면허와 개척자 우선의 원칙은 비교심사가 아닌 사업조건이나 자격을 충족한 자에게 사업기회를 부여하는 데에는 공통점이 있다. 다만 차이점은 개척자 우선의 원칙은 사전 허가제로서 특정 사업에 대한 특정 조건들을 사전에 충족해야 허가권이 나온다는 사전적 규제의 특성이 강하다는 데 있다. 즉 다른 사업자와 비교하여 우월한 자를 선출하는 기존 허가방식과 달리 사정에 조건을 충족해야 한다는 측면에서는 동일하지만, 개척자 우선의 원칙이 특정 사업에 부합하는 특정한 조건을 충족시켜야 하며, 일반면허는 사업종류에 따라 일반적인 자격조건이 부여된다는 측면에서 차이가 있다고 하겠다.

그 외의 입찰이나 경매를 통한 허가가 있다. 영국의 지역민방(Ch3)은 허가기간을 10년을 부여하고 입찰제를 실시하고 있다고 보았다. 이 과정에서 과도하게 입찰액을 제시한 사업자는 탈락되기도 하는데 이는 사업자가 프로그램을 과도하게 상업적인 내용으로 편성 제작할 우려가 있기 때문이다. 최근 미국에서도 주파수 경매제도가 도입되었다. 이는 인·허가제도에 경제적 메커니즘을 도입하여 유연한 사업자 허가제도를 마련하고자 함에 있다. 물론 이러한 방식도 과도한 경매대금이 소비자에게 전가되며 사업자의 경쟁력을 약화시킬 위험이 있다는 우려가 지속적으로 제기되고 있다. 중요한 것은 통신의 경우 허가제는 변화하는 환경에 맞추어 진입사업자의 권리와 의무를 규정하는 절차로 변화하고 있다는 것이다. 관리된 경쟁체제하에서는 정부가 사전적으로 시장의 상황을 고려하여 시장진입자를 선발하고 적정 사업자 수를 제한함으로써 시장의 유효경쟁을 유도하였다. 그러나 이제는 효율적인 사업자의 선정은 허가를 통해 선발되기보다는 시장경쟁을 통하여 사후적으로 생존한다. 시장의 치열한 경쟁을 통하여 시장의 활성화가 촉진되고 자연스럽게 효율적인 사업자만이 시장의 적절한 사업자로 결정되게 된다.[373]

373) 정보통신정책연구원, 「통신서비스 분류 및 진입제도 개선에 관한 연구」(정보통신정책연구원, 2005b), 38-44면 참조.

현행 방송법은 방송위원회와 정보통신부 장관에게 허가·승인·등록권 외에도 이의 취소권 및 업무정지명령권을 부여하고 있다. 그러나 허가취소나 재허가거부의 경우 방송사업자의 지위 또는 절차와 같은 사후처리에 관해서는 아무런 규정을 두고 있지 않아 문제가 제기된 바 있다. 방송 전파의 유한희소성과 여론형성을 선도하는 매체의 영향력을 고려하여 방송매체는 공익적 심사기준에 의거하여 방송사업자의 허가기간이 만료하면 방송법 제17조에 따라 방송위원회의 재허가 추천을 받아 정보통신부 장관의 재허가를 받아야 한다. 재허가의 심사기준은 방송법 제17조 제3항 각 호와 제10조 제1항의 각 호에 규정되어 있다.

민영방송사업자의 경우 특히, 방송사업자의 허가기간이 만료하면 방송법 제17조에 따라 방송위원회의 재허가 추천을 받아 정보통신부 장관의 재허가를 받아야 한다. 그러나 방송법에는 허가가 만료되거나 취소된 경우에 관한 처리방법이나 유예기간에 관해 아무런 규정을 두고 있지 않기 때문에 경인방송과 같은 큰 문제가 생기기도 하였다. 방송법에서 이에 관한 규정을 두지 않는다면 방송위원회의 자의적 판단에 의한 처분이 내려질 가능성이 많기 때문에 방송위원회의 재허가 추천거부의 경우 그 유예기간이나 사후처리 방법 등에 관한 입법적 제시가 필요하다.

2005년 방송위원회에서 경인방송을 비롯하여 서울방송(SBS), 강원 민방에 대해 재허가 취소를 검토한 것은 방송사상 초유의 사태였다고 할 수 있다.[374] 방송위원회로부터 재허가 추천을 거부받은 경인방송은 1997년 10월 방송사업허가를 받은 후 방송사업을 해오고 있었다.[375] 그러나 2004년 12월

---

374) 이번 사건을 '방송 길들이기'라는 사시(斜視) 속에서 문제를 바라보는 일부 시각도 있었고, 이른바 "법대로 해야 한다"는 원칙론적 입장에서 방송위원회를 지지하는 입장도 있었다. 현행 방송법 제8조, 제13조, 제14조 등에서 명기된 방송 재허가의 결격사유들은 대체로 소유권 관련 규정 위반이다. 그러나 이번 재허가 과정에서는 땅 투기 문제(MBC), 물 캠페인(SBS), 방송 수익의 환원 문제(SBS) 등 도덕적 흠결, 경영상의 문제(경인방송), 지배 주주의 주식 및 지분의 초과 보유 문제(강원민방) 등 법률적 위반에 이르기까지 논의된 쟁점들은 매우 다양했다.
375) 2006년 4월 28일 경인지역 지상파방송사업 허가추천 대상 사업자로 가칭 (주)경인

21일 방송위원회로부터 재허가 추천거부처분을 받게 되어 2005년 1월 1일부터 TV방송을 중단하게 된 것이다.[376] 방송법이 허가가 만료되거나 취소된 경우에 관한 처리방법이나 유예기간에 관해 아무런 언급을 하지 않고 있기 때문에 시청자로서는 방송사업자의 귀책사유에 의하여 방송시청을 중단할 수밖에 없게 된다.

이에 대한 대책 마련을 위하여 방송위원회는 2006년 1월에 있었던 상임위원회의에서 이 문제를 논의한 바 있다. 제시된 문제점은 방송사업허가 유효기간의 설정이 너무 짧기 때문에 잦은 재허가에 따른 행정부담은 물론이며 방송사업운용의 안정성을 저해한다는 것이다. 또 방송법이 종합유선방송사업 및 중계유선방송사업의 허가 유효기간을 확정적인 3년으로 규정하고 있기 때문에 재허가 심사기준에 미달하는 경우 거부취소를 할 수밖에 없으나, 법적 근거를 마련하여 재허가 심사과정에서 일정한 기준에 미달하는 경우 재허가 추천 시 1년 이상 3년 이하의 단기 유효기간을 설정할 수 있다면 탄력적인 운영이 가능하다고 보았다.


미국과 유럽에서는 방송사업자에 대한 재허가 취소는 행정절차나 공익기

---

티브이를 최종 선정할 때까지 방송위원회는 경인방송의 사후처리를 두고 많은 문제점을 드러냈는데, 그 주요 경과사항은 다음과 같다.

| | |
|---|---|
| 2004. 12. 21 | 방송위원회 iTV 재허가 추천거부 |
| 2004. 12. 31 | iTV 방송중단 |
| 2005. 9. 7 | 방송위원회 경인지역 지상파방송 기본 정책방안 수립 · 공표 |
| 2005. 10. 14 | 경인지역 지상파방송사업자 선정방안 마련을 위한 공청회 개최 |
| 2005. 10. 19 | 경인지역 지상파방송사업자 선정방안 확정 공표 |
| 2005. 10. 24 | 경인지역 지상파방송사업자 허가추천신청 공고 |
| 2006. 1. 22 | 허가추천심사위원회 구성 · 운영 및 심사평가 |
| 2006. 1. 23 | 경인지역 지상파방송사업자 선정 연기 의결 |
| 2006. 2. 21 | 경인지역 지상파방송 허가추천 재추진기본계획 수립 · 공표 |
| 2006. 2. 24 | 경인지역 지상파방송사업자 허가추천신청 공고 |
| 2006. 3. 30 | 관계기관 의견조회 |
| 2006. 4. 18 | 경인지역 지상파방송사업자 허가추천 심사관련 세부심사평가지침(안) 및 심사위원회구성 등에 관한 건 의결 |
| 2006. 4. 27 | 허가추천심사위원회 구성 · 운영 및 심사평가 |

[376] 재허가 추천거부 사유는 경인방송의 자본금 잠식으로 사업수행을 위한 재정능력의 부족과 2001년 약속했던 문화재단 설립 및 일부금액의 사회환원 약속의 불이행, 협찬 및 간접광고 규정의 반복적인 위반이다.

준의 적용상의 어려움과 사후 방송사의 처리 문제 때문에 특별한 사유가 없는 한 거의 이루어지지 않는다. 다만 유럽에서는 방송사가 공익성을 위반했을 경우에는 광고 중단, 방송중지, 허가단축 등의 제재방법이 활용되고 있는 정도이다. 방송사업자의 급작스러운 퇴출은 방송사업자와 시청자 모두의 법적 안정성을 저해하므로, 재허가 거부처분이 내려진 경우 후속조치에 필요한 기간의 확보가 필요하다. 이런 의미에서 방송위원회가 재허가 심사를 허가 유효기간 만료 6월 전에 종료될 수 있도록 하는 개선방안 및 재허가 추천 심사사항을 현실화하여 불필요한 중복평가나 평가공백의 문제가 생기지 않도록 고려하고 있다는 것은 적절하고 현실적인 대응방안이라 할 것이다.[377]

이러한 논의도 의미를 가지나 도덕적 판단과 법률적 판단이 혼재되어 있는 경우 방송법에서 재허가 결격사유를 상세하게 적시하지 않는다면 방송위원회의 자의적 판단에 의한 처분이 내려질 가능성이 많을 수 있다. 따라서 정보통신부 장관이 재허가를 거부하거나 허가를 취소한 경우 또는 방송위원회가 재허가 추천을 거부한 경우 상세한 사후처리 방법에 관한 입법적 제시가 필요하다고 생각한다. 후속조치에 대해서는 구체적으로 (1) 지배 주주만의 교체 또는 전체 주주의 교체를 명령할 것인지; (2) 방송종사자의 고용승계는 어떻게 처리되어야 하는지; (3) 재허가 취소 시 그 방송이 완전히 없어져야 하는지 또는 제3자가 승계하는 것인지; (4) 시청자 복지 차원에서 신규 사업자가 선정될 때까지 방송중단이 필요한 것인지와 같은 사후적 보장 문제가 방송법 시행령에서 명확하게 명시되는 것이 바람직할 것이다.


방송국의 설립을 허가제로 한 것은 방송이 가지는 공익성을 담보하기 위한 것으로 본다면, 케이블TV나 인터넷 사이트의 보급과 같은 방송환경의 변화는 방송허가제가 근본적으로 추구하는 공익의 중요성을 감소시키지는 않으므로 허가제는 앞으로도 의미를 가질 것이라고 본다. 이의에 대한 견제장치로서 방송법은 방송위원회 또는 정보통신부 장관이 허가나 허가의 추천,

---

377) 그 외에 논의된 사항으로는 재허가 과정에서도 신규 사업자 참여를 허용하는 방안이 검토되었다. 재허가 절차가 진행되기 전에 공고를 통해 신규 희망사업자를 참여할 수 있게 하여 '경쟁심사 방식'으로 비교심사하여 적격 사업자를 선정하는 방식이다. 자세한 논의는 2006년 1월 20일 방송위원회 상임위원회 임시회의록 참조.

등록을 취소하는 경우에는 제101조에 의하여 청문을 실시하도록 하고 있다. 청문회와 같은 공개적인 절차를 통하여 방송위원회는 침익적인 행정행위에 대하여 신중한 결정을 내릴 것이 요구되며, 그 외에도 행정절차의 공개를 통해 방송위원회의 결정 전에 충분한 의견수렴을 강제하는 기능을 가진다. 이와 같은 보장절차를 통해 방송위원회는 국민의 알 권리를 충족시킬 수 있고 외부적 통제를 받게 되므로, 허가제를 실시한다고 하여도 방송규제기관의 자의가 배제될 수 있으며 그 공정성을 확보할 수 있게 되므로 이와 같은 제도는 적극 활용되어야 할 것이다.

# 2.
# 내용규제

앞서 본 외국법제의 경우 편성에 관한 특별한 규제를 하고 있지 않은 반면에 우리나라는 어느 나라보다도 구체적인 편성제한을 하고 있다. 방송법 제4조 제1항은 "放送編成의 자유와 독립은 보장된다"는 원칙을 선언하고 있다. 그러나 제2항에서는 "누구든지 放送編成에 관하여 이 法 또는 다른 法律에 의하지 아니하고는 어떠한 규제나 간섭도 할 수 없다"는 예외규정을 두고 있다. 이에 의해 방송법 제5장에서 방송편성에 관하여 몇 가지 규제를 두고 있다.

이러한 편성의 제한은 헌법 제37조 2항에 그 근거를 두고 있다고 볼 수도 있다. 그러나 헌법 제37조 제2항은 "국민의 모든 자유와 권리는 국가안전보장·질서유지 또는 공공복리를 위하여 필요한 경우에 한하여 제한할 수 있으며, 제한하는 경우에도 자유와 권리의 본질적인 내용을 침해할 수 없다"고 규정하고 있는데 편성의 자유와 프로그램의 내용의 자유는 방송의 자유의 본질적인 내용이라 볼 수 있어 편성의 자유를 제한하는 방송법 제69조와 시행령 제50조는 위헌의 소지가 있다. 앞에서 언급한 바와 같이 우리나라의 경우 이러한 제한은 관행상 정당시되어 온 것일 뿐이다.

방송은 인간의 존엄과 가치 및 민주적 기본질서를 존중해야 할 책임이 있고(방송법 제5조 제1항) 보도는 공정하고 객관적이어야 한다(방송법 제6조 제1항). 방송의 이러한 책임의 수행을 위해 방송법 제69조 제1항은 방송사 업자에게 방송프로그램을 공정성·공공성·다양성·균형성·사실성 등에 적합하도록 편성하도록 할 것을 요구한다. 방송에 대하여 요구되고 있는 공공성은 대다수 국민의 이익에 합치되는 보편적이고도 다양한 프로그램이 제공되어야 한다는 의미로 해석되고 있다. 이는 방송프로그램이 특정한 문화나 이념, 혹은 종교에 치우쳐서는 아니 되며, 계층과 연령층 혹은 거주지역 등에 상관없이 누구나 보편적인 방송프로그램을 시청할 수 있어야 한다는 것을 의미한다.[378]

방송사업자에 대한 편성제한의 중심은 오락프로그램의 편성비율제한에 있다. 방송의 편성은 보도·교양·오락 등 다양한 방송 분야 상호간에 조화를 이루도록 편성되어야 한다. 이는 우리나라와 일본 방송법에서만 찾아볼 수 있는 편성제한으로, 방송법과 방송법시행령 제50조에 의해 텔레비전방송프로그램 및 라디오방송프로그램의 경우 오락에 관한 방송프로그램은 당해 채널의 매월 전체 텔레비전방송프로그램 및 라디오방송프로그램 각 방송시간의 50% 이하로 편성하여야 한다. 데이터방송프로그램의 경우 60%로 조금 완화되어 있다. 동 조에는 '보도에 관한 방송프로그램'을 정치·경제·사회·문화 등 모든 분야의 시사에 관한 속보 또는 해설을 목적으로 하는 방송프로그램으로, '교양에 관한 방송프로그램'은 국민의 교양향상 및 교육을 목적으로 하는 방송프로그램과 어린이·청소년의 교육을 목적으로 하는 방송프로그램, 그리고 '오락에 관한 방송프로그램'이란 '국민정서의 함양과 여가생활의 다양화를 목적으로 하는 방송프로그램'을 말한다고 규정해 놓고 있다. 그러나 교양에 관한 프로그램과 오락에 관한 프로그램기준이 명확하지 않아 문제의 소지가 있다. 편성비율의 준수여부는 방송법 제17조 제3항 1호의 방송평가(평가에관한규칙 제13조)와 2호 재허가 추천 또는 재승인 시에 심사하는 항목인 시정명령의 횟수와 시정명령에 대한 불이행 사례 등에

---

378) 박선영(2002b), 48면.

의해 방송사들이 직접적인 불이익을 받을 수 있는 있는 중요한 사안인 만큼 정확한 프로그램기준이 필요하다고 본다.

앞서 본 나라들의 경우 특정 프로그램에 대한 편성비율을 규정하고 있는 예는 없다. 이에 대해서는 유럽연합의 회원국인 독일과 영국이 방영시간의 대부분을(majority) 유럽 프로그램으로 편성할 것을 요구하는 있을 뿐 우리 방송법과 같이 오락에 관한 프로그램의 비율을 정하는 등의 구체적인 규제는 찾아보기 어렵다. 현재 방송의 자유를 넓게 인정하는 것이 우리 방송법제가 나아가야 할 방향이라고 본다면 위와 같은 편성제한은 방송사가 자율적으로 조절할 수 있도록 하는 것이 바람직하다고 생각한다.

그 외에도 '주시청시간대'[379)]에 특정 방송 분야의 방송프로그램의 편중을 제한하는 규제가 있다. 이는 어린이나 청소년들을 유해 영상물로부터 보호하려는 의도와 전체적으로 월 단위의 오락프로그램 편성비율만을 제한하는 것으로는 규제의 실효성이 없기 때문에 이를 보완하려는 것으로 해석된다. 주시청시간대 특정 분야 편중제한규정에 대해서는 어느 정도의 선이 '편중' 되지 않는 것인지가 자의적으로 해석될 수 있기 때문에 애매하고 단지 선언적인 규정으로 해석되기 때문에 그 실효성을 높이기 위해서는 법령이나 방송위원회 위임으로 특정비율을 정할 수 있도록 해야 한다는 의견도 제기되어 있다.[380)]

* * *

지금까지 방송심의는 매체의 전달방식과 같은 기술적 특성에 따라 심의규제수위가 결정되었다. 그러나 뉴미디어 시대에는 송신자나 수신자의 구분이 어려워지고, 서비스를 구분할 수 있는 특성도 사라지고 있기 때문에 심의기준의 획일적인 적용에는 한계가 있다. 방송법은 '공영방송'이나 '민영방송'에 대한 규정을 두고 있지 않으며 이를 구별하고 있지도 않다. 그러나 공영방

---

379) 방송법시행령 제50조 제3항에 의해 평일은 오후 7시부터 오후 11시까지, 토요일·일요일 및 공휴일은 오후 6시부터 오후 11시까지가 주시청시간대이다.
380) 김정태(2005), 226면.

송국의 경우 법률에 의해 사업 목적과 범위가 정해지고 재원, 조직, 인력 운영 면에서 이윤을 추구하는 민영방송국과는 다른 공적인 통제를 받는다. 따라서 공영방송과 민영방송에 대한 프로그램의 공익성·공정성·공공성·다양성·균형성·사실성과 같은 기준은 차별되어 적용하는 것이 바람직하다.

내용심의 역시 궁극적으로는 미국이나 영국과 같이 사전심의보다는 자율규제를 원칙으로 하면서 미흡한 점에 관해서는 시청자의 불만 또는 이의제기로 처리하도록 할 필요가 있다. 심의규정 위반의 경우 벌금이나 허가단축과 같은 방안을 도입하여 방송위원회가 내용규제를 적극적으로 활용할 수 있도록 한다면 방송사업자의 자율적인 규제를 기대해 볼 수도 있기 때문이다.

현재 방송사업자가 심의규정을 위반했을 경우에 방송위원회는 방송법 제100조에 의해 "視聽者에 대한 謝過, 해당 放送프로그램의 訂正·중지, 放送編成責任者 또는 해당 放送프로그램의 관계자에 대한 懲戒"하도록 되어 있다. 미국과 영국의 경우에는 이러한 경우 방송사업자에게 경제적 제재(financial penalty)를 가할 수 있다. 이러한 벌금제도의 이점은 재허가 시의 총괄적인 처벌(general sanction)보다 문제가 발생했을 때마다 특정 프로그램 침해를 처벌할 수 있어 실효성이 크다는 데 있다. 미국은 기본 벌금제도(Basic fine)가 채택되어 있다. 방송사가 과거 우량한 행위의 역사가 있거나, 또는 벌금이 실질적으로 방송사의 경제적 곤경을 야기할 때는 기본 벌금보다 적게 부과할 수도 있으나 폭력이 고의적이거나 실질적인 해악이 있을 때는 벌금부과가 크다. 영국도 Ch3, Ch4에 대해서는 주의, 경고 외에 방송국 허가 당해연도 1년간 안에는 광고비의 3%, 그 이후에는 광고비의 5%까지의 벌금을 부과할 수 있다.

경제적 조치 외에 허가단축, 중지 방안도 있다. 영국은 프로그램 기준(Program Standard)을 위반하면 Ch3 허가기간 10년 중 2년까지를 단축할 수 있다. 반복적인 위반의 경우 허가 취소할 수 있음이 경고되어 있다. 미국 FCC는 프로그램 정책에 부응하지 못한 피면허자에 대한 재면허 취소가 가능하고 또한 허가기간보다 단축한 갱신을 행할 수 있음을 앞서 보았다.

내용규제에서 많은 문제가 되고 있는 부분은 방송프로그램의 심의보다는 광고에 대한 규제이다. 우리나라의 방송광고 심의규정은 1970년대 이후 엄격한 사전규제 체제를 유지하면서 지속적으로 강화되고 구체화되어 왔다. 방송윤리위원회(1962-1981)는 광고방송세칙 10개 조항이 한국방송광고공사(1981-1987) 시기에는 1981년 23개 조항, 1984년 51개 조항, 1986년 48개 조항, 단 사후심의로서 방송위원회 9개 조항이 있었으며, 방송위원회(1987-2000)는 41개 조항, 현재 방송위원회/광고자율심의기구(2000-2006)는 43개 조항과 심의절차 등 총 55개 조항을 두고 있다.

방송광고는 현재 사전심의의 대상이다. 따라서 방송국들은 광고보다는 규제가 약하고 사후심의를 받는 협찬고지를 많이 이용하고 있다. 미국과 영국의 경우에는 직접적인 정부의 규제에 앞서 방송주체가 스스로 판단하고 조절하게 함으로써 방송의 자유를 최대한 보장하는 동시에, 이에 대한 불만이 제기된 경우에 방송주체 스스로의 적정한 조치가 취해지지 않는 경우 사후심의를 하여 제재를 가하고 있다. 사후심사를 함으로써도 공익의 확보라는 목적 달성이 가능하다면 우리도 사후심사의 방식을 채택하는 것이 옳을 것이다.

* * *

민영방송국의 주요 재원이 되는 광고의 사전심의와 관련해 홈쇼핑 채널과 홈쇼핑 광고의 문제가 있다. '홈쇼핑 방송'은 프로그램 전체가 상품판매방송인 '광고'임에도 불구하고 일반 '방송프로그램'과 같이 분류되어 사후심의를 받고 있다. 반면에 그 외의 케이블이나 위성방송 프로그램 사이에 광고로 방송되는 '홈쇼핑 광고(상품판매광고)'는 '방송광고'로 구분되어 사전심의를 받고 있는 불합리하고 모순적인 상황이 나타나고 있다. 현재의 심의구조와 체계는 다양한 유형의 광고를 다루기에는 운영의 한계를 가진다. 따라서 광고도 현재의 일반프로그램과 같이 방송사의 자율적인 심사를 통해 방송 후에 심의하는 사후규제의 방식으로 전환되어야 할 것이다.

그 외에도 방송프로그램의 제작에 직접적·간접적으로 필요한 경비나 장소 등을 제공받고 제공자의 명칭 또는 상호 등을 고지하는 협찬고지가 문제되고 있다. 협찬고지란 타인으로부터 방송프로그램의 제작에 직접적·간접적으로 필요한 경비·물품·용역·인력 또는 장소 등을 제공받고 그 타인의 명칭 또는 상호 등을 고지하는 것을 말한다.[381] 협찬고지의 목적은 방송사업의 운영에 필수적인 재원을 조달하기 위하여 음성적으로 행해져 온 협찬 관행을 합법화하는 한편, 방만한 협찬으로 협찬主 등의 사적 이익이 방송프로그램 제작과정에 부당한 영향력을 행사하여 방송프로그램의 상업성을 부채질하거나 방송편성의 자유와 독립을 해할 우려를 방지하고자 하는 데 있다. 또한 방송광고로서 금지 내지 규제되는 사항을 우회적으로 달성하거나 한국방송광고공사를 통한 위탁광고제도를 비켜가기 위한 수단으로 협찬고지를 이용하는 것을 방지하여 건전한 방송문화 정착과 광고질서 확립을 통하여 방송의 공정성과 공익성을 기하고, 나아가 방송의 자유를 실질적으로 보장하고자 하는 데에 그 목적이 있다.

협찬고지를 주로 사용하려는 이유는 방송광고가 사전심의를 거칠 뿐만 아니라 그 형태와 종류까지 엄격하게 제한된 시간 내에 행해져야 함에 반하여 협찬고지의 경우에는 정해진 규칙을 준수하면 사전심의가 행해지지 않는다. 나아가 협찬고지로 얻은 수익에 대해서는 방송발전기금 납부의무 등 공적 부담도 없기 때문에 협찬고지에 대해서는 전반적으로 엄격한 규제시스템이 마련되어 있다고도 한다.[382] 그럼에도 불구하고 간접광고와 협찬고지 위반은 가장 빈번한 방송위원회 심의위반 사례를 보이고 있다. 이러한 사례들은 방송프로그램 내에서 특정 업체 또는 상품에 대하여 간접적인 광고효과를 줌으로써 방송광고와 방송프로그램이 혼동되지 않도록 명확하게 구분되어야 한다고 명시한 방송법 제73조 제1항에 위반될 뿐 아니라 방송발전기금을 통한 사회적 환원장치가 확보되지 않아 방송의 공공성·공익성을 저해한다는 문제를 일으킨다.[383] 방송프로그램의 심의제재 중 협찬고지가 많은 것은 협찬고지가 명백한 광고임에도 불구하고 사전심의의 대상이 되지 않아 사후에 지적되게 되는 것으로 이러한 차이에 대해서는 심의기준의 통일화를 적극 고려해 볼 필요가 있다.

협찬고지는 그 본질상 방송매체를 통한 광고이므로 실정법상 광고방송이 허용되는 범위 내에서 이루어져야 한다. 방송광고와 달리 방송프로그램과

디지털 컨버전스와 방송규제

---

381) 방송법 제2조 22호.
382) 김정태(2005), 273면.
383) 방송위원회, 「2004년 방송심의사례집」(방송위원회, 2004), 12-13면.

구분되지 않은 채 방송프로그램에 삽입하는 문구나 메시지의 형태로 특정한 협찬주의 명칭 등을 고지하는 것은 바람직하지 않다. 따라서 협찬고지는 협찬과정에서 방송프로그램 제작과정에 영향력을 행사하여 방송프로그램의 상업성을 부채질할 가능성이 있다는 점에서 추가적으로 시청자의 권리와 이익을 위하여 이를 규제할 필요가 있다는 것이 판례의 입장이기도 하다.[384]

방송사업자는 방송법 제74조에 의해 대통령령이 정하는 범위 안에서만 협찬고지를 할 수 있으며 그 세부기준 및 방법에 관해서는 위원회규칙으로 제정하게 되어 있다. 방송법시행령 제60조는 제1항에서 협찬고지를 허용하는 경우와 제2항에서는 협찬고지를 제한하는 경우를 1호에서 3호까지 규정해 놓고 있다. 협찬고지가 제한되는 경우는 '정당 그 밖의 정치적 이해관계를 대변하는 단체가 협찬한 경우'와 제2호의 '법령 또는 방송위원회규칙에 의하여 방송광고가 금지된 상품이나 용역을 제조·판매 또는 제공하는 자가 협찬하는 경우', '지상파방송사업자의 시사·보도, 논평 또는 시사토론 프로그램을 협찬하는 경우'이다. 제2호의 '방송위원회규칙에 의하여 방송광고가 금지된 상품이나 용역'의 내용은 방송광고심의에관한규정 제42조에서 정하고 있다.[385]

---

384) 헌법재판소 2003. 12. 18, 2002헌바49.
385) 제42조(방송광고의 금지)
　① 다음 각 호의 1에 해당하는 경우에는 방송광고를 할 수 없다.
　　1. 법령에서 광고를 금지하고 있는 경우
　　2. 법령에서 금지된 내용
　② 다음에 해당하는 상품과 용역은 방송광고를 할 수 없다.
　　1. 「식품위생법 시행령」에 의한 단란주점영업 및 유흥주점영업 <개정 2005. 12. 30>
　　2. 사설비밀조사업 및 사설탐정
　　3. 혼인매개, 이성교제 소개업
　　4. 점술, 심령술, 사주, 관상 등의 감정 및 미신과 관련된 내용
　　5. 무기, 폭약류 및 이와 식별이 어려운 모조품
　　6. 도박 및 이와 유사한 사행행위
　　7. 담배 및 흡연과 관련된 광고
　　8. 조제분유, 조제우유, 젖병, 젖꼭지제품
　　9. 음란한 내용의 간행물, 영상제작물, 공연물, 전기통신을 통한 음성정보·영상정보 및 문자정보
　　10. 금융관련법령에 의해 인·허가받지 않거나 등록하지 않은 금융업
　　11. 안마시술소
　　12. 기부금품 모집광고

방송법이 협찬고지에 관한 사항을 위임함에 있어서의 위헌성의 문제는 그 구체적인 범위를 전혀 정하지 않고 위임하고 있다는 데 있다. 방송법 제74조는 협찬고지를 허용하면서 그 허용범위에 대해서는 대통령령에 위임하고 있다. 따라서 동조는 협찬고지의 허용범위가 정해지는 권리제한적인 규정임에도 불구하고 그 구체적인 범위나 기준을 명확히 규정하지 않고 위임하고 있는 것이다. 헌법 제75조는 "대통령은 법률에서 구체적으로 범위를 정하여 위임받은 사항과 법률을 집행하기 위하여 필요한 사항에 관하여 대통령령을 발할 수 있다"고 규정함으로써 행정입법의 근거를 마련함과 동시에 입법권의 위임은 '구체적으로 범위를 정하여' 하도록 하여 입법위임의 명확성을 요구하고 있다. 따라서 행정부에 의한 입법권의 행사는 수권법률인 방송법에 명확하게 규정하고 있어야 적법하다고 할 것이다.

그러나 판례는 동 조항이 입법자가 그 권한 범위 내에서 형성의 재량을 행사한 것으로 그 위임에 의하여 대통령령으로 정하여질 협찬고지의 허용범위의 대강을 예측할 수 있기 때문에 포괄위임입법금지의 원칙에 위배되지 않는다고 본다.[386]

---

    13. 삭제 <2005. 12. 30>

    14. 알코올성분 17도 이상의 주류

    15. 삭제 <2005. 12. 30>

    16. 지상파 텔레비전방송광고의 경우 먹는 샘물

    ③ 방송광고는 이 규정에서 금지하고 있는 상품과 용역 등을 주된 소재로 다루어서는 아니 된다. 다만, 소비자에게 광고효과를 주지 않는 경우에는 그러하지 아니하다.

386) 헌법재판소 2003. 12. 18, 2002헌바49.
    민영방송사업자인 경인방송은 담배 제조, 판매업체 인구 한국담배인삼공사('주식회사 KT&G'로 상호변경)를 협찬주로 고지·방송하였다. 위 협찬고지가 방송법 제74조 제1항의 규정에 위반되어 과태료부과처분을 받게 되자 방송법 제74조 등에 대한 헌법소원심판을 청구하게 된다.
    법원에 의하면 헌법에 의하여 위임입법이 용인되는 한계인 '법률에서 구체적으로 범위를 정하여 위임받은 사항'이라 함은 법률에 이미 대통령령으로 규정될 내용 및 범위의 기본사항이 구체적이고 명확하게 규정되어 있어서 누구라도 당해 법률 그 자체로부터 대통령령에 규정될 내용의 대강을 예측할 수 있어야 한다는 것을 의미하며, 이러한 예측가능성의 유무는 당해 특정조항 하나만을 가지고 판단할 것은 아니고 관련 법조항 전체를 유기적·체계적으로 종합 판단하여야 하며 각 대상 법률의 성질에 따라 구체적·개별적으로 검토하여야 한다고 본다. 위임입법의 위와 같은 구체성, 명확성의 요구 정도는 각종 법률이 규제하고자 하는 대상의 종류와 성질에 따라 달라 규율대상이 지극히 다양하거나 수시로 변화하는 성질의 것일 때

판결에서 인정한 바와 같이 방송의 기술성·전문성 및 다양성·급변성 등에 비추어 협찬고지의 허용범위를 미리 법률로 상세하게 정하기는 입법기술상 어렵기 때문에 시대상황 등에 능동적·탄력적인 대응을 위해서는 행정입법에 위임하는 것도 합리적이다. 그러나 입법부가 구체적인 범위를 전혀 정하지 않고 행정부에 위임한다는 것은 포괄위임으로 금지되어야 한다. 협찬고지의 허용범위를 미리 법률로 상세하게 정하기는 쉽지 않을 것이나, 그 범위는 수권법률인 방송법에 명확하게 규정하고 있어야만 한다.

* * *

　　헌법에 의해 사전검열이 원칙적으로 금지되어 있음에도 불구하고 방송법 제32조에서 "委員會는 第1項의 規定에 불구하고 대통령령이 정하는 방송광고에 대하여는 放送되기 전에 그 내용을 審議하여 放送與否를 審議·議決할 수 있다"는 예외규정을 두고 있다. 방송법시행령 제21조의 2에 의한 대통령령이 정하는 방송광고란 '방송사업자가 행하는 텔레비전방송광고, 라디오방송광고 및 데이터방송광고(동영상 및 음성이 포함된 방송광고에 한한다)'로 비상업적 공익광고나 선거운동을 위한 방송광고 등 공익을 목적으로

---

에는 위임의 구체성, 명확성의 요건이 완화된다고 한다.
　　법원은 구한국담배인삼공사와 방송사업자는 그 사업운영의 영역을 형성, 규율하는 관련 방송법규의 내용을 숙지하여 협찬고지의 허용범위가 구체적으로 어떠한 것이라는 것을 충분히 예측할 수 있는 지위에 있는 자이기 때문에 위임에 의하여 대통령령으로 정하여질 협찬고지의 허용범위의 대강을 예측할 수 있으므로 포괄위임입법금지의 원칙에 위배되지 아니한다고 보았다.
　　그러나 이에 대한 반대의견은 방송의 자유가 입법자에 의한 형성을 필요로 한다는 문제와 입법자에 의한 위임이 명확해야 한다는 문제는 원칙적으로 별개의 문제로 파악하면서 이 사건의 경우, 협찬고지의 개념을 정의하는 규정인 법 제2조 제22호, 이 사건 법률조항의 입법목적, 그 외의 다른 관련조항을 종합적으로 고려하더라도 대통령령에 규정될 내용의 대강을 전혀 예측할 수가 없다고 보았다. 이 경우 위임법률에 의한 기본권 제한의 효과가 크기 때문에 당사자는 규율의 내용에 관하여 보다 확실하게 파악해야 할 필요성이 있다고 보았다. 따라서 대통령령이 정할 내용의 대강을 전혀 예측할 수 없고, 다른 한편으로는 협찬고지가 허용되는 범위에 관하여 전적으로 행정부에 위임하는 것을 정당화하는 합리적인 사유를 발견할 수 없으므로, 이 사건 법률조항은 입법위임의 명확성을 요청하는 헌법 제75조에 위반되는 규정으로서 위헌으로 보았다.

하는 방송광고를 제외한 광고를 말한다.[387] 2000년 8월 1일부터 방송광고의 사전심의는 광고자율심의기구가 방송위원회로부터 위임받아 행하고 있다. 방송광고심의를 사전심의에서 민간기구에 의한 사전심의로 변경함으로써 광고업계에 의한 완전한 자율심의로 가는 과도기적 자율규제체제가 이루어졌다고 평가되고 있다.[388]

방송광고는 '방송광고심의에관한규정'에 따라 그 방송 전에 내용을 심사하여 방송여부를 결정받는다. 따라서 법조문상에는 '심의'라고 규정되어 있으나 실질적으로는 검열에 해당된다. 방송법이 이와 같이 방송광고에 관한 예외조항을 두는 것은 방송광고를 순수한 상업광고로 보고 언론·출판의 자유가 보호하고자 하는 정신활동의 자유가 아닌 기업의 영업활동으로 보기 때문으로 해석할 수 있다. 즉, 방송광고에 관한 사전검열은 허위광고나 과장광고, 불법적인 광고 등으로부터 소비자의 피해를 예방하고 소비자가 합리적인 구매선택을 하기 위한 목적을 가진 것으로 헌법 제37조 제2항에 의한 제한이라고 할 수 있다. 판례의 입장도 그러하다.[389]

앞서 본 바와 같이 광고의 사전심의와 관련해 문제가 되는 것은 홈쇼핑채널과 홈쇼핑 광고이다. 방송시장에서의 영향력을 구축해 가고 있는 '홈쇼핑 방송'은 프로그램 전체가 상품판매방송인 '광고'이다. 그럼에도 불구하고 일반 '방송프로그램'과 같이 분류되어 방송심의-사후심의-를 받고 있다. 반면에 그 외의 케이블이나 위성방송 프로그램 사이에 광고로 방송되는 '홈쇼핑 광고(상품판매광고)'는 '방송광고'로 구분되어 '한국광고자율심의기구'에서 사전심의를 받고 있다. 즉, 상품판매방송은 그 내용의 전부가 광고임에도 불구하고 사후심의를 받도록 하여 같은 광고를 사후심의와 사전심의로 구분하는 불합리하고 모순적인 상황이 나타나고 있다.[390]

---

387) 2006년 3월 10일 개정 공포된 시행령에 의하여 「영화진흥법」 제21조 제3항의 규정에 의하여 '전체 관람가' 또는 '12세 관람가' 상영등급을 분류받은 본 편 영화의 방송광고가 포함되게 되었다.

388) 무선관리단(2004b), 100면.

389) 헌법재판소 전원재판부 1998. 11. 26, 94헌마207〔각하〕참조.

390) 이와 더불어 컴퓨터그래픽으로 촬영 현장에 없는 영상을 만들어 프로그램 도중에 끼워 넣는 가상광고(virtual advertising)를 스포츠중계프로그램 방송시간에 허용하는 내용의 방송법시행령 개정안이 입법 예고된 바 있다. 이 가상광고가 시행될 경우 그

또한 드라마, 오락 프로그램에 '간접적인 광고' 유형으로 사용하고 있는 '협찬고지'는 방송프로그램 중간에 나오기는 하지만, 엄격하게 구분하여 방송프로그램이 아니라 '광고'의 유형이다. 그러나 '협찬고지'는 정해진 규칙을 준수하면 사전심의가 행해지지 않는다. 실제로 프로그램 내용 중 협찬고지에 관해서만 따로 사전심의를 한다는 것도 불가능할 것이다.

이와 같은 상황에서 현재의 심의구조와 체계의 고수는 다양한 유형의 광고를 다루기에는 운영의 한계를 가질 수밖에 없다. 이와 같은 제도나 운영의 모습은 형평성을 상실하고 있으며 평등원칙에 반한다. 이러한 불합리적인 심의구조의 시정은 보다 상세한 법규로 일일이 제한의 유형을 열거하는 방법, 또는 광고도 방송프로그램과 같이 사후에 심의하는 두 가지 방법으로 해결될 수 있다. 그러나 제한의 유형을 열거하는 방법은 실질적으로 복잡해지고 다양해지는 광고유형을 예정하여 규제하기에는 기술적·제도적 한계를 가질 수밖에 없다.

헌법이 원칙적으로 사전검열을 금하여 방송의 자유를 보장하고 있다는 점을 감안한다면 광고도 일반프로그램과 같이 방송사의 자율적인 심사를 통해 방송 후에 심의하는 사후규제의 방식으로 전환되어야 할 것이다. 엄격한 사후심사와 이의 위반에 대해서는 사업자에게 직접적인 엄격한 징계수단을 사용하는 것과 같이 실효성 있는 재제의 적용으로도 방송광고의 제한 목적을 달성할 수 있다. 그렇다면 최소 침해의 원칙에 따라 침익의 정도가 적은 사후심사 방식을 택하는 것이 옳을 것이다.

\* \* \*

우리 헌법상 검열은 인정되지 않으나 검열의 개념을 앞서 판례가 본 바와 같이 행정권이 주체가 되어 사상이나 의견 등을 발표 이전에 억제하는 것으로 본다면 사후의 규제는 합헌이라 할 것이다. 방송사업자는 자체심의 기구를 두고 보도에 관한 방송프로그램 외의 프로그램을 방송되기 전에 심의를 할 의무가 있다(방송심의에관한규정 제6조). 이는 방송의 자유를 최대

---

사전심의가 가능한지의 여부와 얼마나 가능할지의 문제가 생기게 된다.

한으로 보장하고자 방송사업자에게 방송내용을 사전에 검토하게 한 후 방송하도록 하여 사후에 생길 수 있는 문제의 소지를 줄여 최소한의 재제를 가하고, 방송사업자의 자체적이고 자율적인 심의를 통해 방송의 책임을 실현시키기 위함으로 해석될 수 있다.

이러한 방송위원회의 방송사에 의한 자율심의 확대의지는 2004년 10월 25일로 개정된 방송심의에관한규정에서도 볼 수 있다. 방송위원회는 프로그램에 대한 방송사 자율심의를 확대하기 위해 2004년 10월 25일 방송심의에 관한 규정을 개정한 바 있다. 이전까지 방송위원회는 심의위반의 경우 '주의'와 '경고' 조치를 활용하였으나 동 개정에서 제재 중 주의와 경고를 삭제하였다. '주의'란 그 위반의 정도가 경미하여 법정제재 조치를 명할 정도에 이르지 않는 경우에 자주 사용되어 왔다. 주의나 경고란 법적 구속력을 가지지 않는 사실상의 행위로 행정지도에 속한다. 행정절차법 제2조 3호에 따르면 "행정지도라 함은 행정기관이 그 소관사무의 범위 안에서 일정한 행정목적을 실현하기 위하여 특정인에게 일정한 행위를 하거나 하지 아니하도록 지도·권고·조언 등을 하는 행정작용"이다. 이와 같은 조치는 방송사의 임의적인 협력을 전제로 하는 법적 구속력이 없는 행정행위가 실효성을 갖지 못하고 방송사의 자율규제원칙에 역행한다는 우려에서 나온 것이다. 이를 방송사의 경미한 심의위반에 대해서도 강력하게 규제하는 것으로 보는 시각도 있으나, 이는 방송사에 대하여 자율심의에 상응하는 책임을 부과함으로써 시청자를 보호하고 효율적인 자율심의체제가 정착될 수 있는 기반이 되도록 유도하기 위함이라 할 것이다. 즉, 주의나 경고조치 외의 시청자사과, 해당 방송프로그램의 정정·중지, 관계자에 대한 징계 또는 시정명령과 같은 법적 제재조치를 취함으로써 자율규제를 허용하는 만큼 위반사안에 대해서는 책임을 물어 강력히 규제하고자 하는 것이다.

방송사업자의 자체 심의를 거친 프로그램의 방송 후 그 심의를 함에 있어 방송위원회는 각 방송채널의 창의성, 자율성, 독립성 등의 차이를 고려하여 그 내용이 공정성과 공공성을 유지하고 있는지의 여부나 공적 책임의 준수여부를 심사한다. 그러나 방송법 제33조[391]에서 열거하고 있는 심사고려

---

391) 심의규정이 포함하고 있어야 하는 사항은 다음과 같다.

사항들은 그 범위와 기준이 명확하지 않아 명확성의 원칙을 충족시키지 못하고 있다. 또 방송심의규정에 의하면 일반기준으로 공정성(제9조)과 객관성(제14조), 사생활보호(제19조), 명예훼손(제20조) 등을 규정하고 있는데 그 내용이 아주 포괄적인 것이 많다. 극단적인 예로 제34조 제1항에서는 "방송은 부도덕하거나 건전치 못한 남녀관계를 주된 내용으로 다루어서는 아니되며, 내용전개상 불가피한 경우에도 그 표현에 신중을 기하여야 한다"고 규정하고 있는데 '부도덕', '건전치 못한', '내용전개상 불가피'나 '신중'을 기한다는 것은 모두 그 불확정적이고 객관적인 기준을 설정하기 어렵다고 할 것이다. 더군다나 본 심의규정은 모법에서 사용하고 있는 용어보다 훨씬 넓은 의미의 용어를 사용함으로써 결과적으로 하위법령에서 과잉금지를 하게 됨으로써 위헌의 소지를 안고 있다는 지적도 있다.[392]

현재 우리나라는 방송되는 모든 프로그램을 모니터링하여 심의하고 있으나, 미국이나 영국의 경우 방송내용에 관한 심의는 원칙적으로 시청자의 이의가 제기된 경우에만 실시된다. 특히 영국의 경우에는 정책적으로 먼저 방

---

1. 헌법의 민주적 기본질서의 유지와 인권존중에 관한 사항
2. 건전한 가정생활 보호에 관한 사항
3. 아동 및 청소년의 보호와 건전한 인격형성에 관한 사항
4. 공중도덕과 사회윤리에 관한 사항
5. 양성평등에 관한 사항
6. 국제적 우의 증진에 관한 사항
7. 장애인 등 방송소외계층의 권익증진에 관한 사항
8. 민족문화의 창달과 민족의 주체성 함양에 관한 사항
9. 보도·논평의 공정성·공공성에 관한 사항
10. 언어순화에 관한 사항
11. 제99조 및 제100조의 규정에 의한 시정 및 제재조치에 관한 사항
12. 기타 이 법의 규정에 의한 위원회의 심의업무에 관한 사항

392) 박선영(2002b), 323면. 다만 음란이 헌법상의 보호를 받지 못한다는 것에 대해서는 큰 논란이 없는 것으로 보인다. 우리 학설과 판례는 모두 음란을 방송자유권의 제한사유로 보고 헌법상 보호를 받지 못하는 것으로 인식하고 있다. 음란의 구체적 개념이 무엇인지는 끊임없는 논의의 대상이 될 수 있으나 헌법재판소에 따르면 "음란이란 인간존엄 내지 인간성을 왜곡하는 노골적이고 적나라한 성표현으로서 오로지 성적 흥미에만 호소할 뿐 전체적으로 보아 하등의 문학적·예술적·과학적·정치적 가치를 지니지 않은 것으로서, 사회의 건전한 성도덕을 크게 해칠 뿐만 아니라 사상의 경쟁메커니즘에 의해서도 그 해악이 해소되기 어려워 언론·출판의 자유에 의한 보장을 받지 않는"것이라고 한다(헌법재판소 1998. 4. 30. 95헌가16).

송사에 이의를 제기하고 만족스러운 결과가 나타나지 않는 경우에 한하여 OFCOM에 그 심사를 요청할 것을 요구하고 있다. 이와 같은 방법은 방송내용에 대한 방송주체의 자유를 보장해 줄 뿐만 아니라 방송행정기관의 업무 및 비용을 대폭 줄일 수 있게 된다. 또 행위자인 방송주체가 직접적으로 시청자에게 자신의 방송에 대한 책임을 지도록 하기 때문에 방송국으로서는 자발적으로 그와 같은 상황을 피하려 할 것이고, 시청자는 적극적인 참여를 통해 방송문화를 정착시키는 데 일조할 수 있을 것이다.

# 3.
## 소유규제

방송법 제8조는 대기업지분 제한 및 신문·방송 겸영금지, 방송사업자 간의 소유제한 등 소유제한에 관한 자세한 규정을 두고 있다. 동조에 규정되어 있는 것으로 1인 지분제한, 대기업 및 신문·방송겸영 제한과 금지, 매출액 총액 제한, 방송사업자 간의 소유제한이 있다. 민영방송의 1인의 지분소유한도는 30%이다. 이렇게 1인 지분제한을 하는 것은 방송사업을 하는 데 있어서 특정한 개인이나 집단에 의한 독과점을 방지하기 위함이며 배우자 및 친·인척, 사실상 영향력을 행사하고 있는 법인 또는 임원 등이 대통령이 정한 '특수 관계자'도 1인의 개념에 포함된다.[393] 1인 지분제한규정이 적용되는 방송사업은 지상파방송사업과 종합편성 또는 보도에 관한 전문편성채널이다. 실제로 해당되는 방송사는 지상파방송사 전체와 YTN과 MBN 등 2개 뉴스전문채널이다. 그 이유는 이들 사업자가 취재·보도기능을 수행하기 때문에 정치·경제·사회·문화적인 영향력이 크기 때문이다.[394]

---

393) 방송법시행령 [일부개정 2005.9.14 대통령령 19045호] 제3조
394) 김정태(2005), 118면.

국가 또는 지방자치단체가 자본을 소유하는 경우와 특별법에 의하여 설립된 법인이 지분을 소유하는 경우는 소유제한이 없는데 첫 번째의 경우로는 지분 100%를 국가가 소유하는 한국방송공사(KBS)나 한국교육방송공사(EBS)가 있고, 방송문화진흥회법에 의해 설립된 문화방송(MBC)과 문화산업진흥기본법에 의해 설립된 아리랑TV 역시 동 조항의 예외가 된다. 이와 같은 예외규정들은 방송의 객관성이나 다양성이 보장되는 한 국가의 불필요한 영향력의 행사를 배제하려는 긍정적인 의도로 볼 수 있을 것이다. 그 외에도 제8조 제2항 3호는 종교의 선교를 목적으로 방송사업자에 출자하는 경우도 예외로 하고 있어 종교재단이 운영하고 있는 기독교방송, 불교방송, 극동방송 등도 예외적용을 받고 있다.

이와 같이 우리나라가 민영방송의 경우 30% 이상의 지분을 소유할 수 없도록 하고 있는 반면 미국, 독일, 영국에서는 민영방송에 대한 투자지분제한은 없고 미국과 독일은 시장점유율에 따라 소유권을 규제하고 있다.[395] 외국의 경우 민영방송의 경우 소유권은 규제가 완화되고 있는 추세이며 규제방식도 시장점유율을 기준으로 전환되고 있다.

〈표 2〉 방송사업 소유제한현황[396]

| 소유주체<br>소유대상 | 대기업 | 외국자본 | 일간신문·통신 | 1인 지분 |
|---|---|---|---|---|
| 지상파방송사업자 | 금 지 | 금 지 | 금 지 | 30% |
| 종합유선방송사업자 | ○ | 49% | ○ | MSO의 경우<br>지역제한 20% |
| 위성방송사업자 | 33% | 33% | 33% | ○ |
| 일반PP | ○ | 49% | ○ | ○ |
| 종합편성, 보도PP | 금 지 | 금 지 | 금 지 | 30% |
| 중계유선방송사업자 | ○ | 금 지 | ○ | ○ |
| 전송망사업자 | ○ | 49% | ○ | ○ |

---

395) 미국의 경우 MVPD(Multiple Video Program Distributor: 지상파방송을 제외한 케이블, 위성, MMDS 등 다채널 영상 전송을 의미함)는 시장점유율 30%까지 1사업자가 소유할 수 있으며 지상파방송의 경우는 1사업자가 전국 시청가구 대비 35%까지 가맹국을 소유할 수 있다. 독일의 경우 1민간방송사업자가 전체 방송시장의 30%의 소유할 수 있으며, 영국은 2003년 커뮤니케이션법에서 완전 자유화했다. 소유권규제에 관해 자세히는 정보통신정책연구원(2005a), 59-94면 참조.

이와 더불어 대기업이나 신문, 뉴스통신진흥에관한법률에 의한 뉴스통신[397) 경영법인은 지상파방송사업에 진입할 수 없다. 2004년 3월 22일 제7차 방송법 개정 전에는 종합유선방송사업자에 대한 지분제한규정이 있었으나 이는 폐지되어 종합유선방송사업과 위성방송사업의 경우 33%까지 자본참여가 가능하게 되었다. 대기업과 신문·뉴스통신경영법인의 방송겸영금지는 여론 독점 기능을 방지하여 다양한 의견형성을 가능하게 하고 민주주의 원리인 상호 견제와 균형을 통해 방송의 공익성·공정성 도모에 기여하자는 데 주된 목적이 있다.[398)

이종매체 상호간의 소유에 관한 제한도 있으며 동일업종 간 겸영도 방송의 다양성을 보장하고 매체 간의 균형을 위하여 제한되고 있다. 지상파방송사업자와 종합유선방송사업자는 상호 겸영하거나 그 주식 또는 지분을 일체 보유할 수 없다(제8조 5항 단서). 종합유선방송사업자 간이나 위성방송사업자 간에도 33%를 초과하여 경영할 수 없도록 되어 있다. 방송법과 동시행령에서의 '경영'이란 '겸영하거나 주식 또는 지분 총수의 100분의 5 이상을 소유하는 것'을 말한다(방송법시행령 제4조 제3항 1호). 따라서 5% 이하인 주식소유는 사업운영에 큰 영향을 주지 않는다고 보아 소유제한의 대상이 되지 않는다.

\* \* \*

소유제한 외에도 각국은 특정 방송사의 시장 독점과 영향력의 행사를 막기 위해 전체 시장점유를 방송시간이나 매출액 등으로 제한하고 있다. 각 방송이 차지하는 시장점유율을 측정하여 일정 수준 이상의 시장지배력을 가

---

396) 종합유선방송사업자(System Operator)는 영문으로 'SO'로, 방송채널사용사업자(Program Provider)는 'PP', 중계유선방송사업자(Real Operator)는 'RO', 전송만사업자(Netweok Operator)는 'NO'로 표기하기도 한다.
397) 뉴스통신진흥에관한법률에 의한 '뉴스통신'이란 전파법에 의하여 무선국의 허가를 받아 외국의 뉴스통신사와 뉴스통신계약을 체결하고 국내외의 정치·경제·사회·문화·시사 등에 관한 보도·논평 및 여론 등을 전파함을 목적으로 행하는 송수신 또는 이를 목적으로 발행하는 간행물을 말한다(동법 제2조 1호).
398) 김정태(2005), 119-121면 참조.

지지 못하도록 규제하는 것이다. 시장점유율에 따라 방송사의 합병이나 사업의 확장여부가 결정되기 때문에 미디어 영역에서 '시장점유에 근간을 둔 소유제한'을 실현하기 위한 구체적인 측정방법을 두고 많은 논의가 제기되고 있다. 현재 우리나라는 현재 매출액을 기준으로 제한하고 있다. 그러나 디지털화와 미디어 융합과 같은 방송환경의 근본적인 변화를 고려할 때 매출액보다는 시청률/점유율 등을 기준으로 하는 방법이 더 타당하다고 본다.

방송법 제8조 제5항과 방송법시행령 제4조 제2항에 의하면 지상파방송사업자·종합유선방송사업자 및 위성방송사업자의 경우 매출액(방송광고수입, 방송수신료수입, 방송프로그램판매수입 등 방송사업으로 인한 매출액)이 당해 방송사업자와 특수 관계자인 방송사업자의 매출액의 총액이 전체 방송사업자의 매출액 총액의 33%를 넘지 못하도록 규제하고 있다.

독일은 공영방송인 ARD와 ZDF를 제외한 방송시장에서 한 사업자가 30% 시장점유율을 가질 수 있으며, 영국은 BBC를 제외하고 1방송사업자가 방송미디어 시장의 15%를 소유할 수 있도록 하고 있었다. 그러나 2003년 커뮤니케이션법은 이 조항을 폐지해 버렸다. 미국은 지상파방송 네트워크를 제외한 다채널시장(Multiple Video Program Distributor; 지상파방송을 제외한 유료방송 시장 전체를 의미함)의 30%를 한 사업자가 점유할 수 있다. 미국과 독일의 공통적 특징은 대체로 지배적 방송사업자를 제외하고 한 사업자가 30% 수준의 다채널 방송시장을 점유할 수 있다는 점에서 일치한다.

우리나라의 경우 방송시장도 매출액으로 시장지배력을 측정하고 있다. 즉, 방송사업자의 매출액(방송광고수입, 방송수신료수입, 방송프로그램판매수입 등 방송사업으로 인한 매출액)과 당해 방송사업자와 특수 관계자인 방송사업자의 매출액의 총액이 전체 방송사업자의 매출액 총액에서 차지하는 비율로 규제한다. 이에 의해 지상파방송사업자·종합유선방송사업자 및 위성방송사업자를 막론하고 어떠한 경우라도 방송시장 전체 매출액의 33% 이상을 점유하는 것을 금지하고 있다. 또 이러한 시장점유율의 제한기준은 국가 또는 지방자치단체가 자본을 소유하는 경우나 특별법에 의하여 설립된 법인이 지분을 소유하는 경우는 예외로 적용을 받지 않음은 앞서 설명하였다. 이는 사실상 사회영향력과 시장지배력이 가장 높은 두 개의 지상파방송(KBS와

MBC)을 규제대상에서 제외하고 있는 것이어서 특정 방송사의 영향력이나 독점을 전혀 막지 못하고 오히려 독점구조를 강화한다는 일부 비판도 제기되어 있다. 외국의 경우 우리나라와 같이 매출액으로 측정하는 방법이 아니라 조금 더 구체적인 측정방법으로 전환하고 있는 추세이다.

독일은 1996년에 들어서면서 이전의 소유규제방식을 삭제하고 이를 시청시간 점유율 측정방식으로 대체하는 새로운 규제방식을 채택하였다. 이 방식은 전송매체와는 상관없이 텔레비전 서비스에 대해 단일 사업자가 통제할 수 있는 비율을 전체 시청시간의 30%로 제한하고 있다.[399]

영국에서도 이와 유사한 방식이 채택되었다. 단일 사업자는 시청점유율이 전체 시청시간의 15%를 초과하지 않는 한, 2개 또는 그 이상의 텔레비전 기업의 지분을 무제한으로 소유할 수 있도록 허용하고 있다. 즉, 특정 텔레비전 서비스에 대한 '통제'로 보인 지분이 그 서비스에 대한 총 시청시간(audience time)으로 대체된 셈이다. 그러나 영국은 2003년 커뮤니케이션법이 제정됨에 따라 시장점유율 규제방식을 더이상 요구하지 않게 되었다. 즉, 1 방송사업자는 국내사업자든 외국사업자든 BBC를 제외하고는 전체 방송사를 인수·합병할 수 있게 되었기 때문이다.

그 구체적인 내용을 살펴보면, 시청시간은 앞 달의 마지막 날을 기준으로 해서 12달을 계산한다. 그리고 시청시간은 각각의 텔레비전 서비스에 귀속되지 서비스 전송매체에 귀속되지 않게 된다. 예를 들어, 케이블TV 사업자(cable TV operator)가 BBC, Ch3, BSkyB로 제공된 텔레비전 프로그램을 전송한다면, 이들 서비스에 대한 시청시간은 프로그램 제공자들에게 귀속되며 케이블TV 사업자에게 귀속되지 않는 것이다.

조금 더 정확한 시장지배력을 측정하기 위한 방법으로 교환율 방식이 제시되어 있다. 교환율 방식은 한 운영자가 소유할 수 있는 미디어 회사의 수나, '제작물' 형식(즉, 라디오 또는 텔레비전 면허)에 근거하여 미디어 소유를 규제하던 과거의 방식보다 훨씬 더 공평하고 효율적인 방식으로 평가되고 있다. 무엇보다도 서로 다른 신문사나, 텔레비전 채널, 라디오 방송사는 여론에 대해 상당히 다른 차원의 영향력과 통제력을 행사한다. 미디어 공급

---

399) 정보통신정책연구원(2005a), 113-115면 참조.

원의 다양성과 시각의 다원성을 유지하기 위해서는 미디어에 대한 규제의 결과로 나타날 모든 현상을 적절히 측정하고 고려해야만 한다. 같은 10%라 하더라도 라디오와 텔레비전이 사회적으로 미치는 영향이 다르다는 것을 고려해 라디오와 텔레비전에 각각 다른 가치를 부여하는 방식이다.

그러나 현실적으로 서로 다른 형태의 미디어가 지닌 상대적 효과들을 측정해 내고, 서로 다른 미디어의 영향력 차이를 감안하여 만족할 만한 '교환율(exchange rate)'을 고안해 내는 작업은 또 다른 논쟁거리가 될 가능성이 있다.[400] 즉, 각기 다른 미디어 부문의 점유율을 어떻게 합할 것인가에 대해서는 합의가 도출되지 못하고 있다. 예를 들어, 텔레비전 시청자 점유율 x%를 신문 발행 부수 y%와 어떻게 비교할 것인지, 텔레비전 시청자 점유율 x%는 라디오 청취 점유율 x%보다 더 높은 비중을 부여해야 하는 것인지와 같은 기준이 모호하다는 것이 문제가 된다. 또한 뉴미디어, 특히 인터넷과 같은 매체를 미디어 시장점유율 계산에 포함시켜야 하는가의 문제도 남게 된다.[401] 영향력지수 또는 교환율 방식이라고 명명되는 이 방식은 시정점유율 측정방식의 가장 이상적인 모델이나 측정방법의 한계상 그 실효성이 문제시되고 있다.

\* \* \*

미디어 융합과 같은 방송환경의 근본적인 변화가 일어나면서 소유제한의 기준에 대한 변화도 요구되고 있다. 시장점유율을 측정하는 이유는 각 방송사가 가지는 객관적인 영향력을 측정하여 그 집중을 막고자함에 있으므로 가장 사실적인 기준을 사용하여 한다. 매출액에 의한 측정방법은 실제로 해당 방송사업자의 방송이 시청자에게 미치는 영향력을 평가하기 어렵다. 궁극적으로 시장점유율을 측정하는 이유가 영향력을 측정하고자 함에 있으므로 해당 사업자의 방송서비스에 대한 시청비율에 따라 제한하는 방식이 더

---

400) 질리언 도일, 정윤경, 「미디어 소유와 집중」(커뮤니케이션 북스, 2003), 137면.
401) 정윤경(2003), "미 방송 소유규제의 완화의 배경과 전망", 『동향과 문석』, 한국방송영상산업진흥원, 통권 176호, 192면.

정확하다고 본다.

　나아가 선진국들은 점차적으로 시장점유율을 높여 소유권규제를 완화하고 있음을 주목할 필요가 있다. 미국에서는 방송시장의 경쟁은 촉진시키면서도 한편 미디어사업자 간의 인수·합병을 통해 미디어사업자의 수는 축소시키고 있다. 독일의 경우 1방송사업자는 전체 방송시장의 시장점유율을 30%까지 확보할 수 있도록 소유권규제를 완화하고 있다. EU는 회원국에게 가장 이상적인 방송시장구조는 1공영 2상업체제임을 옹호하고 있기도 한다. 이와 같은 소유권규제완화 정책은 과도한 규제가 다수의 방송사업자를 출현시켜 제한된 시장에서 필요이상의 경쟁이 일어나지 않도록 하려는 이유도 있음에 주목할 필요가 있다. 방송시간과 방송 매출액이 제한된 국내 방송시장에서 다수 신규 방송매체의 출현은 전체 방송사업자를 공멸시킬 수 있다는 우려가 있다. 앞으로 우리나라 방송미디어정책의 개선을 위하여서는 미디어사업자 간의 공존전략, 소유권규제완화, 공공의 이익을 비롯한 다원주의 관점이 동시에 수용되어야 한다.

　이와 더불어 우리나라의 경우 대기업의 독식이라는 인식과 함께 방송법에서는 대기업의 시장진입이 제한되고 있다. 이러한 대기업에 대한 방송사업 진입규제는 우리나라 대기업의 특수성을 고려해 몇 개의 경제력을 가진 회사가 언론시장을 장악하는 것을 막고자 하는 취지로 이해되나 필요이상으로 방송산업에 대한 투자를 막는 결과를 초래한다. 실제로 대기업에 의한 독점이나 부당한 거래행위는 새로운 기구를 도입하거나 법적 근거의 마련 없이도 공정거래법에 의해 사후규제가 가능하다. 또 이러한 대기업에 대한 규제가 방송·통신 융합시대에 긍정적으로 작용하는 면보다 부정적으로 작용하는 면이 더 클 것으로 예상되기 때문에 조금 더 구체적인 연구를 통해 진입제한을 완화할 필요가 있다고 생각된다.

# 4.
# 규제의 한계

　방송의 자유도 우리 헌법 제37조 제2항에 의해 공공복리와 국가의 안전 보장·질서유지를 위하여 필요한 경우에는 법률로써 제한될 수 있다. 다만 법률에 의한 제한이라 하더라도 그 목적의 헌법 및 법률의 체계상 정당성이 인정되어야 하고(목적의 정당성), 그 목적달성을 위하여 그 방법이 효과적이고 적절하여야 하며(방법의 적절성), 그로 인한 피해가 최소한도에 그쳐야 하며(피해의 최소성), 보호하려는 공익과 침해하는 사익을 비교형량할 때 보호되는 공익이 더 커야 한다는(법익의 균형성) 과잉금지의 원칙에 반하지 않는 한도 내에서 할 수 있는 것이다.402) 즉, 방송자유의 본질적인 내용은 다른 기본권과 다르지 않다고 할 것이다.403)

　독일은 기본법에 헌법유보의 형태로 방송의 자유가 일반법률의 규정, 청소년보호를 위한 법규정, 개인의 명예권에 의해 제한될 수 있다고 규정하고 있다.404) 이러한 경우 제한하는 일반법률이 기본법이 보장한 기본권을 침해하는지의 여부는 기본권의 최후의 수호자인 연방헌법재판소의 심사대상이 된다. 연방헌법재판소는 표현의 자유에 관한 판결(Lüth)405)을 통해 표현의 자유는 인간에게 가장 중요한 권리이기 때문에 기본법 제5조 제2항을 해석함에 있어 표현의 자유 제한의 범위를 일반법률에 의해 정해질 수 있는 것으로 해석하여서는 안 된다고 하였다. 기본법이 보장하는 표현의 자유와 그 자유를 제한하는 일반법률의 관계는 기본권이 가지는 의미에 비추어 이러한

---

402) 헌법재판소 1993. 5. 13, 91헌바17.

403) "언론의 자유도 국가안전보장·질서유지 또는 공공복리를 위하여 필요한 경우에 법률로 제한할 수 있는 것이지만 제한의 경우에도 자유와 권리의 본질적 내용은 이를 침해할 수 없는 것이다"; 헌법재판소 2003. 3. 27, 2001헌마116 (반대의견).

404) Artikel 5 [Meinungs-, Informations-, Pressefreiheit; Kunst und Wissenschaft]
　　(2) Diese Rechte finden ihre Schranken in den Vorschriften der allgemeinen Gesetze, den gesetzlichen Bestimmungen zum Schutze der Jugend und in dem Recht der persönlichen Ehre.

405) BverfGE 7, 198

'일반법률'의 기본권 제한효과 자체가 제한되게 해석되어야 한다[406]고 하여 일반법률에 의한 표현의 자유의 제한을 아주 제한적인 경우로 해석하고 있음을 볼 수 있다.

독일 기본법과 같은 방송의 제한에 관한 헌법의 명문규정이 없는 우리나라의 경우 원칙적으로 제한은 의회가 제정한 법률의 형식으로 나타나게 된다. 그러나 실제로는 그 법률을 구체화하는 행정법규 또는 그 법률의 위임을 받아 행정기관이 제정하는 위임입법의 형식으로 나타나는 경우가 대부분이다. 이러한 기본권을 제한하는 입법을 함에 있어서는 입법목적의 정당성과 그 목적달성을 위한 방법의 적정성, 피해의 최소성 그리고 그 입법에 의해 보호하려는 공공의 필요와 침해되는 기본권 사이의 균형성을 모두 갖추어야 한다는 비례원칙이 지켜져야 한다.[407]

비례원칙이란 과잉금지의 원칙이라고도 하며 어떤 행정의 목적과 그 목적을 실현하기 위한 수단과의 관계에서 그 수단은 목적을 실현하는 데에 적합하고 가능한 한 최소침해를 가져오는 것이어야 할 뿐만 아니라, 아울러 그 수단의 도입으로 인해 생겨나는 침해가 의도하는 이익·효과를 능가하여서는 아니 된다는 헌법상의 원칙을 말한다.[408] 따라서 방송에 대한 많은 규제 중에서도 필요한 규제만을 하여야 한다. 또 필요한 규제라 하더라도 규제를 함으로서 침해되는 정도가 규제하고자 하는 목적의 효과를 능가하는지 않는 상당성 있는 규제만이 적용되어야 한다. 나아가 이러한 비례의 원칙에 따른 방송규제가 가능하다고 할지라도 방송의 자유가 다른 법익과 막연하고 추상적으로 충돌하는 경우에까지 확대하여 규제할 수 있는 것이 아니라 법익의

---

406) "Es findet vielmehr eine Wechselwirkung in dem Sinne statt, daß die "allgemeinen Gesetze" zwar dem Wortlaut nach dem Grundrecht Schranken setzen, ihrerseits aber aus der Erkenntnis der wertsetzenden Bedeutung dieses Grundrechts im freiheitlichen demokratischen Staat ausgelegt und so in ihrer das Grundrecht begrenzenden Wirkung selbst wieder eingeschränkt werden müssen." BverfGE 7, 198, [208, 209]

407) 헌법재판소 1990. 9. 3, 89헌가95.

408) 대법원 1997. 9. 26, 96누10096; 비례원칙은 원래 프로이센 상급행정재판소의 판례로부터 발전된 것이라고 한다. 오늘날에 있어서는 법치국가원리의 결과로서 고권활동의 전 영역에 적용되고 있으며 침해행정인가 급부행정인가를 가리지 않는다. 사법관계에서는 사적 자치가 적용되는 까닭에 비례원칙이 원칙적으로 적용되지 않는다. 홍정선, 「행정법원론」(상, 박영사, 2006), 75면.

실질적·구체적인 충돌의 경우에만 가능하다고 할 것이다.

방송환경이 변화하고 있고 새로운 매체가 계속적으로 등장하고 있지만 방송산업에 대한 국가의 개입은 지속적으로 요구되고 있다. 다만 기존에는 유효했던 방송에 대한 제한의 근거가 점차 그 정당성을 잃어 갈 것이기 때문에 앞으로 등장할 새로운 매체에 대해서도 유효하게 적용할 수 있을지를 현재로서는 예측하기 어렵다. 방송이 가지는 공적 책임의 수행과 같은 특수한 기능은 방송이 사회에 미치는 영향이 크기 때문에 부과되는 것이며 이러한 의무의 수행은 규제의 형식으로 이행이 강제되고 있다. 따라서 방송 상황이 변화하여 이러한 특수한 기능의 의미가 퇴색된다면 방송에 대한 규제도 그에 맞게 변화하여야 한다.

요컨대 방송의 자유에 대한 규제는 방향제시적인 단기정책으로서가 아닌 법에 의한 정책의 실현이라는 모습을 갖추어야 한다는 것이다. 이를 위해서 방송환경이 급속하게 변화한다 하여 법률의 형식이 아닌 내부규칙이나 고시로 방송의 자유가 제한되는 것은 지양하여야 한다. 또 규제의 방향도 공공의 이익만을 기반으로 한 규제보다 일반경쟁법과 같이 방송사업자 간의 공정경쟁과 매체 간의 균형발전을 위한 규제도 고려되어야 한다. 다른 산업 분야와 같은 접근방식으로 사후적 규제로 대체될 수 있는 사항에 대해서는 방송사업자에 대한 사전적 규제를 줄이고, 그 대신 방송행위 결과를 사후에 규제하는 방법을 모색할 필요도 있을 것으로 보인다. 미국이나 영국과 같이 규제기관에 의한 심사나 감독보다 시청자들에 의한 감시기능을 이용하는 것도 좋은 대안이 될 것이다.

# 8 방송위원회

# 제 8 장
## 방송위원회

　방송위원회는 방송과 관련된 국가의 정책을 수립하고 수행하는 등의 방송 행정사무를 담당하기 위하여 법률에 의해 필요한 권리·의무를 부여받은 국가기관이다. 이러한 방송행정기관은 일반적으로 방송사업자가 법적 의무를 준수하는지를 감시·감독하며 방송을 하고자 하는 자에게 면허를 부여할 권한을 보유한다. 또 효율적인 집행을 위해 방송사업자가 주어진 의무를 위반하였을 경우 이에 따른 제재를 부여할 수 있는 권한을 가지고 있다. 방송위원회는 방송사업자의 허가·승인·등록·신고, 불공정거래행위의 규제, 분쟁조정을 위한 행위규제, 개인정보 및 지적재산권의 보호를 위한 규제나 주파수의 배분과 감독까지 방송시장의 공정경쟁을 촉진하고 원활한 방송활동을 위해 여러 가지 규제를 가하게 된다.

　과거에는 방송위원회의 규제기능이 부각되었던 반면 현재에는 방송산업의 진흥을 위한 계획수립과 방송사업자와의 협력이 더욱 중요한 기능으로 부각되고 있다. 올바른 여론형성을 위한 매체로서의 방송의 기능은 방송사업자에 대한 권한을 가지는 방송위원회가 외부의 간섭 없이 독립적으로 그 임무를 수행할 수 있는가에 달려 있다 해도 과언이 아닐 것이다.

방송위원회와 같은 방송행정기관은 방송법에서 예정한 기준으로 규제에 관한 사항을 심사·결정할 수 있는 최종결정기관이다. 물론 사법적인 심사라는 구제수단은 남아 있으나 이는 행정청이 내린 결정이 현저히 타당성을 결여한 경우에만 그 심사가 가능하기 때문에 실질적으로 방송행정기관의 결정은 국가의 방송정책을 좌우한다고 볼 수 있다.[409] '機關'이란 모든 법 영역에서 모든 법인의 행위능력의 근거마련을 위해 사용되는 一般法理論상의 개념이다. 이것은 행정조직의 기능적 결합을 체계적으로 파악하기 위해 법이론상 발전된 개념으로 행정기관은 그 제도상·기능상 특징을 갖는다. 제도상 행정기관은 행정주체의 한 부분으로 그 기관 구성자에 관계없이 독립적이라는 특징을 가지며, 기능상으로는 특정한 권한을 가진다.

\* \* \*

'방송은 국가로부터 자유로워야 한다'는 대원칙은 필연적으로 방송행정기관이 국가로부터 독립되어 있을 것을 요구한다. 이러한 요구는 방송행정기관의 구성, 구성원들의 임명방법이나 임기의 보장 등에 의해 영향을 받기 때문에 이를 위해 각 나라는 법으로 방송행정기관의 독립성 보장을 위한 조치를 취하고 있다. 이에 우리 방송법도 방송의 자유와 정치적 독립성을 보장하기 위하여 정부로부터 직무상 독립된 행정기구인 방송위원회를 두고 있다. 방송위원회는 방송의 공적 책임·공정성·공익성을 실현하고 방송내용의 질적 향상 및 방송사업에서의 공정한 경쟁을 도모함을 목적으로 한다.[410]

---

409) Associated Provincial Picture Houses, Limited v. Wednesbury Corporation [1948] 1 KB 223에서 법원은 의회가 행정기관에게 집행권을 위임하고 그의 집행을 위하여 위임의 범위 내에서 무제한적인 규정을 부과할 수 있도록 한 경우에 동법이 해당 행정기관의 결정에 대한 다른 구제수단을 정하고 있지 않는 경우 법원은 해당 행정기관이 고려할 사항을 고려하였는지 또는 고려하지 않아야 할 사항을 고려하였는지의 심사만을 할 수 있을 뿐이고 그 결과 행정청의 결정에 재량하자가 없다면 그 결정이 명백히 타당성을 결여하여 보통의 다른 행정기관은 절대로 그러한 결론이 이르지 않았을 정도가 아닌 한 법원은 개입할 수 없다고 판시하였다. 이러한 경우에도 행정기관에게 다시 심사할 것만을 요구할 수 있을 뿐 행정기관을 대신하여 결정을 내리지는 못한다.

410) 방송법 제20조.

김대중 대통령의 국민정부 출범과 함께 대선공약에 따라 당시 국민의 인식론상 방송통제기구였던 공보처는 폐지되고 민간위원으로만 구성된 방송위원회가 탄생되었다. 원래 방송위원회는 방송심의업무를 주 기능으로 하였던 조직이었으나, 2000년 새 방송법의 탄생과 함께 이른바 '방송총괄기구'로서 그 위상과 법적 지위를 갖추게 되었다. 방송위원회의 기능 확대 및 새로운 지위와 역할은 과거 정부 방송통제에 대한 사회적 평가를 근거로 한 시대적·역사적 산물이라 할 수 있겠다.

방송행정기관이 본연의 기능을 수행하기 위해서는 국가나 또는 다른 외부로부터 사실적 지배나 영향을 받지 않을 수 있어야 한다. 이를 위해서 방송행정기관은 정치권력으로부터 독립적이면서도 전문성을 띤 조직원으로 구성되어야 한다. 그 구체적인 조직의 형성에 관해서는 보통 입법자가 법률로써 정해 놓고 있다. 우리나라도 방송법에 의해 방송위원회가 설립되어 그 기능을 담당하고 있다. 우리나라 방송위원회는 1980년 전두환 정권의 언론통폐합정책에 따라 제정된 언론기본법 제34조에 따라 '방송운영에 관한 기본적인 사항을 심의하기 위한 기구'로 설립되게 된다. 현재의 방송위원회는 기존의 방송법·종합유선방송법·한국방송공사법·유선방송관리법을 통폐합하고 전문개정된 방송법에 근거하여 출범하였다. 방송위원회는 방송법상 주어진 권한의 범위 내에서 방송행정에 관한 의사를 결정하고 이를 외부에 대하여 표시하는 권한을 가진다는 점에서 행정기관이며 9인의 위원으로 구성된 합의제 기관이다.[411]

411) 합의제 행정기관은 의사기관으로서의 행정기관으로 소관사무의 일부를 처리하고 독립적으로 직무를 수행한다.

# 1.
# 방송위원회의 설립

방송위원회의 설립은 방송법의 제·개정과 함께 정치적인 배경을 함께 살펴볼 필요가 있다. 방송위원회는 제5공화국의 방송공영화 조치와 함께 공영방송체제를 이끌고 나갈 최고의 감독기관으로서 1980년 언론기본법에 의해 신설되었다.[412] 이 기간 동안 방송위원회는 사실상의 권한을 갖지 못한 단순한 방송심의기구였다. 입법적으로는 1987년 언론기본법이 폐지되면서 방송법이 제정되고 동법에 '방송의 공적 책임 및 공정성과 공공성을 유지하기 위하여' 방송위원회를 둔다는 규정을 두고 방송위원회의 심의결정권 및 심의의결권과 같은 권한을 부여하여 방송위원회를 의결기관으로 명시하게 된다. 또 동법은 방송심의위원회를 방송위원회의 보좌기관으로 예속시키고 방송광고공사가 행하던 광고물의 사전심의를 방송위원회의 관할로 규정하였다. 이와 같은 권한을 부여받으면서 방송위원회는 독립규제위원회의 면모를 갖추어 나가게 되었다.[413]

뉴미디어인 케이블TV 도입정책에 따라 1992년에는 종합유선방송법에 의거 케이블TV 규제기관인 종합유선방송위원회가 구성되어 방송프로그램 내용규제와 소극적인 행정규제업무를 수행하고 방송정책과 행정기능은 구공보처가 담당하였다.[414] 1995년부터 추진해 온 통합방송법 제정이 방송위원회의 위상 및 권한, 그리고 그 구성방식을 둘러싼 정치적 이해관계의 첨예한 대립 때문에 무산된 바 있다. 김대중 대통령은 선거공약으로 방송의 정치적 독립성을 제시하였고 1998년 집권하자마자 사회조합주의 모델에 입각해 노동조합, 시민단체, 방송사업자, 학자 등 민간위원으로 구성된 방송개혁위원

---

412) 김대중 대통령의 국민정부 출범과 함께 정부조직법이 전문개정(1998. 2. 29, 법률 제5529호)되어 구공보처가 폐지되고, 방송행정에 관한 사무는 문화관광부 사무로 규정된다.
413) 방송위원회의 연혁에 관해 자세히는 박용상, 「방송위원회의 법제론적 고찰」(방송위원회, 1990) 참조.
414) 김정태(2005), 134면.

회를 설립하였다. 방송개혁위원회에서는 방송행정기관으로서 공보처를 폐지하고 그 대안으로서 합의제 방송행정기관으로서의 방송위원회를 제시하였다. 방송개혁위원회의 결정을 존중하여 기존의 방송법이어야 합의로 개정되었고, 새 방송위원회는 2000년 3월 13일에 공식 출범하게 된다. 통합방송법이 시행되면서 방송위원회는 지상파방송, 케이블TV, 위성방송은 물론 중계유선방송과 전광판방송까지 관장하게 되었다.

방송정책 결정체제는 방송위원회, 문화관광부, 정보통신부가 업무를 분담하는 3두체제가 되었다. 새 방송위원회는 방송법 제27조에 의거하여 구방송위원회의 권한 외에 과거에 공보처와 문화관광부가 행사하던 방송의 기본계획 수립, 방송사업자 인·허가 추천권, 방송법령 제·개정 권한 등 방송정책 총괄기구로서의 위상을 부여받았다.[415] 이와 같이 방송법에 의하여 방송정책총괄기구로서의 위상을 부여받았음에도 불구하고 방송위원회는 정부조직법상 정부도 아니고 완전한 민간기구도 아니어서 그 당시에도 위상에 대해 많은 논란이 있었다.[416] 또한 방송위원회는 국회 문화관광위원회 추천 3인, 국회의장 추천 3인을 포함하여 대통령이 임명하는 9인의 위원으로 구성되었는데 이와 같은 정치적 구성은 방송위원회가 청와대와 여·야당의 정치적 영향에 취약하게 된 요인이 되었다.[417]

---

415) 방송위원회는 다음 사항을 심의·의결하도록 되어 있다. ① 방송의 기본계획에 관한 사항, ② 방송프로그램 및 방송광고의 운용·편성에 관한 사항, ③ 방송사업자·중계유선방송사업자·음악유선방송사업자·전광판방송사업자의 허가·재허가 추천, 승인, 등록, 취소 등에 관한 사항, ④ 위원회 규칙 제정·개정 및 폐지, ⑤ 방송에 관한 연구·조사 및 지원에 관한 사항, ⑥ 방송사업자·중계유선방송사업자·음악유선방송사업자·전광판방송사업자 상호간 공동사업이나 분쟁조정, ⑦ 방송프로그램 유통상 공정거래 질서 확립에 관한 사항, ⑧ 시청자 불만처리 및 청원에 관한 사항, ⑨ 방송발전기금 조성 및 관리 운용 기본계획에 관한 사항, ⑩ 제100조 규정에 의한 제재조치에 관한 사항, ⑪ 위원회의 예산 편성 및 집행에 관한 사항, ⑫ 기타 이 법 또는 다른 법률에 의하여 위원회 직무 또는 권한으로 규정된 사항. 유대선(2005), 215면.
416) 2000년 당시 방송위원회 위원장, 부위원장, 상임위원 2인 등 4인은 정무직 공무원이며, 나머지 사무처 직원은 민간인 신분이었다. 2003년 방송법 개정(법률 제6869호, 2003. 5. 10)으로 상임위원이 위원장, 부위원장을 포함하여 5인으로 늘었다.
417) 유대선(2005), 216면

# 방송위원회의 법적 성격

## 합의제 기관

방송법 제20조에 근거하여 설치된 방송위원회는 정부조직법에 의한 행정기구도 아니고, 대통령이나 국무총리에 소속되어 있는 일반 행정조직도 아니다. 이에 따라 방송위원회는 정부조직법 제5조에 근거하여 설치된 합의제 행정기관과는 조직법적 성격을 달리한다. 이와 같은 방송위원회의 형태가 만들어진 것은 방송을 정치적 독립성을 지키기 위해 대통령이나 국회 등 어디에도 소속되어서는 안 된다는 논리에 의한 결과이기도 하다. 방송위원회를 정부조직법상의 행정기관으로 볼 수는 없으나, 방송행정이라는 국가사무를 담당하고 있기 때문에 방송위원회의 법적 성격이 무엇인지에 관해서는 끊임없는 논의가 되고 있다.

한 나라의 방송을 담당하는 기관은 크게 국가기구형과 민간기구형으로 나누어질 수 있다. 국가기구형은 다시 행정부 소속, 의회소속, 독립기관형으로 나누어진다. 순순한 민간기구로서는 방송위원회는 공권력을 행사할 수 없기 때문에 적당하지 않으며, 어느 나라도 이러한 형태를 취하고 있지는 않다. 행정부 소속으로 방송을 관장하고 있는 대표적인 나라가 일본이다. 우리나라는 방송위원회의 설립 목표 자체가 정부로부터 독립성 보장이었기 때문에 결국 지금과 같은 독립형 국가기관이 된 것이다. 물론 독립기관이라 하더라도 헌법상의 근거가 없기 때문에 헌법상의 독립기구와 같은 위상은 갖지 못하고 있다. 방송행정기관은 그 기관의 성격상 독임제의 형식을 가지기 어렵다. 여러 사람이 같은 정도의 영향력을 행사함으로써 그 균형의 유지가 확보될 수 있기 때문이다. 여러 나라가 방송규제기관을 '위원회'의 형식으로 두고 있는 이유도 여기에 있다. 또 방송의 정치적 독립을 추구하기 위하여 우리나라 역시 방송위원회를 국가권력으로부터 독립된 기관으로 설정해 놓고 있다. 우리나라의 행정조직법상에는 미국과 달리 독립위원회란 기관을 예정해 놓고 있지 않으므로 방송위원회를 독립위원회라 할 수는 없을 것이다. 다만 국가로부터 독립하여 행정을 담당하는 기관일 뿐이다.

행정조직은 각 나라의 역사적 배경에 따라 생성되고 발전되기 때문에 행정기관 역시 다양한 형태를 가진다. 행정의 실제상 위원회라는 명칭을 가진 기관은 그 종류와 내용이 다양하며 이를 합의제 행정기관·의결기관·자문기관으로 구분할 수 있다. 의결기관으로서의 위원회는 의결권만 가지며 의사를 대외적으로 표시할 권한이 없으며, 자문기관은 의사결정권도 의사를 표시할 권한도 갖지 못한다.[418]

우리나라는 행정기관의 설정방법에 있어서는 독임제를 원칙으로 하면서 사무의 성질에 따라 합의제형식의 행정기관을 두기도 한다. 합의제 행정기관이란 기관 구성자가 다수인으로 구성되며, 그 다수인의 등가치적인 의사의 합치에 의하여 결정을 내리고, 그 구성원이 그 결정에 책임을 지는 행정기관을 의미한다.[419] 합의제 기관은 행정의 독립성과 공정성을 확보하기 위하여 정부부처로부터의 독립성이 요구되는 경우 설치된다. 합의제는 독임제에 비하여 신중·공정의 확보라는 장점을 가지나, 의사결정의 장기화, 책임소재의 불분명이라는 단점을 가지고 있기도 하다. 방송위원의 선임에 있어 대통령에게 3인의 위원임명권이 있기 때문에 나머지 6인의 위원 중에 2인만 확보하면 집권여당이 방송위원회의 과반수를 차지하는 것이 용이하게 되어 있다. 실제로 이로 인한 구성원 간에 정치적인 이해관계의 대립은 합의제 기관의 단점인 의사결정의 장기화, 특정 사안의 논의를 회피하는 합의제 행정기관 본래의 문제점을 발생시키고 있다.

정부조직법에 의하면 "행정기관에는 그 소관사무의 일부를 독립하여 수행할 필요가 있는 때에는 법률이 정하는 바에 의하여 행정위원회 등 합의제 행정기관을 둘 수 있다"고 명시하고 있다. 그러나 방송위원회는 그 법적 근거가 없을 뿐만 아니라, 국가사무의 일부가 아니라 정책전반을 총괄하며 당해 소관업무를 독립적으로 수행하면서 소속된 기관의 감독을 받지 않기 때문에 이들 합의제 기관과는 그 성격이 다르다고 할 것이다. 다만 대통령 또는 국무총

디지털 컨버전스와 방송규제

---

418) 홍정선(2006b), 44면.
419) 홍정선(2006b), 43면.

리 직속의 독임제 행정기관이나 정부조직법과 개별 법률에 의해 국무총리에게 속하되 독립적으로 직무를 수행하는 공정거래위원회나 금융감독위원회와 비교하여 정의한다면 소속이 없는 합의제 기관으로 정의될 수 있을 것이다.

### 독립행정청

이러한 방송위원회가 독립된 행정청이라는 데에는 이견이 없다.[420] 독립행정청이란 전통적 국가의 공평성과 독립성을 개선하기 위한 방안으로서 중재와 협상을 통한 객관적이고도 효율적인 해결책을 모색하는 과정에서 등장한 것으로 계층적으로나 후견적으로도 감독기관이 없으며, 정부조직법이 아닌 다른 법률에 의하여 독립성이 부여되기는 하지만 법인격이 없으며, 부·처에 소속되지 않는 행정청을 말한다. 이러한 점에서 독립행정청은 중앙의 국가기관이기는 하나 계층적 감독을 받는 직접행정기관인 중앙행정기관이나 후견적 감독을 받는 간접행정기관인 영조물법인과는 다르다. 독립행정청은 공법상의 행정기구로 법인격은 없으나, 국가행정기관에 속하므로 행정처분권·행정입법권·행정제재권을 보유한다.[421] 방송위원회도 방송사업자에 대한 처분권, 위원회 규칙의 제정·개정 및 폐지권(제27조)을 가지며 방송사업자 간의 분쟁조정(제27조), 방송프로그램 및 방송광고의 심의(제32조), 제재조치권(제106조) 및 청문을 실시(제101조)할 권한과 같이 개인이 가질 수 없는 권한을 보유하고 있으므로 행정청으로 보아야 할 것이다.

방송위원회는 독립적으로 對 국민 행정행위를 행하는 행정관청이며 어느 행정부처에도 소속되지 않기 때문에 직속 감독기관도 가지고 있지 않다. 이는 국가로부터의 독립을 보장하기 위한 취지이나, 방송위원회의 권한행사에 불응할 경우 이를 강제할 수단이 없다는 취약점을 가진다. 이에 대비한 제도적 장치로 문화관광부와 방송행정 및 정책권을 '합의'하도록 하는 조항을 방송법 제27조에 두고 있으나, 이 합의사항은 내용이 포괄적이고 방송에 관한 정책결정에 있어 정부의 간섭을 받을 위험이 있기 때문에 방송위원회를

---

420) 오준근, "통합 방송법 체계 및 내용상의 문제점과 그 개선방안", 『공법연구』 제32집 제3호(2004b), 416-417면; 김명식(2004), 259면; 무선관리단(2004b), 34면.
421) 강현호, "금융감독원의 법적 성격", 『공법연구』 제31집 제3호(2003) 128-130면.

직무상 독립시킨다는 방송법의 취지에 어긋날 위험이 있다.

이와는 다른 근거로 방송법 제26조 제1항에서 방송위원회 "위원은 임무 중 직무상 외부의 어떠한 지시나 간섭도 받지 아니한다"라는 규정과 방송이 국가나 정치권력으로부터 독립되어야 한다는 대명제에 근거하여 방송위원회를 독립위원회 또는 독립규제위원회라 하는 견해가 있다. 여기서 헌법기관도 아니고 정부조직법상 행정기관도 아니면서 임기동안 어떤 다른 국가기관의 감독도 받지 않고 직무·신분상의 독립을 보장받는 위원으로 구성되는 방송위원회가 현행 헌법체계상 타당한가에 대한 문제도 제기되고 있다.[422]

독립위원회란 미국행정조직법상의 기관으로 입법·사법·행정권으로부터 독립된 위상을 가지는 위원회를 의미하며 국민에 중대한 영향을 미치는 연방행정기관 또는 각 주 행정기관의 정치적 결정에 대하여 각각의 행정기관의 관할권의 범위를 포괄하는 종합적인 규제와 조정을 필요로 하는 분야에 대한 다각적인 합의가 필요한 영역에 설치된다.[423] 이러한 조직형태가 미국에서 보편적으로 활용되는 이유는 전통적으로 경제적 이해관계를 조절하는 권한은 의회에 속하나 의회 스스로가 첨예하게 대립되는 이해관계 분쟁에 몰입되는 것을 지양하고자 하는 한편, 규제업무에 대해서 대통령이 정치적 영향력을 행사하지 못하도록 하기 위한 이중적 요청에 부응하고자 하였기 때문이다.[424] 현행 방송위원회는 어느 기관에도 소속되어 있지 않은 독립된 행정청일 뿐이며, 우리 법제가 규정하고 있지 않은 독립위원회라는 법적 지위는 부여할 수는 없다고 본다.[425]

## 국가기관

방송위원회는 방송법 제22조의 국무회의 출석권한, 제9조의 추천·허가·승인권, 제99조의 시정명령권 외 기타 제재권과 벌금을 부여할 수 있는 권

---

422) 무선관리단(2004b), 50면.
423) 오준근(2004b), 416면.
424) 무선관리단(2004b), 32면.
425) 삼권분립과 행정부의 수반은 대통령이라는 헌법론적 대원칙과 정부조직법 등을 고려해 볼 때 방송위원회를 미국식 독립규제위원회로 보기에는 위헌적·위법적 소지가 있다. 무선관리단(2004b), 51면.

한과 같이 국가기관만이 가질 수 있는 권한을 가지는 국가기관이다. 판례도 방송위원회의 국가기관성을 인정하고 있다. 법원의 인정근거는 대통령과 국회에 의한 방송위원회의 구성, 방송국에 대한 감독과 방송물에 대한 심의·의결 및 시정명령과 같은 직무의 공공성, 규칙제정권을 비롯한 권한행사의 방식, 그 결정 등의 행정처분성, 국민대표기관인 국회에의 보고의무 등을 종합하여 보았을 때 방송위원회는 합의제 행정기관으로서 국가기관으로 볼 수 있다는 것이다.[426]

판례에 의하면 국가기관이란, 그 근거법령이나 명칭, 소속기관 등에 관계없이 국가의 사무를 수행하는 기관 일체를 가리킨다고 해석함이 타당하고, 반드시 그 기관이 국가 통치기구 중 행정부의 일반적인 조직과 사무를 규정하고 있는 정부조직법에 근거를 두고 있어야 하는 것은 아니라고 한다. 왜냐하면 그렇게 국가기관의 의미를 좁게 해석할 경우에는 입법부나 사법부 소속의 기관, 그리고 각종 특별법 내지는 별도의 단행법에 의하여 설립되어 3府의 지휘를 받거나 혹은 독립적으로 국가사무를 수행하는 기관을 제외하게 된다는 것이다.

따라서 비록 방송위원회가 헌법상의 기관은 아니라 할지라도, 방송매체를 규율하고 있는 방송법에 의해 설립되어 독립적으로 방송행정이라는 국가사무를 수행하는 기관이고 그 설립목적이 방송의 공적 책임·공정성·공익성을 실현하고 방송내용의 질적 향상 및 방송사업에서의 공정한 경쟁을 도모하는 데 있다는 점과 방송에 관한 규제와 정책을 담당하고 있다는 점을 들어 본다면 방송위원회를 국가기관으로 인정하는 데 무리가 없을 것이다.[427]

방송위원회의 국가기관성은 다음과 같은 이유로 인정된다고 정리할 수 있다.[428] 첫째, 방송위원회는 방송매체를 규율하고 있는 방송법에 의해 설립되어 방송의 자유를 보장하며 방송행정이라는 국가사무를 수행하고 있다. 둘

---

426) 서울고등법원 1998. 4. 24, 97구51256.
427) 헌법에서 명시하고 있지 않다 하여도 입헌주의 원칙에 따라 국회에서 제정한 법률에 의해 설립되고 국가사무인 국민의 자유와 방송사업자의 권리의무에 중대한 관계가 있는 방송행정을 담당하기 때문에 그 국가기관성을 부정해서는 안 된다고 한다. 무선관리단(2004b), 21면.
428) 무선관리단(2004b), 21-23면.

째, 방송위원회의 설립목적이 방송의 공적 책임·공정성·공익성을 실현하고 방송사업의 공정한 경쟁을 도모하는 데 있다. 셋째, 방송위원회 위원은 임기 중 직무상 외부의 어떠한 지시나 간섭도 받지 않는 등의 신분이 보장된다. 물론 방송위원회의 직원은 공무원이 아닌 민간인이다. 역사적으로 볼 때 국가작용을 수행하는 공직자는 '공무원'인 것이 원칙이었지만 국가의 활동영역이 넓어지고 사회국가적 성향에 의한 급부국가적 생존배려의 행정영역이 엄청난 업무량을 가져다주게 되자 공무원만으로는 그 증대된 많은 국가작용의 수요를 감당하기가 어렵게 되었다. 그 결과 증대된 업무량을 능률적이고 신속하게 처리하기 위한 새로운 인력이 필요하게 되었다. 그래서 나타난 것이 공직제도의 이원화 현상이다.429) 따라서 이제는 국가작용을 수행하는 자가 당연히 '공무원'인 것은 아니다.

그 외에도 실제로 방송위원회의 예산은 국가의 일반 또는 특별회계 예산에 포함되지 않고 방송광고의 수익으로 인한 공익자금에 의해 운영된다는 점에서 국가기관과는 달리 볼 여지가 있을 수 있지만, 그것이 방송위원회의 국가기관으로서의 법적 지위에 결정적인 영향을 미치는 것이라고는 보기 어렵다. 방송위원회는 그 설치의 법적 근거, 법에 의하여 부여된 직무, 그 구성상의 위원 임명절차 등을 종합하여 볼 때 국가기관으로서의 성격을 갖는다고 보아도 될 것이다.430)

# 3.
# 방송위원회의 구성

방송위원회의 구성은 9명의 위원으로 하여 전문성 및 사회 각 분야의 대

---

429) 허영(2005), 「한국헌법론」, 767면.
430) 법원행정처, 「대법원판례해설」(법원행정처, 2000), 738면.

표성을 가진 자로 한다. 대통령이 임명하고[431], 3인은 대통령이, 3인은 국회의장이 국회 각 교섭단체위원과 협의하여 추천을, 3인은 방송관련 전문성과 시청자대표성을 고려하여 국회 문화관광위원회의 추천의뢰를 받아 국회의장이 추천한 자를 임명한다.[432] 위원의 임기는 3년이며 1회에 한하여 연임할 수 있다.[433] 위원은 임기 중 직무상 외부의 어떠한 지시나 간섭도 받지 않으며 본인의 의사에 반하여 면직되지 않는다.[434]

위원회에서 호선된 위원장은 방송법 제22조 제4항에 따라 국무회의에 출석하여 발언할 수 있으며 그 소관 사무에 관하여 국무총리에게 의안의 제출을 건의할 수 있다.[435] 위원장은 위원회의 예산관련 업무를 수행함에 있어 예산회계법 제14조의 규정에 의한 중앙관서의 장으로 본다.[436]

위원회는 방송위원회기본규칙에 따라 상임위원회와 소속위원회를 둔다. 상임위원회는 상임위원으로 구성되며 위원회가 위임한 사항을 심의·의결한다.[437] 방송위원회 소속위원회로는 방송사업자의 방송프로그램 내용 및 편성과 운영 등에 관한 종합적 평가업무를 수행하는 방송평가위원회, 방송의 공정성 및 공공성에 대한 위원회의 심의를 효율적으로 수행하기 위한 심의위원회, 방송에 관한 시청자의 의견을 수렴하고 시청자불만처리 및 청원사항에 관한 심의를 효율적으로 수행하기 위한 시청자불만처리위원회, 방송발전기금의 공정하고 효율적인 관리·운용을 위한 방송발전기금관리위원회를 두며 직무와 관련된 전문적인 업무의 담당과 자문을 위해 특별위원회를 둘 수 있다. 심의위원회는 분야별로 나누어 구성되어 현재 지상파방송의 방송내용 중 보도·교양 부문을 위주로 심의하는 보도교양심의위원회, 연예·오락 부문의 연예오락심의위원회와 방송광고 및 홈쇼핑 채널사용사업자의 상품판매방송프로그램에 대한 심의를 담당하고 있는 상품판매방송심의위원회가 있다. 그 외에 '이 달의 좋은 프로그램' 심사위원회, 국내제작애니메이션

---

431) 방송법 제21조 제1항
432) 방송법 제21조 제2항
433) 방송법 제23조 제1항
434) 방송법 제26조 제1항 및 제2항)
435) 방송법 제22조 제4항
436) 방송법 제22조 제5항
437) 방송법 제30조

판정위원회, 남북방송교류추진위원회가 있다. 그 밖에도 특별위원회로 방송언어 기준연구, 방송언어 순화를 위한 제도적 개선방안 등 방송언어가 방송관련 법규에 위배되는지 여부 등을 심의 · 의결하는 방송언어특별위원회가 있다. 또 방송사업자 · 중계유선방송사업자 · 음악유선방송사업자 · 전광판방송사업자 상호간의 공동사업이나 분쟁의 조정을 위하여 분쟁조정절차등에관한규정에 분쟁조정위원회의 설치에 관한 규정을 두고 있으며 2005년 분쟁조정위원회가 구성되어 운영 중에 있다.

* * *

방송위원회의 조직과 관련하여 가장 중요한 것은 정치적 독립성 확보의 문제이다. 미국의 경우 FCC에 결정적인 영향을 미치는 것은 대통령이다. 미국대통령은 위원장을 포함한 FCC위원을 지명할 권한이 있기 때문에 대통령이 차지하는 영향력이 절대적이다.[438] 다만 위원의 경우 동일정당 소속위원이 과반수를 넘지 못하도록 하고 있어 독단적인 방송정책의 수립을 배제하고 정당적 배경을 떠난 위원개인의 독립적 의사결정을 유도하고 있다. 우리나라도 형식적으로는 그 독립성을 보장하기 위해 방송위원의 임명에 있어서 대통령과 국회가 각각 추천하고는 있으나 사실상 대통령이 임명하는 3인은 여당을 대변할 수 있는 위원이며, 나머지도 의석수에 비례하여 추천하게 되므로 결국은 여당의 색채를 띠게 될 수밖에 없는 구조를 가진다. 방송위원의 임명에 있어서 실질적으로 여당이 과반수를 차지하게 되고, 방송심의는 공정성과 외부의 압력으로부터 차단하겠다는 미명하에 무기명으로 공개된다. 방송위원회가 행정에 대해 책임을 지지 않고 국민에게 이에 대한 통제수단이 주어져 있지 않다는 것은 문제의 소지가 될 수 있다.

방송위원의 정치적 독립성의 결여는 지난 해 있었던 탄핵방송 심의기각결정에서도 볼 수 있었다. 방송위원회는 탄핵소추 관련 방송프로그램과 같이 정치적으로 민감한 사안에 대한 심의를 함에 있어서 공정성과 객관성을 추

---

438) 황근, "독립규제기구로서 방송위원회의 구조적 특성에 관한 평가연구", 『사이버커뮤니케이션 학보』 제6호(2002), 169-170참조.

구한다는 명분하에 외부에 분석 및 연구용역을 주어 스스로의 정치적 중립성을 부인하고 책임을 전가함으로써 정치적 독립성을 제대로 지켜내지 못했다는 비난을 받은 바 있다. 대통령 탄핵소추와 관련된 프로그램을 심의하면서 방송위원회는 구체적이지 않은 포괄적인 심의는 관계 법령과 심의규정에 따라 그 대상이 될 수 없다는 이유로 각하결정을 내렸다.[439] 또 이후의 개별심의에 있어서도 전체 9개의 프로그램에 대해 모두 '문제없음'의 결정을 내린 바 있다.[440]

이에 대한 대안으로 방송위원의 수를 줄이자는 견해가 있다. FCC의 의원이 5명인 데 비해 우리는 9명의 위원이 있는데, 우리 방송위원의 수가 많은 이유는 방송위원이 KBS, MBC의 이사를 선임하고 이사들은 각 방송사의 사장 추천권을 갖기 때문이다. 3:2로 위원을 구성했을 경우 KBS, MBC 사장을 여권에서 임명하기 어려운 정치적 부담이 따르기 때문이다. 위원의 수를 줄여 위원회를 구성함에 있어 전원 상임위원으로 하여 국회가 추천하고 대통령이 임명하는 방안이나, 예전과 같이 사법부에서도 추천하도록 하는 방법, 현행 방식을 유지하되 특정 정당 추천인사가 과반수를 넘지 않도록 제한하는 방법이 있다. 방송위원의 수가 적어지면 전문성과 도덕성 있는 인물들을 임명할 수밖에 없을 것이다. 그 외에 정부로부터의 '영향력에서 벗어나기 위해 방송규제기구의 정치적 독립성을 강조하기보다는 정치적 균형과 다양한 이해들이 정책에 반영될 수 있는 제도적 방안을 마련하는 것이 바람직한 대안으로 제시되고 있기도 하다.

---

439) 방송위원회가 방송제재를 가하기 위해서는 그 대상을 구체적으로 지정해야 하는데 논의의 대상이 된 프로그램은 그 요건을 충족하기 어려웠다는 이유로 각하되었다.

440)

| 방송사 | 프로그램명 | 표결(문제없음 / 있음) |
|---|---|---|
| KBS-1AM | 라디오정보센터 백지연입니다 | 8 / 0 |
| KBS-1TV | 취재파일 4321 | 5 / 3 |
| KBS-2TV | 100인토론 어떻게 생각하십니까 | 6 / 2 |
| KBS-2TV | 추적 60분 예고 | 6 / 2 |
| MBC-TV | 아주 특별한 아침 | 5 / 3 |
| MBC-TV | 신강균의 뉴스서비스 사실은 | 5 / 3 |
| MBC-TV | 도올특강 – 우리는 누구인가 | 6 / 2 |
| MBC-AM | 강석 김혜영의 싱글벙글쇼 | 8 / 0 |
| TBS-FM | 2시의 운전석 | 8 / 0 |

2006년 5월 9일로 방송위원회 위원장 및 부위원장을 포함한 상임위원 5명과 비상임위원 4명 등 총 9명의 3년 임기가 모두 채워졌다. 현재 새로운 방송위원의 선출을 준비 중이기는 하나 새로운 임명은 늦어질 것이라는 전망이다.[441] 우리나라는 9명의 임기가 동일 동시에 시작하고 끝나게 되어 있다. 이와 같은 임명방식은 업무공백, 지속적인 행정의 수행, 통일성에 큰 차질을 가져오게 된다. 이런 방식보다는 우리나라도 업무의 연속성 보장을 위해 위원을 한꺼번에 교체하지 않고 1년에 한 사람씩 임기가 만료되는 시차조절 시스템(Staggering System)을 채택할 필요가 있다.

# 4.
# 방송위원회의 권한

방송위원회는 방송산업에 대한 전반적인 권한을 가지고 있다. 방송위원회는 정책수립기관으로서 방송의 기본계획에 관한 사항을 심의·의결하고 방송프로그램 및 방송광고의 운용 편성권 외에도 국무회의출석권 및 의안제출권, 위원회규칙의 제정 및 개정권, 폐지권한이 있다. 규제감독기관으로서 방송위원회는 방송사업자의 추천권·허가권·승인권, 자료제출권, 시정명령권, 과징금처분권 및 제재조치명령권 등이 있다.

방송위원회의 권한은 방송법에 규정된 방송개념에만 한정된다. 앞서 방송의 의의에서 본 바와 같이 방송법상 방송은 텔레비전방송, 라디오방송, 데이터방송, 이동멀티미디어방송으로 방송프로그램을 기획·편성 또는 제작하여 이를 시청자에게 전기통신설비에 의하여 송신하는 것에 한정되어 있기 때문에 새롭게 등장하는 미디어서비스는 그 적용대상이 아니다. 현재로서는 인터넷TV와 같이 적용대상이 되지 않는 서비스의 대상이 인터넷 사

---

441) 2006. 5. 28 일자 파이낸셜뉴스 참조.

용자의 일부에 한정되어 있기 때문에 그 사회적 영향력이 크지 않아 문제가 되고 있지 않으나 모든 통신수단이 인터넷을 기반으로 하는 경우 이에 대한 어느 정도의 규제도 필요하게 될 것이다. 이러한 새로운 미디어가 등장할 때마다 정책이나 규제감독을 위하여 또 다른 정책·규제기구를 설립한다는 것은 현실적으로 불가능할 뿐 아니라 정책적 통일성을 잃게 되기 쉬우므로 입법론적으로 정책·규제기관을 일원화하는 방향이 고려되어야 한다고 생각한다.

## 국무회의출석권 및 의안제출권

방송법 제22조 제4항에 의하면 방송위원회의 '위원장은 국무회의에 출석하여 발언할 수 있으며 그 소관사무에 관하여 국무총리에게 의안의 제출을 건의'할 수 있는 국무회의출석권 및 의안제출권이 있다. 법령의 발의를 통해 방송위원회는 방송에 관한 기본 정책수립권을 확보하며 그 권한의 통제를 위해 동조 제3항에 국회의 요구가 있을 경우 출석하여 보고하거나 답변할 의무를 지고 있다.

그러나 '법령등공포에관한법률'442)에 의하여 헌법개정, 법률, 조약, 대통령령, 총리령, 부령만을 법령으로 인정하고 있다. 따라서 방송위원회의 규칙은 법령으로 인정될 수 없으며, 법령의 발의는 총리실이나 의원입법의 절차를 거쳐야만 한다. 방송위원회는 방송법 및 시행령이 위임하지 않은 사항에 대해 규칙으로 정하는 대신 '행정지침'으로 정하는 방침을 세우고 있으나, 법적 구속력을 가지지 않는 지침으로 방송정책을 수행하는 것은 바람직하지 않다고 할 것이다. 방송정책을 총괄하는 방송위원회가 독자적인 정책을 결정하고 수립하지 못하기 때문에 원활한 정책 추진에 어려움이 있다고 보인다.

## 방송위원회규칙제정권

방송법 제27조 4호에 의해 방송위원회는 방송사무에 관한 규칙제정권을 가진다.443) 방송위원회규칙으로는 법 제24조 제1항의 방송위원에 관한 내용

---

442) 일부개정 1997. 12. 13 법률 제5454호.
443) 방송법에 규정되지 않은 규칙제정에 관한 사항은 행정절차법 제3조 제1항의 규정

등을 정한 방송위원회 기본규칙 외에도 제33조 제1항에서 정한 방송심의에 관한 규정, 제31조 제3항의 방송평가위원회의 구성과 운영에 관한 방송평가에 관한 규칙, 제33조 제4항의 방송프로그램의 등급분류 및 표시 등에 관한 규칙, 제34조 제2항을 근거로 한 심의위원회 구성 및 운영에 관한 규칙, 제35조 제3항의 시청자 불만처리 등에 관한 규칙, 방송광고심의에 관한 규정, 협찬고지에 관한 규정, 방송프로그램의 등급분류 및 표시 등에 관한 규칙 등이 있다. 방송위원회의 규칙 중 심의규정, 앞서 본 방송광고심의에 관한 규정과 같은 규칙은 광고방송에 대한 광범위한 내용규제를 하고 있는데, 이와 같은 규칙들이 법규명령의 성격을 가지는지 행정규칙으로 보아야 하는지에 관한 논란이 있다.

법규명령이란 법령상의 수권에 근거하여 행정권이 정립하는 규범으로서 국민과의 관계에서 통상적으로 법규성을 갖는 행정입법을 말한다.444) 헌법에 의해 법규명령의 제정은 대통령, 국무총리, 각부 장관, 국회, 대법원, 헌법재판소, 중앙선거관리위원회, 지방자치단체의 조례에 한정되어 있다. 따라서 방송위원회의 규칙은 원칙적으로 법령으로 인정될 수 없다. 이에 반하여 행정규칙이란 행정조직 내부에서 상급행정기관이 행정권에 내재하는 고유한 권능에 근거하여 하급행정기관에 대하여 행정의 조직이나 활동을 보다 자세히 규율하기 위하여 발하는 일반추상적인 명령이다.445) 법규명령에서 법령상의 근거는 필수요소이기 때문에 방송위원회규칙이 법규명령에 해당할 경우 그 제정에는 헌법, 법률 또는 상위명령의 근거가 필요하여 방송위원회규칙의 위임근거가 문제되게 된다.

판례는 "방송위원회가 제정하는 규칙은 유관기관을 포함한 국민을 구속하는 법규명령의 효력"을 가진다고 보고 있다.446) 방송위원회규칙은 실질적으로 제한과 금지를 통해 국민관계에서 구속력을 가지는 법규성을 가진다는

---

대로 행정절차법의 규정을 따라야 한다.

444) 행정입법이란 일반적으로 국가 등의 행정주체가 일반추상적인 규범을 정립하는 작용 또는 그에 따라 정립된 규범을 의미한다. 행정입법은 실정법상의 용어가 아니고 학문성의 용어이다. 홍정선(2006a), 182-185면.

445) 홍정선(2006a), 208면.

446) 서울고등법원 1998. 4.24, 97구51256.

점에서 법규명령으로 보아야 할 것이다. 방송법에 근거하여 법규명령으로서의 대통령령에 대한 위임입법의 근거가 있는 경우 대통령령으로 제정하면 될 것이나, 위원회가 방송위원회규칙으로 제정하는 것은 문제가 된다.

위임은 헌법 제75조와 헌법 제95조에 따라서 법률이나 상위명령에서 구체적으로 범위를 정한 개별적인 수권이 있는 경우에만 가능하다.[447] 따라서 포괄적 위임이나 골격입법은 금지되고 그 근거법에 따라 국가작용의 예측이 가능하여야 한다. 그러나 방송위원회의 법규명령제정권에 관한 근거규정은 없으며 나아가 방송법상 방송위원회의 규칙으로 위임한 규정들도 구체적인 기준 없이 위임되었다고 보여 그 한계의 일탈여부가 문제될 수 있다.

방송법에서 방송위원회가 규칙을 제정할 권한이 있음을 규정하고 있고 나아가 위원회의 직무 및 권한으로 명시하였기 때문에 여기서 말하는 규칙이 당연히 법규명령이며, 방송법이 방송위원회에 부여한 직무상의 권한을 집행하기 위하여 법집행의 구체적·기술적 사항을 규율하는 집행명령으로서의 규칙을 제정함에는 법률의 명시적인 수권을 요하지 않는다는 견해가 있다.[448] 현대행정에 있어서 헌법이 예정하고 있는 대통령, 국무총리, 각부 장관, 국회 외에 위임입법기관으로 예정하고 있지 않는 행정기관들의 위임입법이 필요성은 인정될 수 있을 것이다. 그러나 방송법에서 위임하여 방송위원회 규칙으로 국민의 권리를 제한하거나 의무를 부과하는 내용을 정하도록 하는 것은 시정되어야 할 것이다.

## 방송사업자 추천권

방송법은 방송사업자 허가추천주체와 허가주체를 분리하여 놓고 있다. 지상파방송사업자·위성방송사업자·종합유선방송사업·중계유선방송사업자는 방송위원회의 추천을 받아 전파법 제34조에 의한 기술심사를 받은 후 정보통신부 장관으로부터 방송국 허가를 받아야 한다. 실질적으로는 방송위원회가 사업자 허가추천을 하지만 협의된 사업자 수로 추천을 하고 정보통신부 장관은 다만 방송설비에 관한 방송국허가처분을 해야 하는 형식적인 행정행

---

447) 홍정선(2006a), 191-192면.
448) 박용상(1990), 69면; 무선관리단(2004b), 44면 참조.

위이기 때문에 정보통신부는 사실상 허가여부에 대하여 재량적 결정을 하지 못한다. 정보통신부 장관은 허가추천이 있는 경우 주파수 할당 등의 기술적인 문제가 없는 한 허가를 하여야 할 의무를 지게 된다.[449) 따라서 실질적으로 추천과정에서 허가여부가 결정된다고 보아야 하며 방송사업자의 진입규제는 방송위원회가 행사한다고 볼 수 있다. 이러한 이원적 체계의 비효율성은 앞에서 언급한 바와 같으며 근본적인 해결방안은 방송허가를 단일주체에게 귀속시키는 것이다. 방송과 통신의 규제기관 일원화 역시 필연적으로 허가 기관과 허가 절차의 일원화를 가지고 올 것으로 예상된다.[450)

종합편성이나 보도 또는 상품소개와 판매에 관한 전문편성을 행하는 방송채널사용사업을 하고자 하는 자는 방송위원회의 승인을 얻어야 한다(제9조 제5항). 여기서의 승인이란 사인의 법률행위를 행정청이 동의하여 그 효력을 완성시켜 주는 認可의 성격을 가진다.[451) 왜냐하면 방송위원회의 승인을 얻지 못하면 방송사업자는 방송행위를 할 수 없으므로 승인은 효력발생의 유효요건으로 보아야 하기 때문이다.[452)

현행 방송법은 허가·승인·등록의 요건 및 절차에 관하여 필요한 사항은 대통령령으로 정하도록 하고 있고(제9조 제11항) 방송법시행령에서 구체적인 절차 및 방법은 방송위원회규칙으로 정하도록 하고 있다(시행령 제5조 제4항, 제7조 제3항, 제7조의 2 제4항, 제8조 제3항). 방송법 제10조 제1항에서

---

449) 방송위원회의 이러한 허가추천은 그 자체가 하나의 행정행위이기 때문에 허가추천이 있고 허가가 없는 경우 부작위위법확인소송의 대상이 된다. 무선관리단(2004a), 171면.

450) 방송법 제2조 1호에 의하면 방송을 "방송프로그램을 기획·편성 또는 제작하여 이를 공중에게 전기통신설비에 의하여 송신하는 것"으로 규정하고 그 종류를 텔레비전방송, 라디오방송, 데이터방송, 이동멀티미디어방송으로 한정되어 있다. 방송사업의 허가도 전송매체에 따라 다르게 행해지고 있으나 앞으로는 통신망을 이용한 방송 외의 다른 매체의 조합의 형식으로 다양한 형태의 서비스가 등장할 전망이다. 법이 예견하지 못하는 특정수단을 사용하는 방송이 출현하는 경우 이에 대한 허가기준의 문제부터 시작하여 관할 규제기관까지 현재의 규제체계로는 적정한 대응이 불가피한 실정이다.

451) 홍정선(2006a), 307면 참조.

452) 방송위원회의 승인행위는 현행 방송채널사용사업자와 당해 사업신청자 간의 법률효력을 보충하여 특정방송사업의 향유라는 자유권적·경제적 기본권의 행사를 완성시켜 주는 인가로서 수익적 행정처분의 성격을 지닌다고 한다. 무선관리단(2004b), 38-39면.

는 방송사업자의 허가추천이나 승인의 경우,

1. 放送의 公的 責任·공정성·公益性의 실현가능성;
2. 放送프로그램의 企劃·編成 및 製作計劃의 적절성;
3. 지역적·사회적·문화적 필요성과 타당성;
4. 조직 및 인력운영 등 경영계획의 적정성;
5. 재정 및 기술적 능력;
6. 放送發展을 위한 지원계획;
7. 기타 사업수행에 필요한 사항을 심사하여 결과를 공표하도록 하고 있다. 이러한 '공적 책임', '공정성', '공익성'과 같은 개념들은 지극히 추상적이기 때문에 명확성의 원칙에 위배될 수 있는 소지가 있다. 실제로 이러한 심사를 함에 있어서 구체적인 근거나 기준이 정확히 제시되어 있지도 못하다. 구체적인 근거나 기준이 제시되지 못한 채 이루어지는 심사는 행정청에게 필요이상의 자의적인 해석의 여지를 주게 되어 심사의 정당성에 대한 불필요한 의혹을 불러일으키게 된다. 또 허가·승인·등록의 요건 및 절차에 관한 구체적인 절차 및 방법은 방송위원회규칙으로 정하도록 하고 있으나, 방송사업자에게 있어 허가 및 재허가·승인 등이 가지는 중요성에 비추어 본다면 그 절차와 방법을 정하는 일은 법률 내지는 위원회규칙이 아니라 적어도 시행령에서 명시되어야 할 필요가 있을 것이다.

## 허가·승인·등록의 취소권 및 업무정지명령권

방송위원회는 이와 더불어 허가·승인·등록의 취소권 및 업무정지명령권을 가진다. 방송사업자에게 있어 허가의 취소는 강력한 규제수단이다. 법 제18조 제1항에 의하면 정보통신부 장관 또는 방송위원회는 각각 방송법상의 사업자가 i)허위 기타 부정한 방법으로 허가·변경허가·재허가를 받거나 승인·변경승인·재승인을 얻거나 등록·변경등록을 한 때, ii)소유제한을 위반하여 주식 또는 지분을 소유한 때, iii)방송사업자가 제13조의 결격사유에 해당하게 된 때, iv)외국자본의 출자 및 출현규정에 위반한 때, v)허가를 받거나 승인을 얻거나 등록한 날부터 2년 이내에 방송 또는 사업을 개시하지 아니한 때, vi)그 외 이 법에 의한 명령에 위반한 경우 허가·승인 또는 등록을 취소하거나 6월 이내의 기간을 정하여 그 업무의 전부 또는 일부의 정지를 명할 수 있다.

여기서 동 조항이 방송위원회나 정보통신부 장관이 무제한적으로 모든 방송사업자에 대해 그러한 처분을 내릴 수 있다는 것을 의미하는지가 문제된다. 사업자의 의무위반으로 인한 각종 인·허가의 취소는 수익적 행정행위의 철회에 해당된다. 이러한 수익적 행정행위의 철회는 당해 행정행위를 한 처분청이 하는 것이 일반적이므로 정보통신부 장관이나 방송위원회가 방송법상의 모든 사업자에 대해서 각자 경합적으로 허가 등의 취소·업무정지처분을 할 수 있는 권한을 가지는 것으로 볼 것이 아니고 각자 인·허가권을 가지는 사업자에 대해서만 허가·승인·등록의 취소나 업무정지처분을 할 수 있는 것으로 보아야 한다. 이하의 업무정지명령권의 주체에 관한 판례의 취지도 그러하다. 따라서 방송위원회는 인·허가 등의 행정권한을 가지지 못하는 방송사업자에 대해서는 제재적 행정처분을 할 수 없고 이러한 경우 방송위원회는 제18조 제2항과 같이 정보통신부 장관에게 요청해야 한다.[453]

## 자료제출요구권

그 외에 방송위원회가 방송법상 부여된 직무를 수행하고 권한 내의 행정처분을 하기 위해서는 여러 가지 정보와 자료를 조사할 수 있는 권한이 필요하게 된다. 법 제98조 제1항에 의해 방송위원회의 직무수행을 위하여 방

---

453) 서울행정법원 2001. 4. 13, 2000구42157; 중계유선방송사업자인 원고는 공지채널을 통해 단란주점 및 유흥주점 등의 불법광고방송을 송출하여 방송위원회로부터 1개월 간 일체의 방송송출 업무의 정지명령을 받았다. 이에 원고는 단순히 허가추천권만을 가진 방송위원회는 그 허가를 취소하거나 업무정리를 명하는 처분을 내릴 수 없다며 처분의 취소를 구한 사건에서 법원은 정통부 장관과 방송위원회가 각각 인·허가 등에 관한 행정권한을 가지는 방송사업자에 한해 비경합적·비중첩적으로 동법 조항에 규정된 각종 제재적 행정처분을 할 수 있는 것으로 해석하였다. 따라서 방송위원회는 자신이 인·허가 등의 행정권한을 가지지 못하는 방송사업자에 대해서는 제재적 행정처분을 할 수 없다고 하였다. 즉, 중계유선방송사업자에 대한 허가권이 없는 방송위원회는 독자적으로 원고에 대해 이 사건 업무정지의 처분을 할 수 없다고 하였다.

송사업자·중계유선방송사업자·전광판방송사업자·음악유선방송사업자 또는 전송망사업자에게 관련 자료의 제출을 요구할 수 있으며, 제2항에서는 방송사업자에게 매년 말 당해 법인의 재산상황을 방송위원회에 제출하도록 하고 있다. 이에 위반할 경우 제108조 제1항 26호에 의해 과태료를 부과받게 된다. 방송행정기관의 효율적인 업무수행을 위해서는 방송관련 당사자의 책임을 조사하거나 자료의 제출을 요구할 수 있는 침익적인 권한이 필요하다. 실제로 방송사업자가 재허가권자인 방송위원회의 요구를 거부하기는 어렵기 때문에 규칙의 이행을 강제할 수 있는 수단이 없다 하더라도 행정상대방은 따를 수밖에 없다. 그러나 이와 같이 명문으로 규정함으로써 행정기관의 공정한 직권사용 및 모든 절차의 투명성이 보장된다. 방송법 제98조가 자료제출요구권과 제108조에서 과태료부과를 명시하고 있는 것은 이런 의미에서 필요한 입법형태라 할 것이다.

방송위원회의 자료제출요구권을 행정조사와 다른 개념으로 보는 견해도 있으나[454] 행정조사를 행정법상의 강제수단이나 의무이행확보수단만으로 볼 수는 없기 때문에 적정하고도 효과적인 행정을 위해 행정기관이 자료·정보를 수집하는 권력적 또는 비권력적인 사실행위로 보는 견해에 따른다면[455] 방송위원회의 자료제출요구권은 행정조사로 보아야 할 것이다. 방송법에 그 근거가 있다고 하여도 모든 행정조사는 조사의 목적에 필요한 범위 내에서만 가능하며 기본권 보장, 보충성의 원칙, 비례원칙 등 행정법의 일반원칙의 범위 내에서만 가능함은 재론의 여지가 없다. 나아가 관계기관에 대한 자료제출요청권이 법규정에서 삭제된다 하더라도 일반 행정법상의 원칙에 따라 협조의뢰의 형식에 의한 자료수집은 가능하며, 규제대상인 방송사나 단체 등에 대하여는 일반적인 감독권의 수행으로서 필요한 자료의 제출을 명할 수 있다고 보고 있다.[456]

침익적인 행정행위는 기밀사항이 아닌 한 공개적으로 이루어져야 하며, 방송행정기관의 결정에 이의가 있거나 부당한 침해를 받은 경우 조속한 구

---

454) 김정태(2005), 323면.
455) 홍정선(2006a), 557-558면 참조.
456) 무선관리단(2004b), 42면.

제절차를 구할 수 있는 길을 만들고 행정상대방이 알기 쉽도록 고지되어야 한다.

### 시정명령권

방송사업자가 시청자의 이익을 현저히 부당하게 저해하거나, 방송법 또는 허가·승인조건이나 등록요건을 위반하고 있다고 인정될 때에는 방송위원회는 방송법상의 모든 사업자에 대하여 시정명령을 내릴 수 있다. 시정명령은 자연적 자유를 제한하여 일정한 행위를 할 의무를 부과하는 명령적 행위 중 하명에 속한다.[457] 하명은 자유를 제한하여 의무를 부과시키는 행위이므로 법률적 근거를 필요로 하며 방송법 제99조가 그 근거를 마련하고 있다.

방송위원회의 시정명령의 내용을 이행하지 않는 방송사업자 등은 방송법 제18조 제1항 6호 및 제19조 제1항에 따라 허가·승인·등록의 취소 또는 과징금처분의 제재를 받게 되고 시정명령의 횟수와 불이행 사례는 방송법 제17조 제3항 2호에 따라 방송사업 재허가 심사기준이 되며 그 판단에 있어서 방송위원회는 재량을 가진다. 시정명령에 불복이 있는 경우 시정명령을 받은 날부터 90일 이내에 방송위원회에 행정심판청구 또는 관할법원에 행정소송을 제기할 수 있다.

### 과징금처분권

방송위원회 또는 정보통신부 장관은 방송법 제19조에 따라 방송사업자에게 업무정지처분을 하여야 할 경우로서 그 업무정지처분이 시청자에게 심한 불편을 주거나 기타 공익을 해할 우려가 있는 경우 그에 갈음하여 1억 원 이하의 과징금을 부과할 수 있다. 과징금이란 행정법상 의무를 불이행하였거나 위반한 자에게 가해지는 금전상의 제재를 말한다. 과징금은 행정법상 의무위반에 대해 가해지는 점에서 형사벌과 다르고 성질상 처벌이 아닌 불이익의 부과라는 점에서 행정벌과도 구별된다.

방송법시행령 제18조 제1항에서는 위임규정에 따라 과징금액의 기준을 제시하고 있으며 동 규정의 법적 성격은 대외적으로 국민이나 법원을 구속하

---

457) 홍정선(2006a), 293-294면 참조.

는 법규명령이라 할 것이다. 과징금의 부과주체는 행정청인 방송위원회이며 과징금의 부과행위는 재량행위[458])이면서 행정쟁송법상 처분이므로 처분에 이의가 있는 경우 행정쟁송절차에 따라 다툴 수 있다.[459])

미국 통신법도 501조에서 510조까지 법이나 규칙을 위반한 경우 벌금이나 구금형에 처하도록 하고 있다. 제312조와 제503조는 FCC에게 음란이나 외설물의 방송을 중지 시킬 수 있는 권한을 부여하고 있으며 각 위반행위에 대해 하루당 $2000까지의 벌금을 부과하거나 면허의 연장을 거부할 수 있다. 이때 이러한 과징금의 부과나 면허연장의 거부는 연방형법 제1464조[460]) 에서 정하고 있는 형벌과는 별개로 적용된다.


제재조치명령권

방송위원회는 심의규정을 위반한 방송사업자에게는 제100조에 의해 i) 시청자에 대한 사과, ii) 해당 방송프로그램의 정정·중지, iii) 방송편성책임자 또는 해당 방송프로그램의 관계자에 대한 징계를 내릴 수 있는 권한을 가진다. 동조 제4항 및 제5항에 따라 제재조치에 이의가 있는 자는 당해 제재조치명령을 받은 날부터 30일 이내에 방송위원회에 재심을 청구할 수 있다.

이의를 제기하지 아니하고 제재조치명령을 이행하지 않는 경우 동법 제106조에 의해 3천만 원 이하의 벌금에 처해지나 그 실효성의 면에서 과징금보다는 허가중지와 같은 방안의 고려가 제기되고 있다.[461]) 영국은 Ch3 허가기간 10년 중 2년까지를 단축할 수 있으며, 프로그램 기준(Program Standard)을 계속 위반하면 허가 취소할 수 있음을 사전에 경고하고 있다. 미국의 FCC는 프

458) 대법원 2002. 9. 24. 선고 2000두1713 판결에 따르면 공정거래위원회가 구독점규제 및공정거래에관한법률의 위반행위에 대하여 과징금을 부과할 것인지 여부와 만일 과징금을 부과한다면 일정한 범위 안에서 과징금의 부과액수를 얼마로 정할 것인지에 관하여 재량을 가지고 있다 할 것이므로 공정거래위원회의 같은 법 위반행위자에 대한 과징금부과처분은 재량행위라 한다.
459) 홍정선(2006a), 566-567면 참조.
460) 18 U.S.C.A. § 1464. Broadcasting obscene language
Whoever utters any obscene, indecent, or profane language by means of radio communication shall be fined under this title or imprisoned not more than two years, or both.
461) 정윤식(2005b), 68면 참조.

로그램 정책에 부응하지 못한 피면허자의 재면허는 취소가 가능하고 또한 허가기간보다 단축한 갱신을 행할 수 있다. 또한 제재조치로 광고 중단이나 벌금과 같은 경제적 조치를 검토할 필요가 있다. 벌금제와 광고 중단과 같은 조치는 재허가와 같은 총괄적인 처벌(general sanction)보다 문제가 발생했을 때마다 특정 프로그램 침해를 처벌할 수 있어 그 실효성을 기대할 수 있을 것이다. 이와 같이 1회적인 과금이 아닌 방송사업자들의 방송행위 결과에 대한 책임을 물을 수 있는 실효성 있는 제도의 도입도 의미가 있을 것으로 본다. 선진국에서도 재면허는 선언적 규정일 뿐 벌금제도가 선호되고 있다.

# 5.
# 방송위원회 권한의 통제

　　방송위원회의 자의적인 행정처분이나 권한의 남용을 방지하기 위해 방송법 제101조는 방송위원회 또는 정보통신부 장관이 제17조의 규정에 의해 재허가·재허가 추천 또는 재승인을 거부하는 경우나 제18조의 규정에 의해 허가·승인 또는 등록을 취소하는 경우에는 청문회를 실시하도록 하고 있다. 청문이란 국가기관의 행위에 영향을 받거나 불이익을 받게 될 자가 자신의 의견을 밝히거나 자신을 방어할 수 있는 기회로 정의된다.[462] 행정절차법은 제2조 5호에서 '청문'을 '행정청이 어떠한 처분을 하기에 앞서 당사자 등의 의견을 직접 듣고 증거를 조사하는 절차'로 정의하고 있다.

　　제18조 제1항은 방송사업자 등이 허위 기타 부정한 방법으로 허가나 승인 내지 등록 등을 하거나 허가·승인·등록 등을 마치고 2년 이내에 사업을 개시하지 않는 경우 등의 동법이 정한 사항을 지키지 않는 경우 행정절차법 제28조 내지 제37조에 의한 청문을 실시하도록 하고 있다. 이러한 청

---

462) 홍정선(2006a), 480-481면.

문권의 보장은 당사자에게 예상외의 놀라운 결정을 방지하고, 당사자에게 절차의 종결 전에 자신의 관점에서 결정의 중요한 사실관계 등을 제출할 수 있는 기회를 확보해 주기 위한 것이다.463) 제17조의 규정에 의한 재허가 또는 재허가 추천을 거부하는 경우, 제18조의 규정에 의한 허가·승인 또는 등록을 취소하는 경우 청문을 실시하도록 하는 것은 방송위원회의 침익적인 행정행위에 대해서 공개적인 절차를 통해 방송위원회에게 신중한 결정을 내리도록 하는 기능 외에도 행정절차의 공개를 통해 방송위원회에게 침익적 행위를 하기 전에 충분한 의견수렴을 강제하는 기능을 가지며 방송위원회의 권한남용을 견제하고자 하는 데 있다.

이러한 내부적 통제수단 외에 방송위원회에 대한 외부적 통제기관으로 입법적 통제기관인 국회와 사법기관인 법원도 있다. 헌법 제21조 제3항은 "통신·방송의 시설기준과 신문의 기능을 보장하기 위하여 필요한 사항은 법률로 정한다"고 규정하여 일정한 방송시설을 갖춘 자에게만 방송사업을 허가하도록 하면서 방송사업에 대한 시설기준을 '법률'로 정하도록 하여 행정부에 의한 방송사업허가제의 자의적 운영을 방지하고 있다. 중요 사항 유보설에 따라 중요한 결정은 입법자가 스스로 법률로 정하면서 방송위원회의 자의적인 기준의 적용을 통제하고자 하는 취지이다. 국회는 행정의 침해권능에 대해 의회 제정법률로써 그 구체적인 내용과 대상, 범위를 명확하게 규정하여 한계를 설정해 놓음으로써 행정청의 권한남용을 견제하는 기능을 한다. 또 방송법 제22조 제3항에 의해 국회는 필요에 따라 방송위원회 위원장을 출석시켜 보고하거나 답변하게 할 수 있다.

법원은 최종적으로 기본권의 침해여부를 심사한다.464) 방송위원회의 행정행위에 의해 위법하게 권리가 침해된 자는 행정소송을 제기할 수 있다. 행정소송이란 행정법규의 적용과 관련하여 법률상 이익이 침해된 자가 소송을 제기하고 법원이 이에 대해 심리·판단을 행하는 정식의 행정쟁송을 말한다. 법치행정국가에서는 행정소송제도를 통해서 관련 사인의 권익을 보호하고

---

463) 홍정선(2006a), 481면.
464) 독일 기본법 역시 헌법유보의 형태로 방송의 자유가 일반법률의 규정, 청소년보호를 위한 법규정, 개인의 명예권에 의해 제한될 수 있다고 규정하고 있으면서, 기본권의 침해여부는 기본권의 최후의 수호자인 헌법재판소의 심사대상이 된다.

권리구제수단을 확보함과 동시에 행정권의 자의적인 행사를 통제함으로써 예방하고 행정권한의 분권에 기여시킨다.[465] 행정소송에 대하여는 다른 법률에 특별한 규정이 있는 경우를 제외하고는 행정소송법이 정하는 바에 의한다.[466] 사인이 다툴 수 있는 행정소송법상 처분이란 행정청이 행하는 공권력행사이다. 행정청에는 단독제기관 이외에 합의제 기관도 포함되며 방송행정을 행하는 국가기관인 방송위원회가 내린 방송불가 등의 결정 등은 행정처분의 일종으로서 행정소송의 대상이 된다.[467]

---

465) 홍정선(2006a), 749-750면 참조.
466) 행정소송법 제8조 제1항
467) 서울고등법원 1998. 4. 24, 97구51256; 대법원 1995. 1. 12, 94누9948 판결.

# 외국의 방송규제기관

# 제 9 장
## 외국의 방송규제기관

　방송행정기관의 모습과 기능은 다양하다. 그 유형은 정부의 행정부처로 통합되거나 정부로부터 독립된 기구와 같은 모습을 가질 수 있고 규제방식도 나라마다 다를 수 있다. 독일과 영국은 공영방송의 경우 외부규제기구가 아닌 자체적인 내부규제를 하도록 하는 이원적인 체제를 가지고 있다. 미국과 이태리를 제외한 대부분의 유럽 국가들은 분리된 기구로 방송과 통신을 담당하게 한다. 또 같은 유럽연합 국가라도 프랑스나 네덜란드는 국영방송이나 민영방송을 구분하지 않는데 반해 독일의 주매체위원회(Landesmedienanstalten)는 민영방송만을 규제할 권한을 가지고 있다. 이렇게 독립된 방송행정기관을 둔 국가라 하더라도 각 기구의 권한이나 조직의 범위에 있어서는 나라마다 큰 차이를 보인다. 이것은 방송이 여론 형성기능이나 정치적 영향력 면에서 갖는 중요성이 지대한 만큼 자유와 규제의 범위와 한계에 있어서도 개별국가의 특수사정과 정치사회적 여건에 때라 다양한 모습으로 발전되어 왔기 때문이라 할 수 있다.

# 1.
# 미국의 방송규제기관

연방통신위원회(Federal Communications Commission: FCC)는 1934년 통신법에 의해 설립되었다. FCC는 독립규제위원회로 의회에 대해 직접 책임을 진다. 동 기구는 1934년까지 유선통신을 관할하던 주간통상위원회(Interstate Commerce Commision: ICC)와 무선통신을 관할하던 연방라디오위원회(Federal Radio Commision: FRC)가 대공황과 뉴딜정책의 영향을 받아 통신과 방송을 함께 관할하는 기구로 창설된 것이다.

미국은 특정 분야의 규제를 위해 의회에 의해 창설되고 대통령이 그 장을 임명하는 독립규제기관(independent regulatory agency)을 설립하는 경우가 많다. 이러한 기관들은 입법권, 사법권, 행정권을 모두 가지며 각 분야를 규제하기 위한 정책을 수립하고 이에 위반하는 경우 제재를 가할 수 있다. 효율적인 규제를 위해 각 독립규제기관은 규칙을 제정하고 집행하며 이에 관해 제기되는 이의를 심사하여 제재를 가할 권한이 있다. 그 권한의 행사는 위임받은 범위 내에 한정되어 있고 최종적으로는 사법적 심사의 대상이 된다.

현재 방송통신 분야는 FCC에 의해서 규제되고 있다. 이는 1927년 라디오법(Radio Act)이 제정되면서 5명의 위원들이 임명되어 '공공의 이익, 편의, 필요'에 따라 무선국의 면허를 부여하도록 한 연방라디오위원회(Federal Radio Commission)가 1934년통신법에 의해 FCC로 확장개편된 것이다. 설립 당시에는 모두 7인의 위원으로 구성되었으나 1982년부터 5인 위원체계로 운영하고 있다. 다른 독립행정기관과는 다르게 FCC의 위원들은 대통령에 의해 임명되고 상원의 동의(confirm)를 받게 된다. 위원 중 3인 이상을 같은 정당의 출신으로 할 수 없으며, 독립기관이지만 의회가 그 예산을 가지고 있도록 하여 견제와 균형(checks and balances)을 보장하는 방식을 취하고 있다. 대통령에 의해 임명되는 위원장은 FCC의 기본 운영방침을 정하는 책임이 있으며, 위원회는 위원 과반수의 찬성으로 의결하나 위원장은 모든 회의를 주재하고 업무와 관련된 사항에 대해 위원회를 대표하고 할 수 있기 때문에 실제로 위원장에 따라 미국 방송통신 분야의 정책방침이 좌우된다고 할 수 있다. 위원들은 업무의 연속성 보장을 위해 위원을 한꺼번에 교체하지 않고 1년에 한 사람씩 임기가 만료되는 시차조절 시스템(Staggering System)을 채택하고 있다. 위원은 대체로 커뮤니케이션이나 반독점 분야의 변호사 또는 행정부 경험의 소유자들로 임명된다.

FCC의 산하에는 10개의 실(Office)과 6개의 국(Bureau)으로 구성되어 있다. FCC의 운영을 감사하는 기관으로 감사실(Office of Inspector General)이 있고 엔지니어링과 기술적인 사항에 관한 조사 및 관리를 담당하는 공학기술실(Office of Engineering & Technology)[468], 정책의 수립과 집행에 관한 법률자문과 소송에서 위원회를 법적으로 대표하는 법무실(Office of General Counsel), 일반행정 업무 전반을 지원하는 기능의 사무총장실(Office of Managing Director), 언론홍보를 담당하는 미디어 홍보실(Office of Media Relations), 청문회나 재결을 담당하는 행정법제관실(Office of Administrative Law Judges)[469] 외에 기획정책실 (Office of Planning & Policy Analysis), 커뮤니케이션 사업기획실(Office of Communications Business Opportunities), 직장환경개선을 위한 직장다양화실 (Office of Workplace Diversity)이 있다.[470]

* * *

FCC의 조직과 권한에 관해서는 미국 연방규칙 제47장에 명문화되어 있다. 방송 및 통신산업 전반을 규제하고 있는 FCC는 방송편성·프로그램 규제 및 독점규제의 중요한 수단인 면허를 발급·갱신하며 주파수를 관리하는 행정적 권한을 가진다. 통신법을 집행하는 중요한 권한을 가져 통신법의 해

---

468) 공학 문제에 관련해서 조언하며, 주파수를 관리하고, 경쟁력 있는 기술과 서비스를 위해 다양한 기능을 수행하고 있다.

469) 행정법제관실은 청문회 개최 여부를 결정하고, 방송 통신관련 주요 현안들에 대한 기초적인 판단 조율한다. 행정법제관실장은 청문회에서 사회를 담당하며, 판결 내용을 작성 및 발표한다. 전략기획 및 정책분석실은 FCC의 정책 목적을 효과적으로 달성하기 위한 전략계획을 수립하고 해당 부서들의 정책 공조를 지원하고 있다.

470) FCC의 조직 구성도는 http://www.fcc.gov/fccorgchart.html 참고.(최종검색일 2006. 4. 1)

석 및 연방위원회의 결정사항을 시행한다. 전기통신의 장거리 전화요금, 국제 전화요금 및 접속료승인, 면허의 발급과 갱신, 주파수의 관리 등에 대한 권한도 행정적 권한에 포함된다. 그 외에 방송편성 및 프로그램에 대해서는 그 것이 공공의 이익, 편의, 필요에 부합하는지에 대한 감독의 권한을 가진다.

FCC는 커뮤니케이션법 제312조에 의해서 면허취소권을 가진다. 동조에 의하면 신청 시 허위의 사실을 적시한 경우, 면허조건의 계속적(repeated)[471]인 불이행이나 고의(willful)[472]로 FCC의 규정이나 법, 기타 국가조약을 위반하는 경우 면허를 취소할 수 있다.[473] 가장 강력한 수단으로 간주되는 면허의 취소는 위반의 형태가 최악의 경우일 경우 행사되는데 FCC에 허위의 진술을 하거나 방송국 소유자의 향정신성물질관련법 위반이나 면허자의 방송국운영의 무통제력 등과 같은 이유들은 면허취소의 이유가 된다.[474]

---

471) 동조 f항(2)에서는 동법에서의 작위와 부작위와 관련해 '계속적(repeated)'이란 의미는 그러한 작위나 부작위 행위가 한 번 이상 있거나, 하루 이상 계속적으로 지속되는 것을 의미한다고 규정하고 있다.

472) 동조 f항(1)에서는 동법에서의 작위와 부작위와 관련해 '고의(willful)'란 의미는 이법이나 FCC의 규칙이나 미국이 인준한 조약의 위반의 의도와 상관없이 알면서 고의로 행위를 하거나 하지 않는 것을 말한다고 정의해 놓고 있다.

473) 47 U.S.C.A. § 312. Administrative sanctions

a) Revocation of station license or construction permit

The Commission may revoke any station license or construction permit-

(1) for false statements knowingly made either in the application or in any statement of fact which may be required pursuant to section 308 of this title;

(2) because of conditions coming to the attention of the Commission which would warrant it in refusing to grant a license or permit on an original application;

(3) for willful or repeated failure to operate substantially as set forth in the license;

(4) for willful or repeated violation of, or willful or repeated failure to observe any provision of this chapter or any rule or regulation of the Commission authorized by this chapter or by a treaty ratified by the United States;

(5) for violation of or failure to observe any final cease and desist order issued by the Commission under this section;

(6) for violation of Section 1304, 1343, or 1464 of Title 18; or

(7) for willful or repeated failure to allow reasonable access to or to permit purchase of reasonable amounts of time for the use of a broadcasting station, other than a non-commercial educational broadcast station, by a legally qualified candidate for Federal elective office on behalf of his candidacy.

FCC의 방송규제권한은 원칙적으로는 연방의회가 위임한 권한에 국한된다. 하지만 실질적으로 FCC는 의회에서 법으로 정한 규정에 대하여 법규나 시행규칙을 제정할 수 있는 준입법적인 권한을 보유하며 방송·통신에 관한 정책을 결정하고 법의 개정을 건의하고 있다. 이러한 FCC의 법규나 명령에 대한 사업자들의 이행준수 여부에 관한 판단도 FCC가 한다. 사업자들의 명령이나 법규의 이행여부를 감시하며 이를 위한 조사 및 청문회 개최 등의 준사법적 권한도 갖는다.[475] 다만 FCC의 법규나 규칙을 위반한 자에게 FCC가 직접적으로 제재를 가할 수 있는 것은 아니며 검찰총장에게 요청하여 연방지방법원에 소송을 제기하도록 할 수 있다.[476]

# 2.
# 영국의 방송규제기관

영국은 전통적으로 성문법보다는 관습법과 전통을 우선시하여 대부분의

---

474) Kenneth C. Creech(2002), pp.80-81.
475) FCC의 의사결정은 투표로 하며 결정사유는 공개(Report & order에서)된다. 그 외의 사업자들의 청원, 주장, 의견이나 보고서, FCC의 모든 보고서도 공개된다.
476) <FCC의 권한>

| 구 분 | 권한범위 |
|---|---|
| 행정권 | 커뮤니케이션법의 집행 및 해석<br>FCC이사회 결정사항 시행<br>방송 및 통신산업의 독점규제<br>방송편성 및 프로그램규제<br>전기통신의 장거리 전화요금<br>방송면허의 발급과 갱신<br>주파수 관리 |
| 준입법권 | 법개정 건의<br>법규 및 시행규칙 제정<br>정책보고서를 통한 법해석 |
| 준사법권 | 법규 및 정책사항의 이행여부 판단 및 감시<br>청문회 개최<br>FCC의 요청으로 법 위반자에 대해 검찰총장이 소송제기 |

규제기구는 설립 당시의 필요성에 따라 서로 다른 개별법에 의해 설립·운영 되어 왔다. 방송관련 규제체계가 너무 복잡하여 업무중복 등 비효율성이 높다는 종래의 지적과 함께 방송·통신 융합에 따른 새로운 규제 패러다임에 대한 요구가 높아짐에 따라 규제기구의 통합 논의가 대두되게 되었다. 이에 따라 2003년 커뮤니케이션법이(Communications Act 2003) 제정되고 방송과 통신의 통합규제기구인 OFCOM이 출범된 것이다.[477]

최근 OFCOM의 설립과 함께 급격한 변화를 경험하고 있는 영국이지만 정부와 규제기관의 관계는 여전히 앞서 설명한 전통적인 'arm's length principle (팔길이원칙)' 정책을 유지하고 있다. 영국 의회는 OFCOM에게 책임을 물을 수는 있으나 OFCOM의 행위는 국가로부터 독립적이다. BBC 역시 공영방송의 역할과 기능을 수행하는가의 여부는 경영위원회(Board of Governor)가 감독하지만, 경영위원회는 국가로부터 독립되어 있다. 비록 BBC가 정부와 의회에 의한 책임을 진다고 하여도 의회나 정부는 이사회의 결정을 번복할 권한을 가지지 못한다.[478] 이와 같은 국가로부터의 독립은 방송산업 분야 자체의 자율규제가 원활한 기능을 하고 있기 때문이며, 또 이는 영국 방송산업의 중요한 특징이기도 하다.

1954년 텔레비전법(The Television Act 1954)에 의해 설립된 독립텔레비전공사(ITA)는 1972년 음향방송법(The Sound Broadcasting Act 1972)에 의해 상업 라디오방송국에 관한 권한을 부여받으면서 독립방송공사(Independent Broadcasting Authority: IBA)로 재구성된다. 이는 후에 다시 상업텔레비전방송위원회(ITC)로 바뀌고 2003년 말에 모든 규제기관을 통합하여 그 기능을 수행하는 OFCOM(the Office of Communications)이 설립되게 된다. OFCOM의 설립 이전 영국에는 다양한 규제기관들이 있었다. 방송의 경우 정책수립과 집행은 문화언론체육부[479]가, 기술규제는 상업텔레비전방송위원회(ITC), 프로그램은 방송기준위원회(BSC)가 맡았었다. 그 외에 기존에 분리 운영되어 왔던 통신청[480], 라디오방송위원회[481]와 무선통신청[482] 등 모두 5개 기

---

477) 한국방송영상산업진흥원(2005a), 75면.
478) Open Society Institute(2005), p.1611.
479) DCMS: Department for Culture, Media & Sports.
480) OFTEL: Office of Telecommunication.

관의 역할과 기능을 모두 OFCOM이 맡게 됨으로써 영국의 방송규제의 구조는 새로운 변화를 시도하게 되었다.[483]

OFCOM의 설립으로 기존의 방송과 통신 영역 및 방송과 통신의 융합형 서비스에 대한 포괄적인 규제가 가능해졌으며, 과거의 분리체계보다는 정책 및 규제의 유연성 측면에서 진일보했다는 평가를 받고 있다.[484] OFCOM의 주요 기능은 기술행정과 시청자들을 보호하기 위한 기준을 제공하는 등의 6가지로 대별할 수 있다.

i ) 전자파 주파수 스펙트럼의 최적 사용을 확보하고;

ii ) 고속 데이터 서비스와 같은 광범위한 전자커뮤니케이션 서비스를 영국 전역에 가능하도록 확보하고;

iii) 광범위한 높은 수준의 텔레비전과 라디오 서비스를 확보하고;

iv) 텔레비전방송의 다양성을 유지하고;

v ) 저속적이고 유해한 요소로부터 필요한 보호를 시청자들에게 제공하고;

vi) 시청자들에게 불공정 또는 사생활침해를 당하지 않도록 필요한 보호를 제공함을 그 주요 기능으로 한다.

OFCOM은 조직의 독립성과 운영의 효율성을 극대화하기 위해 통상의 기업과 같은 OFCOM이사회(the OFCOM Board)를 두었다. 이사회는 OFCOM의 의

---

481) RAu: The Radio Authority.
482) RA: The Radiocommunications Agency.
483) <영국의 정책 및 규제기관 현황>

|  |  | 통 신 | 방송통신 융합 | 방 송 |
|---|---|---|---|---|
| 기존법령 |  | 통신법 | – | – | 방송법 |
| 융합법령 | 콘텐츠 | – | 방송법 |
|  | 네트워크 | 2003년 커뮤니케이션법 |
| 정 책 |  | 통산산업부(DTI) | 문화언론체육부(DCMS) |
| 규 제 | 경제적 규제 | OFCOM |
|  | 내용적 규제 |  | OFCOM |

484) 무선관리단(2004a), 145면.

무와 책임의 수행여부 및 비용지출을 감독한다. 총리는 3인 이상 6인 이하의
위원을 임명하며 상임위원의 최대수와 최소수를 정할 수 있다. 현재 이사회는
비집행의장(Non-Executive Chairman)[485]과 3인의 집행위원(Executive Directors),
5인의 비집행위원으로 구성되어 있다. 문화언론체육부 장관(the Secretary of
State for Culture, Media and Sport)은 "Nolan 원칙(Nolan Principles)"[486]에 따
라 5년의 임기로 의장을 임명한다.

이사회를 중심으로 핵심 위원회라 할 수 있는 내용위원회(the Ofcom Content
Board)가 있고 그 외에 소출력 라디오 자금위원회(Community Radio Fund Panel,
the Content Sanctions Committee)[487], 라디오면허위원회(the Radio Licensing
Committee), 공정불만위원회(the Fairness Committee), 방송선거위원회(the Election
Committee), 감사위원회(the Audit Committee) 등과 같은 보조기관 외에 4개의
자문위원회[488]가 있다. 내용위원회(the Content Board)는 라디오와 텔레비전방송
프로그램 내용에 대한 자문 및 책임기구로 커뮤니케이션법 제12조[489]에 그 근
거를 두고 만들어져 있다. OFCOM이사회는 모든 내용과 관련된 정책결정 시
내용위원회의 자문을 구하도록 하고 있다. 내용위원회는 OFCOM이사회의 임명

---

485) 이사회 중에서도 경영진만이 OFCOM의 운영책임을 가진다. 비경영진은 이사회의
과반수가 넘어야 한다.

486) Nolan 원칙이란 공직자의 임명은 無私(selflessness), 청렴(integrity), 객관성(objectivity),
책임성(accountability). 공개성(openness), 정직(honesty), 그리고 리더십(leadership)에 의
해야 한다는, 다시 말하면 공직자를 선출하는 데에 있어 모든 절차는 공개적이고 투명
해야 한다는 원칙이다.

487) 소출력 라디오는 FM 주파수(88MHz-108MHz) 대역에서 1와트(W) 소출력을 이용하
는 라디오방송이다. 이미 호주, 캐나다, 프랑스와 같은 나라에서는 이미 실시되고
있으며 우리나라도 최근 소출력 라디오방송국들이 지상파방송국 허가를 받고 방송
에 들어가고 있다. 영국은 2004년 소출력라디오령(Community Radio Order 2004)이
제정되어 법적 근거를 마련한 바 있다.

488) 시장에서의 소비자의 이익에 대한 자문과 규제기구인 the Consumer Panel, 노약자와
장애인에 대한 자문위원회인 Advisory Committee on Older and Disabled People, 스
코틀랜드, 웨일즈, 북아일랜드, 영국지역 등 전역의 통신에 대한 자문위원회로
Advisory Committees for the Nations가 있고, OFCOM에 주파수 관리를 위한 자문을
하는 Ofcom Spectrum Advisory Board가 그것이다.

489) §12 Duty to establish and maintain Content Board
(1) It shall be the duty of this section, to exercise their powers under paragraph 14
of the Schedule to the Office of Communications Act 2002 (c. 11) (committees of
OFCOM) to establish and maintain a committee to be known as "the Content
Board".

을 받은 13인의 위원으로 구성된다. 위원들은 영국 전역의 대표자로 구성되며 그중 4인은 스코틀랜드, 웨일즈, 북아일랜드와 영국지역의 대표 자격으로 임명된다. 내용위원회는 방송프로그램의 폭력이나 범죄와 같은 부정적인 내용을 규제하고, 유럽이나 영국제작물의 상영과 같은 쿼터제와 관련하여 이사회에 자문하는 기능을 수행한다.

* * *

OFCOM은 주파수 관리와 미디어 소유를 규제할 뿐만 아니라 커뮤니케이션산업 전역에 대해 광범위한 권한을 가진다. 커뮤니케이션법 제3조 (1)에 의하면 OFCOM은 '커뮤니케이션 문제와 관련하여 시민의 이익을 증진'시키고 '관련 시장의 필요한 경쟁을 촉진시킴으로써 소비자의 이익을 증진'시켜야 할 임무를 갖는다. 이를 위하여 OFCOM은 주파수의 효율적인 사용을 통해 전국적으로 빠른 데이터 서비스의 송수신을 가능하게 하도록 계획을 수립·허가하고 있으며, 방송·통신의 경쟁정책을 수립하고 감독하는 권한을 가진다. 방송에 대해서는 공영방송사들의 공공에 대한 서비스나 유럽연합의 규제를 통해서 정해진 프로그램의 내용이나 쿼터제의 준수, 경쟁의 촉진, 영국 텔레비전산업에의 투자장려, 청소년보호나 건전한 방송체계를 확보하는 등 방송과 케이블, 위성을 가리지 않고 방송기술과 내용에 관련된 문제까지 규제하고 있다.

OFCOM의 규제원칙은 공공의 서비스를 위해 필요한 경우에만 규제를 통해 시장에 개입하는 것이다.[490] 또 그러한 규제를 실행하기 전에는 충분한 의견수렴과 평가를 거쳐 사전에 장기적인 영향력을 고려하여 목표달성에 필요한 최소한의 방법으로 규제한다. 이러한 방송정책은 2003년 커뮤니케이션법에서 진입규제와 소유규제를 완화시키는 결과를 가져왔으며 이는 내용규제에도 큰 변화를 가져오게 된다. OFCOM의 내용규제의 정도는 3단계로 나누어져 있다.[491] 첫 단계는 영국의 모든 방송사업자에게 요구되는 것으로 OFCOM에

---

490) Communications Act 2003, §3(3)(a)
491) 한편 매체 간의 차별적인 내용규제 측면에서 세 가지 층위에 포함되지 않는 서비

의해 만들어진 프로그램과 광고 및 협찬에 관한 규정의 준수, 공정하고 공평하며 정확한 뉴스 보도, 잠재적인 해악을 끼칠 수 있는 프로그램으로부터 시청자들을 보호하기 위해서 시각적·청각적 경고를 주는 것 등을 내용으로 한다. 두 번째 단계는 양적인 측정이 가능한 부분으로 모든 방송사에 동일하게 적용되는 것이 아니라 방송사의 특성과 역할이 따라서 다르게 적용된다. 제작쿼터, 유럽연합지침에서 요구되는 쿼터제의 의무준수 등이 여기에 해당한다.492) 세 번째 단계는 방송사업자들의 자율규제능력에 의존하는 것으로 매년 방송사들이 자체적으로 정한 목표의 달성여부 등을 규제한다.493) 각 방송사업자에게 요구되는 공공서비스 의무는 방송국의 성격에 따라 다르다. BBC에게 제일 많은 의무가 부과되어 있고 그 뒤로 Channel 4, Ch3, Channel 5의 순이다.494) 비록 공공서비스의 달성여부가 자율적인 조절에 의한다 하여도 방송사업자가 특별한 경제적 사유 또는 시장에 기인한 사유 없이 자신이 설정했던 만큼의 공공서비스 의무를 달성하지 못하면 OFCOM은 개입할 권한을 유보하고 있다. 만일 이러한 경우에 OFCOM이 이와 관련된 규칙이나 기준을 정립하게 되면 재량으로 소급 적용시킬 수도 있다.

프로그램규정의 위반에 대하여는 구체적으로 프로그램 재방영불가명령 또는 정정방송이나 OFCOM의 지적사항을 방영할 것을 명령할 수 있다. 그 외의 벌금의 부과와 같은 제재권을 가지며 그 위반의 정도에 따라서 방송면허기간의 단축, 그 위반이 과중한 경우에는 방송면허를 취소할 수 있다. OFCOM의 이러한 제재권은 커뮤니케이션법(the Communications Act 2003)과 방송법(the Broadcasting Acts 1990 and 1996)에 근거한다. BBC의 경우 OFCOM은

---

스가 인터넷이다. 인터넷은 내용의 규제를 받지 않는다. 다매체 환경은 동일한 콘텐츠를 다양한 전송수단을 통해서 제공하는데 인터넷만이 콘텐츠의 규제를 받지 않고 있다.

492) 상업 라디오방송은 두 번째 층위에서 규제하게 된다.

493) 일반적으로 방송의 질적인 측면은 수량화하기 힘들다. 따라서 자율규제가 가장 적절한 방법이다. 자율규제를 통해서 방송사들은 보다 많은 자율성을 누릴 수 있다. 그렇다고 방송사에 대한 요구사항이 완화됨을 의미하는 것은 아니다. BBC, S4C, Ch3, Ch4 그리고 Ch5는 수준 높은 프로그램의 제공과 교육, 어린이, 종교, 예술, 과학 그리고 국제적인 이슈에 대한 다양한 프로그램들이 이상적으로 혼합된 질 높은 편성을 유지해야 한다. 특히 BBC는 칙허장에 요구되어 있는 사항을 준수해야 한다. 한국방송영상산업진흥원(2004a), 75-78면 참조.

494) Open Society Institute(2005), p.1614.

£372,334까지의 벌금을 부과할 수 있으며, 상업 지상파방송국의 경우 지난 회계연도의 수입의 5%까지의 벌금을 부과할 수 있다.[495] 이와 같은 OFCOM의 조치에 대한 최종적인 판단권한은 법원이 보유한다. 이러한 법원의 통제 외에도 OFCOM은 매년 국회에 활동에 대한 보고를 하여야 한다. 비록 OFCOM이 비록 정부로부터 독립되어 있으나 국무성장관(Secretary of State)은 OFCOM에 대해 의회의 질문을 받게 된다.[496] OFCOM의 비용이나 예산집행은 국가감사원(National Audit Office)의 감사를 받게 된다.

# 3.
# 독일의 방송규제기관

같은 유럽연합 국가이지만 독일은 영국과는 전혀 다른 방송규제제도를 가진다. 독일은 방송과 통신을 주와 연방에 분리하여 귀속시켜 놓고 있다. 여러 차례에 걸친 방송판결과 기본법의 해석은 방송은 주에게, 통신은 연방에게 분리·귀속시켜 놓고 있다.[497] 연방은 방송국의 구성에 관한 규제도 할 수 없으며, 방송의 기술적인 사항을 제외한 모든 권한은 각 주가 갖게 된다.

독일 기본법 제73조는 방송에 대한 국가 영향력의 배제를 위해 연방정부와 주정부 간의 고유한 입법권한 분할을 통해 연방정부와 주정부의 관할 정책 분야를 나누어 놓고 있다. 연방에게 부여된 우편서비스와 통신(die Telekommunikation)에 관한 독점적인 권한의 대상인 '통신'은 방송시설만을 포함하

---

495) 벌금의 부과는 BBC와 S4C도 그 대상이 되나 면허의 단축이나 취소의 경우 BBC, S4C와 Channel 4는 그 대상에서 제외된다.

496) Communications Act 2003

§390 Annual report on the Secretary of State's functions

497) 연방헌법재판소는 프로그램에 관한 규제권한은 주에게만 있다고 보았다.

며 프로그램과 같은 문화적인 사항은 그 대상이 아니다.498) 연방은 우편·통신 분야를, 각 주는 문화·신문·방송 등을 관할하게 되는데, 여기서 또 방송은 기술과 내용으로 이원화하여 기술(통신을 포함)에 관련된 사항은 연방이, 그리고 방송의 내용은 각 주가 관할하도록 하고 있다. 방송기술은 연방법인 '텔레커뮤니케이션법(Telekommunikationsgesetz)'에 의해 규제되고 주무관청은 '연방텔레콤과 체신규제청'499)이었다가 2005년 7월 13일부로 바뀐 '전기, 가스, 텔레커뮤니케이션, 우편, 철도 연방네트워크기관(Die Bundesnetzagentur für Elektrizität, Gas, Telekommunikation, Post und Eisenbahnen)'이다.

1980년 민영방송제를 실시하게 되면서 독일은 2차 대전 후 방송제도를 도입할 때와 같이 영국을 모델로 한 방송제도를 도입하게 된다. 영국 공영방송인 BBC는 자체적인 규제기관(BBC 경영위원회)을 두고 있으며 나머지 상업방송국에 대해서만 규제기관(OFCOM)이 그 규제를 담당하고 있다. 독일에서도 마찬가지로 공영방송인 ARD와 ZDF에 대해서는 영국과 같이 내부감독기관(방송위원회 또는 평의회라고 함)을 고수하고 각 주 민영방송을 규제·감독하는 기관으로 주매체위원회를 두게 된다. 각 기관의 명칭과 그 직무는 주에 따라 조금씩 다르다.500)

방송사의 설립과 인·허가, 감독 및 규제 등의 방송행정의 수행을 위하여 '주매체위원회(Landesmedienanstalt)'501)가 별도로 설치되어 있다. 현재 모두

498) Artikel 73 [Gegenstände der ausschließlichen Gesetzgebung des Bundes]
Der Bund hat die ausschließliche Gesetzgebung über: ……
7. das Postwesen und die Telekommunikation;.
499) Regulierungsbehörde für Telekommunikation und Post.
500) Landeszentrale für Kommunikation (LfK) in Baden-Württemberg, Bayerische Landesyentrale für Neue Medien (BLM), Medienanstalt Berlin-Brandenburg (MABB) in Berlin, Bremische Landesmedienanstalt (bremma), Hamburgische Anstalt für neue Medien (HAM), Hessische Landesanstalt für privaten Funkfunk (LPR Hessen), Landesrundfunkzentrale Mecklenburg-Vorpommern (LRZ), Niedersächsische Landesmedienanstalt für privaten Rundfunk (NLM), Landezentrale für Medien Nordrhein-Westfalen (NfM), Landesanstalt für private Rundfunkveranstalter (LPR) in Rheinland-Pfalz, Landesmedienanstalt Saarland (LMS), Sächsische Landesanstalt für den privaten Rundfunk und neue Medien (SLM), Medienanstalt Sachsen-Anhalt (MSA), Unabhängige Landesanstalt für das Rundfunkwesen (ULR) in Schleswig-Holstein과 Landesmedienanstalt in Thüringen (TLM)이 각 주의 담당기관이다.
501) 주 '미디어청'이라고 번역되기도 한다.

16개의 주가 있으나 베를린(Berlin)과 브란덴부르크(Brandenburg)주는 위원회가 통합 관할하여 모두 15개의 주매체위원회가 구성되어 있다. 주매체위원회는 방송이나 미디어관련법의 집행을 담당하나, 민영방송에 관한 감독·규제만 할 뿐 공영방송에 대해서는 아무 권한을 가지고 있지 않다. 각 주에 설치된 주매체위원회는 주 방송수신료 가운데 2%를 재원으로 운영하고, 민영방송과 라디오의 허가의 부여와 취소, 방송국의 방송법 기타 면허조건의 이행여부의 감독, 미디어 소유규제, 내용의 다양성 보장, 프로그램의 내용감독, 미성년자보호에 관한 방송사업자의 법규 준수여부감독, 정보보호, 광고규제, 법규제정, 케이블채널의 배정, 일반적인 지원의 기능과 같은 권한과 직무를 갖는다.[502]

민영방송업자에 대한 방송허가에 관해서는 방송국가협약 제20조 내지 제24조에 자세하게 규정되어 있다. 입법자는 민영방송국을 허가함에 있어서 외부적 다원주의를 강조하기보다는 내부적 다원주의를 강조하는 경향이 있다. 민영방송국 허가를 부여함에 있어서의 심사사항으로 보는 항목은 신청자가 독일 내에 거주하고 있을 것, 프로그램이 기본법과 인간을 존중하고, 다양한 견해를 표명하여야 할 것과 같은 것이 있다. 그 외에 신청자가 프로그램을 운영할 충분한 재정능력을 가져야 하며 어느 특정 사회단체나 주의 영향력하에 있지 않을 것 등이 있다. 이는 방송을 통한 다양한 의견의 형성을 확보하기 위한 것인데 방송국가협약 제25조와 제26조에 이를 위한 규정을 두고 있다. 제26조에 의하면 방송국이 의견형성력을 지배하지 않는 한 많은 프로그램을 방영할 수 있다. 통상 방송사업자의 합산한 시청자점유율이 30%에 달한 것을 시장지배력이 있다고 간주하는데, 키르쉬(Kirch) 그룹은 기존 미디어 그룹에서 독립된 회사를 설립하여 이 규정의 적용을 회피할 수 있음을 보여주었다. 마찬가지로 미디어 관련 시장에서의 지배력을 가진 회사가 시청자의 25%에 달하거나, 방송이나 방송관련 시장에서의 회사활동이 시청률의 30%에 달하는 회사와 유사한 영향력을 가지는 경우에도 시장지배력을 가진다고 본다.[503]

---

502) 주매체위원회는 각 주의 영역을 벗어나는 민영방송 관련문제를 관할하는 ALM(Die Arbeitsgemeinschaft des Landesmedienanstalt)를 구성, 운영하고 있다.

방송국가협약 제33조[504])는 전체 주의 주매체위원회에게 프로그램과 광고에 관한 통합지침을 만들 것을 규정하고 있음에 따라 광고방송과 협찬에 관한 주미디어위원회 통합지침[505]), 텍스트 서비스에 관한 주미디어위원회 통합지침[506]), 정당의 선거방송에 관한 주미디어위원회 통합지침[507]), 행정집행절차 위반에 관한 주미디어위원회 통합지침[508]), 광고절차에 관한 주미디어위원회 통합지침[509]), 청소년과 프로그램 보호절차에 관한 주미디어위원회 통합지침[510]), 청소년보호를 위한 주미디어위원회 통합지침[511])이 제정되어 있다.

503) RstV § 26 Sicherung der Meinungsvielfalt im Fernsehen
　　(1) Ein Unternehmen (natürliche oder juristische Person oder Personenvereinigung) darf in der Bundesrepublik Deutschland selbst oder durch ihm zurechenbare Unternehmen bundesweit im Fernsehen *eine unbegrenzte Anzahl von Programmen veranstalten, es sei denn, es erlangt dadurch vorherrschende Meinungsmacht nach Maßgabe der nachfolgenden Bestimmungen.*
　　(2) Erreichen die einem Unternehmen zurechenbaren Programme im Durchschnitt eines Jahres einen Zuschaueranteil von 30 von Hundert, so wird vermutet, daß vorherrschende Meinungsmacht gegeben ist. Gleiches gilt bei Erreichen eines Zuschaueranteils von 25 vom Hundert, sofern das Unternehmen auf einem medienrelevanten verwandten Markt eine marktbeherrschende Stellung hat oder eine Gesamtbeurteilung seiner Aktivitäten im Fernsehen und auf medienrelevanten verwandten Märkten ergibt, daß der dadurch erzielte Meinungseinfluß dem einem Unternehmen mit einem Zuschaueranteil von 30 von Hundert im Fernsehen entspricht. Bei der Berechnung des nach Satz 2 maßgeblichen Zuschaueranteils kommen vom tatsächlichen Zuschaueranteil zwei Prozentpunkte in Abzug, wenn in dem dem Unternehmen zurechenbaren Vollprogramm mit dem höchsten Zuschaueranteil Fensterprogramme gemäß § 25 Abs. 4 aufgenommen sind; bei gleichzeitiger Aufnahme von Sendezeit für Dritte nach Maßgabe des Absatzes 5 kommen vom tatsächlichen Zuschaueranteil weitere drei Prozentpunkte in Abzug.
504) RStV § 33 Richtlinien
　　Die Landesmedienanstalten erlassen gemeinsame Richtlinien zur näheren Ausgestaltung der §§ 31 und 32. In den Richtlinien zu § 32 sind insbesondere Vorgaben über Berufung und Zusammensetzung des Programmbeirats zu machen.
505) Gemeinsame Richtlinien der Landesmedienanstalten fuer die Werbung, zur Durchfuehrung der Trennung von Werbung und Programm und fuer das Sponsoring im Fernsehen.
506) Gemeinsame Richtlinien der Landesmedienanstalten für das Textbildangebot.
507) Gemeinsame Richtlinien der DLM zu den Wahlsendezeiten fuer politische Parteien im bundesweit verbreiteten privaten Rundfunk.
508) Anwendungs-und Auslegungsregeln der Landesmedienanstalten zur Durchführung von Ordnungswidrigkeitsverfahren nach dem Rundfunkstaatsvertrag: OWiRL.
509) Verfahrensordnung der Gemeinsamen Stelle Werbung der Landesmedienanstalten.
510) Verfahrensordnung der Gemeinsamen Stelle Jugendschutz und Programm der Landesmedienanstalten.

한편 각 주의 영역의 경계를 벗어나는 민영방송 관련문제를 다루기 위해 주 매체위원회 협의회(ALM: Die Arbeitsgemeinschaft der Landesmedienanstalten)를 구성하여 운영하여 현안사항에 관해 공동으로 합의 운영하고 있다.

공영방송인 ARD와 ZDF는 국가에서 독립된 기관인 방송평의회(Rundfunkrat)와 TV평의회(Fernsehrat)가 각각의 관리와 감독의 책임을 갖는다.[512] 두 기관이 각 방송국에서 차지하는 지위나 역할은 같으나 ARD는 방송 외에 라디오방송도 하기 때문에 방송평의회(Rundfunkrat)라 불리고 ZDF는 텔레비전방송만 전송하기 때문에 TV평의회(Fernsehrat)라 불리고 있을 뿐이다. 방송평의회는 각 주에 따라 16명에서 77명 사이로[513] 사회 각 계층의 의견을 반영하기 위해 그 대표로 구성된다.[514] 평의회에 어떠한 단체의 대표를 위원으로 선정하는지는 각 주의 방송법에 자세하게 규정해 놓고 있다. 대표위원의 선정에 있어서는 각 주가 재량을 갖기 때문에 주별로 방송평의회에 참여하는 사회단체는 다르다. 이렇게 다양한 구성원을 확보함으로써 방송평의회는 다시 한번 '내적 다원주의'를 보장받게 된다. 정당과 연방으로부터도 위원을 선출하지만 정당대표는 전체 의원의 3분의 1을 넘지 않아야 한다는 제한을 두고 있다. 평의회의 위원들은 4년 내지 9년의 임기로 임명되며 프로그램의 대원칙, 준법감시, 경영진의 선출이나 예산편성 및 결산승인권과 같은 중요한 권한을 행사하게 된다. 방송평의회에서 선출된 위원장은 대외적으로 국민과 법원 앞에서 평의회를 대표한다.

제6차 방송판결[515]에 의하면 이러한 규제기관의 구성원들이 이익단체의 대표자임에도 불구하고 프로그램에 자신이 속한 단체의 이해를 대변하거나

---

511) Gemeinsame Richtlinien der Landesmedienanstalten zur Gewährleistung des Jugendschutzes.
512) ARD의 Rundfunkrat, ZDF는 Fernsehrat, 그리고 DLR은 Hörfunkrat은 모두 법정기관이다.
513) 현재 Fernsehrat은 16개 주의 대표 16명, 3명의 연방대표, 12명의 정당대표 외에 각 2명의 종교대표들로 모두 77명이 구성되어 있다.
514) ZDF-Staatsvertrag §21
515) BverGE 83, 238 노르트라인베스트팔렌판결(NRW-Urteil); 제6차 방송판결은 기본법 제5조 1항 2호의 방송의 자유는 제1차 방송판결과 같이 방송의 자유가 '봉사적 기본권'임을 재차 확인하고, 이원방송제도하에서도 민영방송의 도달범위, 프로그램의 다양성이 한계가 있는 이상 입법자는 공영방송에 필요한 기술적, 조직적, 인적 보장 및 재원보장을 하여야 함을 강조하고 있다.

그 주장을 그대로 프로그램에 반영시켜서는 안 된다고 하였다.[516] 이와 같이 위원들의 독립성을 보장하기 위해 국가조약이나 각 주의 방송법으로 위원들의 겸임을 금지하고 있기도 하다.[517]

---

516) BverGE 83, 238 [333]; 단체를 대표하는 위원은 단체 스스로가 선정한다. 이들은 어느 누구의 지시에도 구속받지 아니하며, 방송사나 혹은 다른 방송사, 주매체위원회, 민영방송사 혹은 방송사의 연합체를 위하여 보수를 받고 활동할 수 없다. 이해관계의 충돌이 야기될 경우 위원은 해임된다. 이해관계상충의 문제가 제기되는지 여부에 대해서는 방송평의회 스스로의 판단에 의해 확정된다. 고민수, "방송의 개념과 본질에 관한 헌법학적 연구", (연세대학교 대학원, 2005), 169면.
517) Albrecht Hesse(2003), p.161.

10
마치며

# 제 10 장
# 마치며

방송·통신 융합 시대에 부응할 수 있는 방송관련 정책 및 규제기관의 바람직한 모델이 무엇인가에 대하여 많은 논란이 제기되고 있다. 디지털 컨버전스 시대에 부합하는 방송정책을 합리적으로 수립 집행할 수 있는 기관 모델은 무엇이며, 장차 우리나라의 방송정책과 규제를 포괄하는 법제도는 어떤 방향으로 개편해 나가야 할 것인가?

방송위원회가 당면한 문제점을 해소하고 방송 · 통신 융합 시대에 부응할 수 있는 방송관련 정책 및 규제기관의 바람직한 모델이 무엇인가에 대하여 많은 논의가 제기되고 있다. 방송위원회의 법적 성격에 대한 논의와 개편 방향은 방송과 통신의 융합추세에 대응하여 어떠한 형태의 기구와 체제로 가느냐에 따라 달리 정해져야 할 것이다. 방송관련 행정기관 형성과 우리나라 현행 방송위원회의 개편 방향은 국내외의 방송환경 변화추세는 물론 한국사회의 기술적 여건 및 정치사회적 고려사항들을 종합적으로 감안하여 신중하게 결정하여야 할 문제이다. 현재 우리나라에서는 새로운 방송환경체계에 부응하기 위하여 방송과 통신의 융합이 불가피하다는 논의가 지배적이다. 이에 부응할 수 있는 방송통신위원회 구성을 위해 방송통신융합추진위원회가 발족되어 본격적인 활동에 돌입하고 있다.

본서는 방송의 자유와 규제라는 철학적·이념적인 원리를 재론하여 검토해 보고, 이와 같은 추상적인 개념이 제도적·현실적으로 구현되는 법과 그 집행수단인 방송행정기관을 연구대상과 범위로 정하여 접근을 시도하였다. 연구 내용에 있어 영미법계와 대륙법계로 대표되는 미국과 영국, 독일의 규제수단과 방송행정기관의 특징과 차이점을 살펴보았는바, 그 목적은 각국이 변화에 적응하는 과정이 우리에게도 적용될 가능성과 소지가 있는지를 분석해 보고자 함이었다.

방송에 대한 규제는 방송의 탄생과 함께 시작되었다. 이 시기는 지상파를 중심으로 사회복지국가론이 보편적 이념으로 자리잡았던 시기였기 때문에 공공복지와 공익을 앞세워 방송에 대한 국가의 개입이 정당화되었던 시기이다. 현재까지 방송규제원리로 유효하게 적용되고 있는 법리는 지상파 중심의 방송체계와 전파의 유한희소성과 (뉴미디어의 경우) 동종 미디어 내에서의 방송기술의 진화를 배경으로 해서 개발된 논리이다. 그러나 디지털 융합은 케이블과 위성의 등장과 같이 단순한 방송채널의 수적인 증가만을 가져온 것에 그치지 않는다. 디지털 융합 환경에서는 통신과 같이 규제이념이 다른 이종산업으로부터의 방송 진입이 보다 자유로워지고 이에 따라 전과는 달리 규제보다 자유를 강조하는 쪽으로 무게중심이 옮겨지고 있는 것이 현실이다.

방송에 대한 규제는 기술과 사회가 어우러져 만들어 낸 법적용 현상이다. 따라서 기술의 발전과 동시에 그에 따른 자유나 규제에 대한 이론도 바뀌게 마련이다. 현 상태는 법제와 규제정책이 기술사회적 여건에 부합하지 못하고 장차 새로운 법리와 규제체계로 나아가야 하는 과도기적 혼돈상태에 있는 단계로 규정할 수 있을 것이다. 이러한 혼돈은 방송환경 자체가 가지고 있는 제 문제들에 비추어 보건대 불가피한 현상으로서 받아들이고 적용과 변화를 모색해 갈 수밖에 없을 것으로 보인다. 본 논문은 앞으로 방송규제의 원리가 공익 우선에 기초하여 접근되어야 할 것인지, 경쟁에 치중해 나가야 할 것인지 등에 대한 명확한 대안을 제시하지 못하였다. 그 이유는 방송기술과 사회의 관계 및 그 구성요소들 자체가 매 순간 변화하고 있기 때문에 지금 이 순간에 적용되어야 할 최적의 규범과 규제방안을 정확하게 규명한다는 것이 불가능하기 때문이다. 이 논문은 다만 이러한 과도기적 혼돈에 보다 효율적으로 대처해 갈 수 있는 다양한 모습의 법리질서와 모델들을 모색하고 제시하는 것에 의의를 두고자 했다.

각 국의 방송관련 법제를 보았을 때 세계적인 추세는 방송과 통신을 포괄하는 단일법으로 나아갈 것으로 전망된다. 이론적으로는 여러 나라들이 공히 방송환경의 변화를 인정하고 이에 따른 법과 이념의 적응노력과 변화의 조짐을 보여주고 있다. 그러나 방송관련 행정기관들의 움직임은 이러한 변화에 따라가는 속도와 정도, 법제적 모델 등에 있어서 각기 일정하지 않다. 방송행정기관에 있어서는 영국의 OFCOM의 변화 외엔 뚜렷한 변화가 없음을 주목할 필요가 있다. 이는 정부와 민간 사이에 위치하고 있는 방송행정기관의 권력구조상의 위상과 한계에 기인하는 것으로 볼 수 있다. 우리나라 방송위원회의 개혁도 권력구조상의 위상과 부처 간의 정치논리의 특성 때문에 이론과 원칙에 있어서는 합의가 되었으나, 현실적인 실행에 장애와 지연이 예상되고 있다. 방송환경의 변화는 빠르게 진행되고 있고, 관련 당사자들 간의 이해관계는 첨예하게 대립하고 있다. 일부 선진국에서는 이러한 이념과 현실의 괴리를 좁히는 작업이 한창 진행 중에 있다. 우리나라도 이미 많은 연구를 통해 이념적인 합의도출에는 거의 다가왔다고 보인다. 이후에는 법적 측면과 규제 제도 면에서의 합의가 도출될 수 있도록 후속 연구와 논의가 보다 활발하게 이루어지기를 기대한다.

디지털 컨버전스와 방송규제

# 참고문헌

## I. 국내문헌

### 1. 단행본

권영성, 「헌법학원론」, 법문사(2005).

김대호, 「세계의 방송법」, 한울아카데미(1998).

김미경 외, 「전환기의 한국방송」, 커뮤니케이션북스(2005).

김영주, 「방송통신 융합시대의 미디어 규제」, 한국언론재단(2004).

김정기, 「전환기의 방송정책」, 한울아카데미(2003).

김정태, 「디지털 시대 방송법해설」, 커뮤니케이션북스(2005).

김철수, 「헌법학개론」, 박영사(2006).

무선관리단, 「방송의 자유와 방송사업(방송국). 허가에 관한 헌법적 고찰」, 무선관리
단(2004a).

무선관리단, 「디지털 미디어의 법적 문제」, 무선관리단(2004b).

무선관리단, 「통신 융합에 따른 디지털방송매체의 발전 및 활성화 방안」, 무선관리단
(2005a).

무선관리단, 「통신방송 융합과 방송시장 경쟁도입에 관한 연구」, 무선관리단(2005b).

무선관리단, 「통신과 방송융합에 따른 경제·사회문화적 효과」, 무선관리단(2005c).

무선관리단, 「일본의 통신·방송 융합정책과 그 전망에 관한 연구」, 무선관리단
(2005d).

무선관리단, 「통신과 방송융합시대의 방송규제 방향」, 무선관리단(2005e).

문화방송, 「영국의 방송구조와 정책」, 문화방송(1996).

박용상, 「방송위원회의 법제론적 고찰」, 방송위원회(1990).

박용상, 「표현의 자유」, 현암사(2002).

박선영, 「언론정보법연구 I」, 법문사(2002a).

박선영, 「뉴미디어 시대의 방송산업」, 한울(1999).

방송개혁위원회, 「방송개혁위원회 활동백서」, 방송개혁위원회(1999).

방송문화진흥회, 「언론정보법연구Ⅱ」, 법문사(2002b).

방송위원회, 「독일방송법」, 방송위원회(2000a).

방송위원회, 「프랑스방송법」, 방송위원회(2000a).

방송위원회, 「방송환경 변화에 따른 방송·통신법제 연구」, 방송위원회(2001).

방송위원회, 「2002년 방송산업실태조사 보고서」, 방송위원회(2002).

방송위원회, 「방송통신법 제정비위원회 종합보고서」, 방송위원회(2003).

방송위원회, 「2004년 방송심의사례집」, 방송위원회(2004a).

방송위원회, 「방송통신 융합시대의 공익과 경쟁 – 영국과 프랑스의 사례를 중심으로」,
  방송위원회(2004b).

방송위원회, 「2005년 방송산업실태조사 보고서」, 방송위원회(2005a).

방송위원회, 「방송행정의 법구조와 과제」, 방송위원회(2005b).

방송위원회, 「중장기방송발전연구위원회 종합보고서」, 방송위원회(2005c).

방일영문화재단, 「한국언론학술논총」, 커뮤니케이션북스(2006).

법원행정처, 「대법원판례해설」, 통권 제35호, 법원행정처(2000).

성낙인, 「언론정보법」, 나남출판(1998).

성낙인, 「헌법학」, 법문사(2006).

유대선, 「한국의 방송정책 결정과정」, 한국학술정보(2005).

윤재식, 「방송 영상 산업 진흥 정책의 이해」, 커뮤니케이션북스(2004).

임병락, 임형도, 「NGN 환경에 따른 규제정책방향」, SK 경영연구소(2005).

전정환, 변무웅, 「독일방송헌법판례」, 한울아카데미(2002).

정보통신부, 「미디어기업의 구조규제 및 M&A에 관한 법제론적 고찰: 방송·통신·
  인터넷 기업을 중심으로」, 정보통신부(2004).

정보통신정책연구원, 「디지털 시대의 방송규제」, 정보통신정책연구원(2001).

정보통신정책연구원, 「유럽 주요국의 통신방송융합 대응사례 분석」, 정보통신정책연
  구원(2004a).

정보통신정책연구원, 「인터넷 언론과 전통언론의 비교분석」, 정보통신정책연구원(2004b).

정보통신정책연구원, 「미디어 융합의 동인, 전개양상, 정책과제」, 정보통신정책연구
  원(2005a).

정보통신정책연구원, 「통신서비스 분류 및 진입제도 개선에 관한 연구」, 정보통신정
  책연구원(2005b).

질리언 도일, 정윤경, 「미디어 소유와 집중」, 커뮤니케이션북스(2003).

최송화, 「공익론」, 서울대학교 출판부(2002).

디지털 컨버전스와 방송규제

최송화, 「법치행정과 공익」, 박영사(2002).

최용준, 「디지털방송정책과 수용자」, 커뮤니케이션북스(2004).

추광영, 「디지털 시대의 글로벌 커뮤니케이션」, 서울대학교 언론정보연구소(2005).

한견우, 「현대행정법강의」, 신영사(2006).

한국방송광고공사, 「독일 광고 산업의 이해」, 한국방송광고공사(2004a).

한국방송광고공사, 「방송통신 융합과 방송정책 추진체계 개편 연구」, 한국방송광고
　　　공사(2004b).

한국방송광고공사, 「방송환경 변화에 따른 방송 공익성 개념의 재정립 방향」, 한국
　　　방송광고공사(2004c).

한국방송광고공사, 「우리나라 방송광고 제도개선 방안에 관한 연구」, 한국방송광고
　　　공사(2004d).

한국방송광고공사, 「주요국의 방송제도 연구 - 미국 - 」, 한국방송광고공사(2004e).

한국방송광고공사, 「주요국의 방송제도 연구 - 영국 - 」, 한국방송광고공사(2004f).

한국방송개발원, 「방송규제기구의 위상과 기능에 관한 비교 연구」, 한국방송개발원
　　　(1997).

한국방송영상산업진흥원, 「세계 주요국의 미디어 융합형 서비스 현황과 규제방안 - 미
　　　국·영국·프랑스·독일·일본의 사례 - 」, 한국방송영상산업진흥원(2005a).

한국방송영상산업진흥원, 「KBI 이슈 페이퍼: 최근 방송통신 융합 논의와 의제의 보
　　　안」, 한국방송영상산업진흥원(2005b).

한국방송영상산업진흥원, 「KBI 포커스: 융합시대 방송콘텐츠산업 진흥과 영국 PSP모
　　　델」, 한국방송영상산업진흥원(2006).

한국방송진흥원, 「방송·통신 융합시대 정책일원화를 위한 규제·정책기구 개편방
　　　안 연구」, 한국방송진흥원(2001).

한국법제연구원, 「방송의 다양성 확보를 위한 법제개선방안연구」, 한국법제연구원
　　　(1993).

한국언론재단, 「방송통신 융합시대의 미디어 규제」, 한국언론재단(2004).

한국언론재단, 「세계의 언론법제」, 한국언론재단(2005).

허영, 「한국헌법론」, 박영사(2005).

헌법재판소, 「사이버 공간상의 표현의 자유와 그 규제에 관한 연구」, 헌법재판소
　　　(2002).

홍정선, 「행정법원론」(상)., 박영사(2006a).

홍정선, 「행정법특강」(하)., 박영사(2006b).

## 2. 논 문

강상현, "방송의 디지털화와 공영방송의 매체전략", 『한국방송학보』, 10권(1998).

강현호, "금융감독원의 법적 성격", 『공법연구』 제31집 제3호(2003).

고민수, "방송의 개념과 본질에 관한 헌법학적 연구", 박사학위논문, 연세대학교 대학원(2005).

고수자, "독일 방송개념 규명논쟁에 관한 연구: 주관적 및 객관적 방송자유의 관점을 중심으로", 『한국언론학보』 47권 3호(2003).

곽상진, "방송의 자유와 방송제도", 『공법연구』 제28집 제4호 제15권(2000).

곽상진, "방송규제의 특수성에 대한 헌법적 검토", 『공법연구』 제29집 제3호(2001a).

곽상진, "공영방송의 급부활동과 헌법적 한계", 『헌법학연구』 제7권 제3호(2001b).

곽정호, "EU 규제체계 및 영국의 보편적 서비스제도 분석", 『정보통신정책』 제17집 제8호(2005).

권영설, "방송의 공정보도 기준에 관한 연구", 『방송의 공정성에 관한 연구』, 방송위원회(2000).

권헌영, "웹케스팅 규제에 관한 법제적 쟁점", 『정보화 정책』 제12권 제4호, 한국전산원(2005).

권형둔, "공영방송의 기본공급이론과 인터넷 - 최근 독일에서의 논의를 중심으로 - ", 『공법연구』 제33집 제1호(2004).

김대호, "영국 공영방송 이념의 변화: 방송연구위원회 보고서를 중심으로", 『언론과 사회』 제7호(1995).

김대호, "디지털방송의 법제도 - 해외주요국에서 제기된 법제도 이슈를 중심으로 - ", 『방송연구』 2001년 여름호, 방송위원회(2001).

김동규, "한국언론의 소유구조, 시장, 그리고 개혁의 딜레마", 한국사회와 언론 <한국언론의 소유권과 시장구조>, 발표문, 한국사회와 언론(2004).

김동욱, "방송·통신 수렴에 대응한 정책방향과 정책기구, 『방송연구』 2000년 여름호(2000).

김동욱, "방송통신 융합에 대응한 허가·재허가 관련 법제 보완", 한국방송학회 제2차 <쟁점과 토론> 학술세미나(2005).

김명식, "방송위원회의 구성과 권한에 관한 일고찰", 『공법연구』 제32집 제3호(2004).

김세연, "EU의 통신환경 변화와 독일 공공 통신망 운영자의 민영화", 『방송연구』

2002년 여름호(2002).

김수철, "방송의 자유와 민간방송의 참여-독일연방헌법재판소 제1법정 1981년 6월 16일 판결[BVerfGE 57, 295, 제3차방송판결(FRAG 판결)]의 연구-", 『사법행정』, 2000년 2월호(2000).

김승수, "미국의 매체규제완화 논쟁", 『방송연구』 2003년 여름호(2003).

김영수, 지성우, "독일 멀티미디어 관련법상의 방송·통신·멀티미디어의 개념에 관한 연구", 『성균관법학』 제14권 제2호(2002).

김용호, "방송환경 변화와 정책연구의 당면과제", 『방송연구』 2001년 여름호(2001).

김유환, "경제규제완화에 있어서의 공법적 대응", 『공법연구』 제24집 제5호(1996).

김재영, "방송통신 융합시대의 정책원리, 그리고 규제와 지원체계", 「방통 융합시대 규제체제 어떻게 할 것인가」 세미나 발제문, 민주언론시민연합·한국언론정보학회(2005).

김진웅, "방송자유의 제도적 성격에 관한 연구", 『한국언론학보』 제45권 4호(2001).

김진웅, "독일의 방송자유 수용에 관한 연구: 연방헌법재판소 판결분석", 『한국언론학보』 제48권 4호(2004).

김창규, "방송·통신 융합에 따른 통합규제기구의 위상과 역할", 『방송연구』 제23권 제1호 통권 58호, 방송위원회(2004).

김창규, "방송통신 융합에 따른 방송통신관계법제 정비방안", <방송통신 융합 법제 정비> 세미나 발표문(2005).

박선영, "방송정책기구의 위상 및 역할", 『방송연구』 2001년 여름호, 방송위원회(2001a).

박선영, "언론기관의 자유", 『헌법학연구』 제7권 제3호(2001b).

박선영, "언론의 공정성 확보를 위한 법리변화에 관한 연구-소유제한에서 시장점유율 제한으로-", 『공법연구』 제29집 제3호(2001c).

박선영, "헌법상 개인이 갖는 표현의 자유와 국가통제", 『공법연구』 제31집 제3호(2003).

박선영, "2003년도 언론관련 판례로 살펴본 '표현의 자유의 범위와 한계", 『헌법학연구』 제10권 제4호(2004).

박선영, "방송법의 개정방향", 『헌법학연구』 제11권 제1호(2005).

박용상, "방송위원회의 법제론적 고찰", 『法曹』 제40권 제2호, 제3호, 제4호.

박용상, "언론개혁법안에 관한 관견", 『헌법학연구』 제11권 제1호(2005).

박종보, 이상수, 한철, "統合放送法(案)上 放送委員會의 法的 地位와 權限", 『과학

기술법연구 4집』.

방석호, "인터넷 내용규제와 표현자유의 갈증-한국의 사례를 중심으로", 『사상』 2003년 3월, 사회과학원(2003).

방석호, "방송·통신 융합에 따른 법제도적 정비방안 연구: 사업규제를 중심으로", 『방송연구』 제23권 제1호 통권 58호, 방송위원회(2004).

성낙인, "정보화 사회의 방송의 자유와 책임: 새로운 방송법질서의 정립을 위하여", 『영남법학』, 제7호(1998)

성낙인, "방송개혁을 위한 방송위원회의 좌표", 『고시계』, 1999년 9월호(1999).

송종길, "방송·통신 융합시대의 방송규제", 한국 방송학회 주최 <방송통신 융합에 대비한 관련 법제 정비방안 세미나> 발제문(2005).

양승동, "방송사업허가제에 관한 헌법적 고찰", 석사학위논문, 연세대학교 대학원(2006).

오준근, "情報化社會와 行政組織에 관한 法的 一考察", 『공법연구』 제28집 제4호(2000).

오준근, "방송위원회의 주의·경고 및 권고에 관한 행정법적 연구", 『방송연구』 2004년 겨울호(2004).

오준근, "통합 방송법 체계 및 내용상의 문제점과 그 개선방안", 『공법연구』 제32집 제3호(2004).

유일상, "방송규제감독기관의 지위와 기능에 관한 연구-미국·영국·프랑스·일본을 중심으로-", 『방송연구』 1998 여름호(1998).

윤석민, 송종현, "방송·통신 융합의 사회적 맥락", 『방송연구』 제23권 제1호 권 58호, 방송위원회(2004).

윤수진, "방송·통신 융합의 법적 연구", 박사학위논문, 고려대학교(2004).

이상돈, "부실감사책임: 과잉규제와 탈규제 사이에", 『규제연구』 제13권 제1호(2004).

이상우, "방송·통신 융합에 따른 해외사례 비교분석: 유럽의 동향을 중심으로", 『방송연구』 제23권 제1호 통권 58호, 방송위원회(2004).

이상훈, "통신행정에 대한 법적 고찰", 박사학위논문, 고려대학교(2002).

이욱한, "공·민영 양립 방송체제에 관한 헌법적 문제점", 『한국언론학술논총』, 커뮤니케이션북스(2005).

이창근, "미국 방송법의 '공공의 이익, 편의, 필요' 기준이 기원과 초기의 성격에 대하여", 『언론과 사회』, 11권, 성곡언론문화재단(2002).

임동민, "프랑스의 통신·방송융합 대응사례 분석", 『정보통신정책』 제16권 18호(2004).

임종수, "한국방송의 기원: 초기 라디오방송에서 제도, 편성, 장르의 형성과 진화", 『한국언론학보』 제48권 제6호(2004).

전범수, "방송·통신 융합에 따른 시장, 산업의 변화, 『방송연구』 2004년 여름호(2004).

전정환, "방송사업의 허가제도에 대한 위헌성 여부의 고찰", 『공법연구』 제24집 제4호(1996).

전정환, "헌법상 방송의 개념-독일 기본법 제5조 제1항 2문의 내용을 중심으로-", 『공법연구』 제25집 제4호(1997).

전정환, "방송규제기구에 관한 헌법적 고찰", 『헌법학연구』 제5집 제1호(1999).

전정환, "방송자유의 주체", 『공법연구』 제30집 제3호(2002).

정경훈, "정부의 방송통제에 관한 연구: 5공화국을 중심으로", 석사학위논문, 서울대학교(1991).

정영도, "방송에 대한 공법적 법리에 관한 연구", 석사학위논문, 홍익대학교(1995).

정윤경, "미 방송 소유규제의 완화의 배경과 전망", 『동향과 문석』, 한국방송영상산업진흥원, 통권 176호(2003).

정윤식, "뉴미디어 시대의 언론정책", 『통신정책ISSUE』 제4권 3호 통권 35호(1992).

정윤식, "미디어 소유권과 방송제도", 한국사회와 언론 <한국언론의 소유권과 시장구조>, 발표문, 한국사회와 언론(2004).

정윤식, "방송통신 융합을 위한 미래 제언", 세미나 발표문, 한국방송영상산업진흥원(2005a).

정윤식, "유료방송의 공익 및 공적 책임-지역성, 다양성, 경쟁원리를 중심으로-", 『사이버커뮤니케이션학보』 통권 제16호(2005b).

정윤식, "디지털 컨버전스 시대 방송의 공익", 뉴미디어방송협회 세미나 발표문(2006).

조재현, "언론·출판의 자유의 보호영역에 관한 연구-보호영역에 관한 미국·독일·우리나라의 접근방법을 중심으로-, 박사학위논문, 연세대학교(2001).

조은기, "방송통신 융합의 정책이념-방송의 공익성 개념 재정립을 위한 Note-", 한국뉴미디어방송협회 <방송·통신 융합의 정책이념과 실제> 발표문, 한국뉴미디어방송학회(2005).

지성우, "독일 주간방송협정상의 방송집중규제제도에 관한 연구", 『공법연구』 제32집 제1호(2003a).

지성우, "방송의 자유에 대한 특수한 규제의 정당성에 관한 연구-독일연방헌법재판소의 방송판결을 중심으로-", 『헌법학연구』 제9집 3호(2003b).

지성우, "멀티미디어 시대에 있어 방송개념의 확장 가능성에 관한 연구-BcN 통합망하에서 인터넷방송의 규제문제를 중심으로-", 『성균관법학』 제16권 제2호(2004).

지성우, "독일의 멀티미디어 關聯法制에 관한 研究", 한국공법학회 <공법학연구의 최근 동향> 발표논문, 한국공법학회(2004).

차승민, "방송의 공익성과 공적 책임에 관한 연구", 박사학위논문, 부산대학교(2000).

최승원, "사이버 스페이스에서의 개인과 국가", 『공법연구』 제28집 제4호 제1권(2000).

최영묵, "방송의 공익성과 심의제도에 관한 연구", 박사학위논문, 한양대학교(1996).

최우정, "인터넷기술의 발달에 따른 방송자유권의 기본권성격에 관한 고찰-독일에서의 논쟁을 중심으로-", 『공법연구』 제33집 1호(2004).

한균태, "디지털 시대에서의 방송정책의 방향", 『커뮤니케이션연구』 제20집, 경희대학교 사회과학연구원(2004).

황근, "독립규제기구로서 방송위원회의 구조적 특성에 관한 평가연구", 『사이버커뮤니케이션학보』 제6호(2000).

황근, "디지털 시대에 대비한 방송법 개정 논의의 방향과 한계: 방송위원회 방송법 개정안 분석을 중심으로", 『방송문화연구』 제15권 2호(2003).

황성기, "언론매체규제에 관한 헌법학적 연구: 방송·통신의 융합에 대응한 언론매체 규제제도의 개선방안", 박사학위논문, 서울대학교 대학원(1999).

현경보, "방송내용 규제방식의 분류모델에 관한 연구", 『방송연구』 2000년 여름호(2000).

홍기성, 황근, "방송통신 융합을 위한 정부정책 평가와 제언", 한국뉴미디어방송협회 <방송·통신 융합의 정책이념과 실제> 발표문, 한국뉴미디어방송학회(2005).

Walter Rudolf, "민주적 헌정질서하에서 방송법의 공법적 과제", 『공법연구』 제28집 제4호 제1권(2000).

# II. 외국문헌

## 1. 단행본

Barendt, E. M., 「Broadcasting Law」, Clarendon Paperbacks (1995)

Benjamin, Louise Margaret, 「Freedom of the Air and the Public Interest: First Amendment Rights in Broadcasting to 1935」, Southern Illinois University (2001)

Carey, Peter & Jo Sanders, 「Media Law」, Sweet & Maxwell (2004)

Chrocziel · Esser-Wellie, Tschentscher, 「Telekommunikationsrecht in Deutschland」, Verlag Dr. Otto Schmidt KG (1998)

Creech, Kenneth C., 「Electronic Media Law and Regulation」, Focal Press (2002)

The European Institute for the Media, 「Final report of the study on "the information of the citizen in the EU: obligations for the media and the Institutes concerning the citizen's right to be fully and objectively informed"」, The European Institute for the Media (2004)

Fechner, Frank, 「Medienrecht」, 3. Auflage, Mohr Sieback (2002)

Feintuck, Mike & Mike Varney, 「Media Regulation, Public Interest and the Law」, Edinburgh University Press (1999)

Herrmann / Lausen, 「Rundfunkrecht」, 2. Auflage, Verlag C.H.Beck (2004)

Hesse, Albrecht, 「Rundfunkrecht」, Verlag Franz Vahlen München, 3. Auflage (2003)

Koenig / Loetz / Neumann, 「Telekommunikationsrecht」, Verlag Recht und Wirtschaft GmbH (2004)

Open Society Institute, 「Television across Europe: regulation, policy and independence」, Open Society Institute (2005)

Robertson, Geoffrey & Andrew Nicol, 「Media Law」, Sweet & Maxwell (2002)

Sadler, Roger L., 「Electronic Media Law」, Sage Publications (2005)

Teeter, Dwight L., Don Le Duc, Bill Loving, 「Law of Mass Communications」, Foundation Press (1998)

Tillinghast, Charles H., 「American Broadcast Regulation and the First Amendment: Another Look」. Iowa States University Press (2000)

Zelezny, John D., 「Communications Law」, Wadsworth (2004)

浜田純一, 「ヌディアの法理」, 日本評論社 (1990)
濱葉一將, 「放送行政の法構造と課題:公正な言論空間の變容と行政の公共性」, 日本評論社 (2004)

## 2. 외국논문

Baker, C. Edwin, "Media Structure, Ownership Policy, and The First Amendment", 78 S. Cal. L. Rev. 733(2005)

Ballard, Tony, "Television Over the Internet: The Boundaries of Content Regulation", C.T.L.R. 2004, 10(3) (2004)

Bollinger, Lee C., "Freedom of the Press and Public Access: Toward a Theory of Partial Regulation", 75 Michigan Law Review 1. (1976)

Calleja, Rico & Thomas Crane, "White Paper, White Wash? A New-But Uncertain-Future for Communications", Ent. L. R. 2001, 12(4) (2001)

Ecabert, Gayle S., "The Demise of the Fairness Doctrine: A Constitutional Reevaluation of Content-Based Broadcasting Regulations", 56 U. Cin. L. Rev. 999 (1988)

Feintuck, Mike, "Regulation the Media Revolution: In Search of the Public Interest", J.I.L.T. Issue 1997(3)

Fowler, Mark S. & Daniel L. Brenner, "A Marketplace Approach to Broadcast Regulation", 60 Tex. L. Rev. 207 (1982)

Gilbert, Toni Elizabeth, "Economic Regulation of the Cable Television Industry: Reigning in a Giant at the Expense of the First Amendment", 45 Cath. U. L. Rev. 615 (1996)

Grant, James, "OFCOM Broadcasting Code", Ent. L. R. 2005, 16(7) (2005)

Greenberg, Matthew M., "The Communications Act: The Need for Tariff Reform", 9 Admin. L. J. Am. U. 847(1995)

Heinke, Rex S. & Heather L. Wayland, "Lessons from the Demise of the FCC Fairness Doctrine", 3-SPG NEXUS 3 (1998)

Higham, Nicolas, "The Furture of United Kingdom Content Regulation: A Round Peg in a Rectangular Box of Something Old, Something New, Something Borrowed,

Something Blue", C. T. L. R. 2001, 7(8) (2001)

Hillman, Robert A., "The Rhetoric of Legal Backfire", 43 B.C. L. Rev. 819 (2002)

Hochstein, Reiner, "Teledienste, Mediendienste und Rundfunkbegriff -Anmerkungen zur praktischen Abgrenzung multimedialer Erscheinungsformen", NJW (1997)

Holman, JoAnne & Michael A. McGregor, "The Internet as Commons: The Issues of Access", 10 Comm. l. & Pol'y 267 (2005)

Krasnow, Erwin G. & Jack n. Goodman, "The "Public Interest" Standard: The Search for the Holy Grail", 50 Fed. Comm. L. J. 605

Krattenmaker, Thomas & L. A. Powe, Jr., "Converging First Amendment Principles for Converging Communications Media", 104 Yale L.J. 1719 (1995)

Kirchner, Jorg, "The Search for New Markets: Multimedia and Digital Television under German Broadcasting and Copyright Law", E.I.P.R, 1995, 17 (6)

Landeur, Karl-Heinz & Tobias Gostomzyk, "Rundfunkfreiheit und Rechtsdogmatik -Zum Doppelcharakter des Art.5 I 2 GG in der Rechtsprechung des BVerfG", JuS. Heft 12 (2002)

Liston, Stephanie, "OFCOM-The Perfect Dish or a Recipe for Disaster", Ent. L. R. 2003, 14(2) (2003)

Lively, Donald E., "Modern Media and the First Amendment: Rediscovering Freedom of the Press", 67 Wash. L. Rev. 599 (1992)

Mark S. Fowler & L. Brenner, "A Marketplace Approach to Broadcast Regulation", 60 Tex. L. Rev. 207 (1982)

Martin, Arthur, "Which Public, Whose Interest? The FCC, the Public Interest, and Low-Power Radio", 38 San Die해 L. Rev. 1159 (2001)

May,Randolph J., "The Public Interest Standard: Is It Too Indeterminate To Be Constitutional?", 53 Fed. Comm. L. J. 427(2001)

O'Regan, Matthew, "Broadcasting: Legislation", C. T .L .R. 1996, 2(5) (1996)

Romer, Jason & Graeme Maguire, "An Overview of the Draft United Kingdom Communications Bill", C. T. L. R. 2002, 8(6) (2002)

Rubin, Edward, "The Myth of Accountability and the Anti-Administrative Impulse", 103 Mich. L. Rev. 2073 (2005)

Samson, Richard, "Repeal of the Fairness Doctrine: Prologue to a Farce", 41 Rutgers L. Rev. 663 (1989)

Schiller, Reuel E., "Free Speech and Expertise: Administrative Censorship and the Birth of the Modern First Amendment", 86 Va. L. Rev. 1(2000)

Schreier, Torsten, "Der neue Rundfunkgebührenstaatsvertrag", MMR, Heft 9 (2005)

Scott, Colin, "The Proceduralization of Telecommunications Law: Adapting to Convergence", J. I. L. T. Issue 1997(3)

Shin, Dong Hee, "Technology Convergence and Regulatory Challenge: A Case from Korean Digital Media Broadcasting", C. T. L. R. 2005, 11(4) (2005)

Varney, Eliza, "Winners and Losers in the Communications Sector: An Examination of Digital Television Regulation in the United Kingdom", 6 Minn. J. L. Sci. & Tech. (2005)

Varona, Anthony E., "Changing Channels and Bridging Divides: The Failure and Redemption of American Broadcast Television Regulation", 6 Minn. J. L. Sci & Tech. 1 (2004)

Wichmann, Anja, "Electronic Programme Guides -A Comparative Study of the Regulatory Approach Adpted in the United Kingdom and Germany(part 1 & 2)", C. T. L. R. 2004, 10(1) & (2) (2004)

Woods, Lorna & Jeremy Scholes, "The Broadcasting Act 1996", Ent. L. R. 1996, 7(7) (1996)

Young, Graeme & Matin Myers, "The Future Regulation of Media Mergers", Ent. L. R. 2004, 15(4) (2004)

Zorn, Dörr, "Die Entwicklung des Medienrechts", NJW, Heft 39 (2000)

# 관련 외국 사이트

## 미 국:

http://www.abc.com

http://www.broadcast.com

http://www.cablevision.com

http://www.cbs.com

http://www.charter.com

http://www.comcast.com

http://www.cox.com

http://www.fcc.gov/

http://www.house.gov/house/Educate.shtml

http://www.loc.gov/law/public/law.html

http://www.nbc.com

http://www.rcfp.org/

http://www.uscourts.gov/

http://www.westlaw.com

## 독 일:

http://ard.de/

http://livelx.ard.de/intern/download/ard_leitlinien_20041004.pdf

http://www.alm.de

http://www.br-online.de/br-intern/organisation/pdf/ard-staatsvertrag.pdf

http://www.datenschutz-berlin.de

http://www.lfk.de

http://www.mdr.de

http://www.zdf.de/ZDFde/download/0,1896,2000713,00.pdf


Landesmedienanstalten:


http://www.bremische-landesmedienanstalt.de/

http://www.blm.de/inter/de/pub/index.htm

http://www.ham-online.de/

http://www.lfk.de

http://www.lfm-nrw.de/

http://www.lmk-online.de/

http://www.lmsaar.de/

http://www.lpr-hessen.de/

http://www.lra.de/

http://www.mabb.de/

http://www.slm-online.de/psk/slm/show.php3?id=2&nodeid=2

http://www.tlm.de/


영 국:


http://www.aber.ac.uk/media/

http://www.cultsock.ndirect.co.uk

http://www.culture.gov.uk/

http://www.dti.gov.uk

http://www.ofcom.org.uk/

http://www.opsi.gov.uk/acts.htm

http://www2.warwick.ac.uk/fac/soc/law/elj/jilt/

EU：

http://www.echr.coe.int
http://www.epra.org
http://www.euractiv.com/Article?tcmuri=tcm:29-117550-16&type=LinksDossier
http://europa.eu.int/eur-lex
http://www.sosig.ac.uk/law/

# 안 정 민

이화여자대학교 법과대학 및 同대학원 졸업 (법학석사)
일본 九州大學校 法科大學院 LL.M.
(International Business and Economic Law)
미국 University of Washington LL.M
(Asian and Comparative Law)
연세대학교 법과대학원 졸업 (법학박사)

논 문

「Parallel Importation of Copyright Protected Goods:
The Practice of Japan, the US and EU」
「상표부상품 · 저작물 · 특허품의 병행수입에 관한 연구」
「방송규제와 방송행정기관에 관한 공법적 고찰」

## 디지털 컨버전스와 방송규제

| | |
|---|---|
| • 초판 인쇄 | 2006년 11월 30일 |
| • 초판 발행 | 2006년 11월 30일 |
| • 지 은 이 | 안정민 |
| • 펴 낸 이 | 채종준 |
| • 펴 낸 곳 | 한국학술정보㈜ |
| | 경기도 파주시 교하읍 문발리 526-2 |
| | 파주출판문화정보산업단지 |
| | 전화 031) 908-3181(대표) · 팩스 031) 908-3189 |
| | 홈페이지 http://www.kstudy.com |
| | e-mail(출판사업팀사업부) publish@kstudy.com |
| • 등 록 | 제일산-115호(2000. 6. 19) |
| • 가 격 | 18,000원 |

ISBN 89-534-6086-7 93360 (Paper Book)
89-534-6087-8 98360 (e-Book)